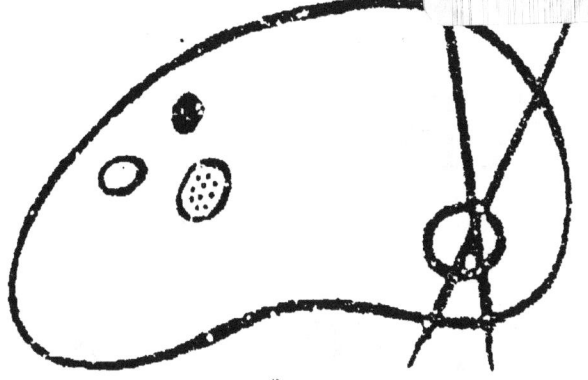

Couvertures supérieure et inférieure
en couleur

PAR MER
ET
PAR TERRE

LE CORSAIRE

PAR

GUSTAVE AIMARD

★

PARIS
PAUL OLLENDORFF, ÉDITEUR
28 bis, RUE DE RICHELIEU
1879

TOUS DROITS RÉSERVÉS.

LIBRAIRIE PAUL OLLENDORFF
28 bis, rue de Richelieu, Paris.

Nouvelle collection de Romans :

LE FILS DE CORALIE
Par Albert Delpit
Huitième édition

1 volume in-18 jésus. Prix : 3 fr. 50

LA MAISON DES DEUX BARBEAUX
LE SANG DES FINOËL
Par André Theuriet
Troisième édition

1 volume in-18 jésus. Prix : 3 fr. 50

LE BEL ARMAND
Par Henri Bocage

1 volume in-18 jésus. Prix : 3 fr. 50

RÉNÉE
AVEC UNE PRÉFACE A GEORGE SAND
Par Henri Amic
Deuxième édition

1 volume in-18 jésus. Prix : 3 fr. 50

A LA RECHERCHE DU BONHEUR
Par Charles Epheyre

1 volume in-18 jésus. Prix : 3 fr. 50

PHILIPPE FAUCART
Par Georges Glatron

1 volume in-18 jésus. Prix : 3 fr. 50

CLAIRE AUBERTIN
VICES PARISIENS
Par Vast-Ricouard
Cinquième édition

1 volume in-18 jésus. Prix : 3 fr. 50

Poitiers. — Typ. A. Dupré.

PAR MER ET PAR TERRE

LE CORSAIRE

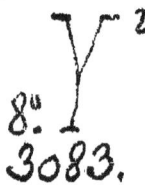

POITIERS. — TYP. DE A. DUPRÉ.

PAR MER

ET

PAR TERRE

—

LE CORSAIRE

PAR

GUSTAVE AIMARD

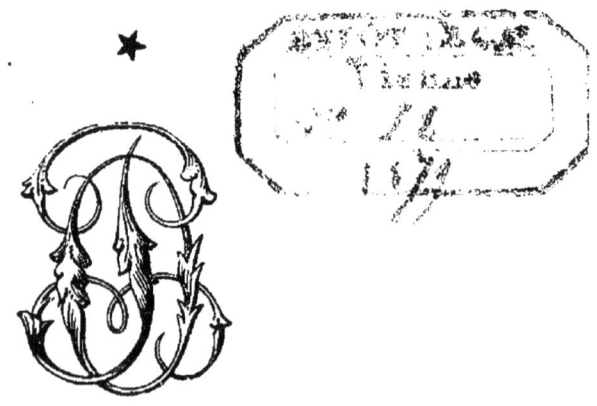

PARIS
PAUL OLLENDORFF, ÉDITEUR
28 *bis*, RUE DE RICHELIEU
1879

—

TOUS DROITS RÉSERVÉS.

A

CHARLES VINCENT

Président du CAVEAU.

Tu te souviens, n'est-ce pas, comment le hasard, en nous mettant à l'improviste en face l'un de l'autre, nous fit amis du premier coup? Il y a de cela plus de vingt ans; nous étions jeunes alors, pleins d'illusions et d'espérances radieuses; déjà tu fredonnais gaiement ces charmants refrains qui devaient te rendre si populaire, et faire de toi un des maîtres les plus admirés de la véritable *chanson française*.

Tout nous souriait; nous avions de nombreux amis, parmi lesquels Olivier Madray, le plus aimé, car c'était lui qui nous avait présentés l'un à l'autre; son départ fut pour nous une grande douleur.

Avant de se séparer de nous peut-être pour toujours, il avait enfin consenti à nous révéler les péripéties émouvantes de son existence étrange, en m'autorisant, sous certaines conditions de noms, de dates et de lieux, à écrire pour mes lecteurs habituels cette vie si accidentée, et par conséquent si différente de la nôtre.

Aujourd'hui le livre est prêt à paraître, la dédicace t'appartient de droit. Olivier n'avait que deux amis dévoués : toi et moi; donc à chacun de nous sa part.

J'ai rempli scrupuleusement les instructions de notre ami.

Mais tu liras *Par mer et par terre* entre les lignes, et tu dégageras facilement du roman derrière lequel elle s'abrite l'histoire, hélas! trop vraie, de ce *découragé* de notre civilisation étriquée et égoïste, auquel il fallait la liberté sans limites du désert et les larges horizons tout ensoleillés des grandes savanes.

Pour certaines raisons de convenance, je n'ai pas voulu *tout* dire; cependant tu reconnaîtras que du moins ce que je raconte est d'une exactitude rigoureuse.

Si ces lignes ailées s'envolent par delà l'Océan, peut-être tomberont-elles sous les yeux de notre cher absent, et nous aurons ainsi établi avec lui un trait d'union à travers l'espace.

A toi de cœur.

GUSTAVE AIMARD.

Paris, 23 novembre 1873.

PAR MER ET PAR TERRE

LE CORSAIRE

PROLOGUE.

L'ABANDON.

> Man delights not me.
> (SHAKESPEARE, *Hamlet*.)

La Puerta del Sol, depuis un temps immémorial rendez-vous ordinaire des oisifs et des nouvellistes de Madrid, était, à l'époque où se passe cette histoire, un carrefour étroit, boueux, situé presque au centre de la ville et formé par le croisement des rues de Carretas, de la Montera et celle d'Alcala, qui le traversait dans toute sa longueur ; son nom bizarre lui venait de la porte d'une église peinte en rose tendre, enjolivée d'un cadran éclairé la nuit, et d'un grand soleil à rayons d'or.

Aujourd'hui, porte, cadran, soleil ont disparu ; l'ancien carrefour est devenu une place, mais le nom est resté.

Or, il y a quatre-vingts ans, on admirait, calle de Alcala, à deux cents pas au plus de la Puerta del Sol, un palais d'aspect grandiose, curieux et peut-être dernier spécimen à Madrid de l'architecture moresque.

Voici, en deux mots, l'histoire de ce palais :

Vers l'an 952, Madrid n'était encore qu'un misérable village, surgi, un peu à l'aventure, du milieu des ruines d'une ancienne station romaine ; les Mores, jugeant la situation bonne et facile à défendre, s'installèrent solidement à Madrid et y construisirent, pour le nouveau gouverneur, un Alcazar, destiné non-seulement à lui servir de palais, mais surtout à défendre la ville, qui ne tarda pas à s'accroître et à prendre une certaine importance sous la protection, toute-puissante alors, des conquérants arabes.

Don Enrique Pacheco Tellez de Salaberry, rico-hombre de Galice, commandant l'avant-garde d'Alfonso VI, roi de Léon et de Castille, pendant sa marche sur Tolède en 1085, s'approcha de Madrid sans être aperçu des sentinelles musulmanes, les surprit à l'improviste et prit d'assaut l'Alcazar. Ce hardi coup de main entraîna la reddition de la ville, qui, depuis, est demeurée définitivement acquise à la monarchie espagnole.

Le roi Alfonso VI, voulant récompenser le brillant fait d'armes du rico-hombre, lui fit don, pour lui et ses descendants, de l'Alcazar qu'il avait si vaillamment conquis.

Ce palais prit alors le nom de la puissante famille, dans laquelle il resta et dont il devint la résidence de prédilection.

L'entrée du palais ou hôtel Salaberry, un peu

en retraite de l'alignement de la calle de Alcala, était formée par deux hautes tourelles en granit bleuâtre, sveltes, élancées, fouillées et découpées avec un art infini, surmontées d'*almenas*, percées çà et là de nombreuses archères, et reliées entre elles par une épaisse muraille crénelée, au centre de laquelle s'ouvrait une immense porte ogivale à doubles ventaux, large, massive, percée d'un guichet, garnie de solides serrures, véritables chefs-d'œuvre de serrurerie, et semée à profusion d'énormes clous en acier, dont les têtes étaient taillées en pointe de diamant.

Cette porte supportait un gigantesque écusson en saillie, sculpté dans le granit, et sur lequel les armoiries de la famille de Salaberry étaient très-artistiquement représentées.

Les Salaberry portaient d'or, au griffon de sable, la queue fourchée, lampassé et couronné de gueules; l'écu, timbré d'un casque à visière baissée, dont le cimier était une couronne de duc, de fleurons à feuilles d'ache, avait pour support à dextre et à senestre un griffon la griffe allongée sur le casque et le maintenant.

Sur une banderole de granit, courant sous l'écusson, était gravée cette fière devise ou plutôt ce cri de guerre :

Cuidado alli viene!

ce qui signifie :

Gare, le voilà qui vient!

Le 13 octobre 179., la nuit était tombée, pluvieuse et sans lune; le vent fouettait avec force les cordes des rares réverbères à demi éteints, en leur imprimant les balancements les plus bizarres; les *serenos*, blottis dans les enfoncements des portes, grelottaient et sommeillaient; parfois, à de longs intervalles, on entendait résonner, sur le pavé raboteux, le pas lourd et hâtif de quelque bourgeois attardé regagnant au plus vite son logis, ou le roulement sourd et lointain d'un carrosse de louage trottant tristement sous la pluie.

La demie après dix heures sonna à la Puerta del Sol; au même instant, un galop rapide se fit entendre, et deux cavaliers enveloppés jusqu'aux yeux, dans les plis épais de leurs manteaux, tournèrent à fond de train l'angle de la calle de Carretas et de la Puerta del Sol.

— Halte! dit un des cavaliers d'une voix contenue.

Les deux chevaux s'arrêtèrent, comme si leurs pieds se fussent subitement incrustés dans le sol.

L'homme qui déjà avait parlé sauta à terre, et, jetant la bride à son compagnon :

— Pars! lui dit-il; tu m'attendras au Leon de Castilla, en dehors de la porte d'Alcala; il faut qu'avant le lever du soleil nous ayons fait dix lieues; je te rejoindrai à une heure après minuit; surtout, bouche cousue : nous sommes entourés d'espions.

— Entendu, monseigneur, répondit le cavalier en rassemblant les brides dans sa main.

— Hein, encore? fit le premier cavalier en frappant du pied avec impatience.

— Bien! bien! on se souviendra; à vous revoir, señor Perrico, reprit-il en riant.

— A la bonne heure! Maintenant, en route!

Le cavalier s'inclina respectueusement, fit

sentir l'éperon, et s'éloigna au grand trot par la rue d'Alcala.

Le señor Perrico, nous lui conserverons ce nom jusqu'à plus ample informé, suivit le cavalier du regard, jusqu'à ce qu'il eût disparu; puis il examina les environs, comme s'il eût voulu percer les ténèbres qui l'entouraient, s'enveloppa soigneusement dans son manteau, en même temps qu'il baissait sur ses yeux les larges ailes de son sombrero; et, traversant en biais la Puerta del Sol, il s'engagea résolûment dans la calle de Alcala, du côté opposé à celui par lequel le cavalier s'était éloigné.

Arrivé en face de l'hôtel Salaberry, l'inconnu s'assura, par un regard circulaire, qu'il était bien seul; puis il s'enfonça dans l'ombre sous l'auvent d'une boutique, laissa tomber les plis de son manteau, visita avec soin les amorces de deux longs pistolets attachés à sa ceinture, fit jouer sa rapière dans le fourreau; puis, ces précautions prises, il croisa les bras sur sa poitrine, appuya l'épaule contre le mur, et, fixant les yeux sur l'hôtel, il l'examina avec la plus sérieuse attention.

L'hôtel était noir et silencieux; tout était clos; la vie semblait l'avoir abandonné; seule une lueur faible et tremblotante brillait comme une étoile à une des archères de la tourelle de droite.

Depuis deux mois, l'hôtel était désert; don Garcia Horacio Pacheco Tellez, duc de Salaberry-Pasta, nommé ambassadeur à Rome, avait quitté Madrid pour se rendre à son poste; le duc était marié depuis deux ans; sa femme avait voulu l'accompagner jusqu'à Cadix, où il s'était embarqué.

En attendant que son mari, qu'elle adorait, se fût installé à Rome, la jeune duchesse s'était, avec toute sa maison, fixée à Puerto-Santa-Maria, en face de Cadix.

Les deux époux s'aimaient, disait-on, comme aux premiers jours de leur union ; ils semblaient jouir d'une lune de miel éternelle, ce qui faisait grand scandale à la cour ; le duc et la duchesse laissaient dire.

Le temps passait, l'inconnu demeurait les yeux obstinément fixés sur l'hôtel ; cependant son pied droit frappait la terre avec une vivacité qui témoignait d'une impatience difficilement contenue ; une demi-heure s'écoula ainsi sans que personne s'engageât dans la rue ; la pluie redoublait, fouettait les vitres avec rage, et tombait avec un bruit sec et monotone dans le ruisseau gonflé, dont la largeur devenait de plus en plus grande.

Enfin, l'heure sonna lentement ; l'inconnu se redressa et fit un mouvement comme pour quitter son embuscade, mais il se contint, et de nouveau il demeura immobile.

A peine le dernier coup de onze heures eut-il fini de résonner, que le guichet de la porte s'entrebâilla doucement ; un homme avança avec précaution la tête au dehors, regarda autour de lui, sortit à pas de loup, et derrière lui le guichet se referma sans bruit.

Dès qu'il fut dans la rue, cet homme, enveloppé lui aussi dans un manteau, fit quelques pas en avant et s'arrêta devant le ruisseau, dont il sembla du regard mesurer la largeur.

— Hum ! murmura-t-il assez haut après un instant, je ne suis pas très-leste ; si mon cousin

Perrico était là, il me donnerait un fier coup de main pour traverser cette mare endiablée !

— Eh ! c'est, sur ma foi, le cousin Ramillete ! s'écria l'inconnu d'un ton de bonne humeur, en quittant son abri et s'avançant au devant de l'individu si embarrassé, en apparence du moins ; en voilà un hasard !

— Le cousin Perrico ! s'écria l'autre avec une surprise parfaitement jouée.

— Moi-même, et bien content de vous rencontrer. Où allez-vous donc comme cela, cousin, par un temps pareil ?

— Je rentre chez moi, calle de la Cebada ; et vous, cousin ?

— Je reviens de la calle de Carretas où j'ai passé la soirée ; nous ferons route ensemble, puisque nous habitons le même quartier.

— Avec plaisir, cousin.

Et le cousin Ramillete, sans plus songer à réclamer l'aide du cousin Perrico, bondit comme un chamois par-dessus le ruisseau, qui commençait véritablement à être d'une très-belle largeur, et les deux hommes se mirent à descendre bon pas la calle de Alcala.

Ils marchèrent ainsi pendant quelques instants, côte à côte, sans échanger une parole.

— Où allons-nous ? demanda enfin le señor Perrico.

— Tout près, répondit l'autre, dans cette rue même : la maison au-dessus de laquelle vous voyez une lampe allumée devant la statuette d'une Vierge des Douleurs.

— N'est-il pas trop tard ? demanda le señor Perrico avec un léger tremblement dans la voix.

— Non, vous arrivez juste. Les douleurs ont commencé la nuit passée, le médecin assure que ce sera pour cette nuit.

— Ah! fit-il avec émotion, pauvre Mercédès! Pourquoi n'est-elle pas restée à l'hôtel? ajouta-t-il avec inquiétude.

— Par prudence, Mme la duchesse a refusé d'y demeurer plus longtemps; sur son ordre exprès, à deux heures du matin, je l'ai conduite dans cette maison.

— Conduite? pourquoi? fit-il avec surprise.

— Oui, répondit Ramillete d'une voix émue; bien que son mari la croie chez sa mère, au fond de l'Estramadure, la duchesse, qui connait sa jalousie, et craint surtout de vous compromettre aux yeux du roi, n'a rien voulu laisser au hasard; à deux heures du matin, elle est sortie de l'hôtel à mon bras, sans être vue de personne; elle se soutenait à peine; j'étais presque obligé de la porter.

— Mon Dieu! pauvre enfant! quel courage!

— Oui, on vante la bravoure du soldat sur le champ de bataille : ce n'est rien, comparé à celle d'une femme qui aime, monseign... cousin Perrico; il nous a fallu près de deux heures pour accomplir un trajet de quelques centaines de pas; enfin ses forces l'ont trahie, la douleur l'a vaincue, elle s'est évanouie; je l'ai enlevée dans mes bras et portée jusqu'à la maison du médecin.

— Ramillete! s'écria Perrico en lui serrant le bras à le lui briser, comment m'acquitterai-je jamais envers toi?

— Allons donc! mon... cousin, répondit Ramillete en essuyant ses larmes, ne suis-je pas à vous corps et âme ?... J'ai fait mon devoir, voilà tout !

— Je sais combien tu m'aimes, je t'aime bien aussi, va, mon brave frère !

— Est-ce que j'en doute ? Et changeant de ton : Donc, ajouta-t-il, grâce à Dieu, personne ne vous a vu ?

— Personne ; je suis arrivé il y a à peine trois quarts d'heure.

— Alors, tout va bien.

— Et son mari ?

— Pas l'ombre d'un soupçon ; il est à mille lieues de se douter de ce qui se passe. Si fin qu'il soit, cette fois il a trouvé son maître ; cependant, soyez prudent : j'ai aperçu certaines mines suspectes, qui sentent la police à plein nez. Personne ne se doute de votre présence à Madrid ?

— Je n'ai parlé à âme qui vive, si ce n'est à toi.

— Tant mieux, veillez cependant ; le duc, par sa position, dispose, vous le savez, de moyens formidables.

— Mes précautions sont prises ; d'ailleurs cette nuit même j'aurai quitté Madrid.

— Si le roi apprenait jamais que vous avez abandonné votre poste !...

— Je serais perdu ; mais, rassure-toi, je n'ai rien à redouter.

— Dieu le veuille !

— Je ne te répéterai pas tes instructions ?

— C'est inutile ; reposez-vous sur moi.

— Le médecin est sûr ?

— Je réponds de lui.

— D'ailleurs, avec de l'argent...

— Non pas, s'il vous plaît ; j'ai trouvé mieux que cela.

— Bon ! quoi donc ?

— Avez-vous cette nomination de chirurgien-major que je vous ai demandée ?

— Pour Lima? Parfaitement ; mon neveu n'est-il pas vice-roi du Pérou ? Mais...

— Vous ne comprenez pas ?

— Ma foi non, je l'avoue.

— C'est cependant limpide. Combien faut-il de temps à la duchesse pour se relever?

— Huit ou neuf jours, je crois.

— Mettons-en dix. Eh bien ! dans dix jours, notre médecin partira pour Cadix, où il s'embarquera immédiatement sur le vaisseau le *San-Pedro*, qui n'attend que son arrivée pour mettre à la voile.

— Eh quoi ! ce Jose Legañez ?

— C'est cela même ; je lui compte quatre mille piastres, et en route ! il faut qu'il soit à bord dans vingt jours.

— C'est un trait de génie !

— Voilà ce que c'est que d'être à bonne école ! fit-il en riant.

— Mais, j'y songe, il a vu la duchesse ?

— Très-bien.

— Il la reconnaîtra ?

— Allons donc ! D'abord, il croit avoir affaire à une fleuriste sensible, une *manola* appartenant à une famille de *fidalgos* ruinés ; le père est mort; la jeune fille s'est laissé séduire par un *tunante* de bonne famille, sous promesse de mariage ; pour cacher sa faute à sa mère, elle a prétexté un voyage à Tolède, où habite une de ses tantes. Vous le voyez, tout cela est simple ; le médecin empochera les quatre mille piastres ; que l'histoire soit vraie ou non, il ne s'en inquiétera pas.

— Oui, tout cela est bien imaginé ; mais plus tard le hasard peut le mettre en présence de la duchesse.

Le cousin Ramillete s'arrêta, et, regardant son compagnon bien en face :

— Le croyez-vous ? dit-il d'une voix incisive ; cela ne me semble pas probable ; c'est un mauvais climat que celui du Pérou : les Européens y meurent, dit-on, comme des mouches.

— Oh ! s'écria l'autre avec horreur, peux-tu avoir une telle pensée ?

— Les morts sont muets ! répondit-il sourdement.

Le señor Perrico pâlit affreusement, courba la tête et se tut.

— Nous sommes arrivés, dit le cousin Ramillete après un instant.

Ils étaient arrêtés devant une maison d'assez piètre apparence, éclairée par une lampe brûlant devant une Madone, au-dessus de la porte.

Le cousin Ramillete ouvrit la porte au moyen d'un passe-partout qu'il tira de sa poche. C'était un homme qui n'oubliait rien.

Ils entrèrent.

Ramillete alluma un rat, referma la porte, et, passant le premier, sans doute pour éclairer son compagnon et lui montrer le chemin, il se dirigea vers l'escalier, situé à l'extrémité d'un assez long corridor.

Les deux hommes montèrent deux étages.

— C'est ici, dit Ramillete en s'arrêtant et frappant trois coups légers à une porte.

Un bruit de pas se fit entendre à l'intérieur, la

porte s'ouvrit sans bruit, et un homme parut, tout vêtu de noir des pieds à la tête.

C'était le médecin.

Le docteur don Jose Legañez n'avait que trente-deux ans et en paraissait plus de quarante; il était grand, maigre, sec, anguleux; il avait une figure de renard, éclairée par deux petits yeux ronds brillants comme des escarboucles, enfoncés dans l'orbite et très-éloignés du nez, un front fuyant, un nez en pointe, des pommettes saillantes, une bouche aux lèvres minces et rentrées, un menton à peine accusé; le teint blafard, les cheveux rares et gras, tombant en longues mèches sur ses joues glabres; il ne portait ni perruque, ni poudre.

Tous ces traits réunis formaient au docteur Legañez une physionomie presque repoussante, sur laquelle se lisaient en toutes lettres la fourberie et l'astuce poussées à leurs suprêmes limites; cependant, malgré ces dehors peu sympathiques, cet homme avait la réputation d'un savant praticien et d'un excellent médecin; et cela était vrai; le docteur Legañez était réellement habile; mais il était ambitieux et surtout très-fin; il avait pénétré, plus que ne le supposaient les deux hommes, le secret que ceux-ci prétendaient lui cacher; et comme il voulait arriver à la fortune, par tous les moyens possibles, même les plus scabreux, il s'était promis, dans son for intérieur, le moment venu, d'exploiter à son bénéfice le secret dont il se croyait presque le maître.

— Voilà un vilain homme! pensa le cousin Perrico; mais il se garda bien de laisser voir cette mauvaise impression.

Le docteur fit poliment entrer ses visiteurs dans un cabinet de travail assez mesquinement meublé, et il leur offrit des siéges.

— J'ai l'avantage de vous présenter mon cousin Perrico, dont je vous avais annoncé la visite pour ce soir, dit Ramillete en saluant.

— Vous voulez dire pour cette nuit, répondit le médecin avec un sourire légèrement railleur.

— C'est juste, fit l'autre.

Le cousin Perrico salua.

Le médecin l'examinait attentivement à la dérobée.

Les deux hommes, quelle que fût en réalité leur position sociale, étaient parfaitement déguisés, et surtout admirablement grimés; le docteur reconnut sans doute le déguisement, mais ce fut tout; il se mordit les lèvres avec dépit. Malgré toute sa finesse, il avait affaire à des acteurs trop habiles pour laisser deviner leurs traits sous les masques qu'ils avaient pris.

— Je suis le fiancé de la señora, dit le señor Perrico.

— Je le sais, señor, répondit le docteur en s'inclinant; elle vous a demandé plusieurs fois déjà.

— Puis-je la voir? demanda-t-il vivement.

— Pas en ce moment, señor; nous approchons de la crise. Dans quelques minutes, peut-être, la señora sera délivrée...; alors...

— Elle souffre beaucoup, n'est-ce pas? reprit-il avec anxiété.

— Affreusement, señor; mais elle est courageuse et forte; elle lutte avec toute la puissance de son amour contre les douleurs qui la torturent.

— Pauvre enfant! murmura le señor Perrico à demi-voix, chère Angela!

Le médecin tressaillit : il avait entendu ce nom, qu'il nota dans sa mémoire ; mais, se remettant aussitôt, il reprit :

— Bon courage, señor; bientôt, je l'espère, tout sera heureusement terminé; permettez-moi de vous laisser, le moment approche; la malade a besoin de mes soins.

— Allez, señor! allez! Dieu veuille que vous disiez vrai!

Le docteur salua et sortit par une porte de dégagement.

Les deux amis demeurèrent seuls.

— Comment trouvez-vous le docteur? demanda Ramillete à son compagnon.

— Parlons navarrais, répondit celui-ci; c'est une langue peu comprise à Madrid, et dans laquelle nous pouvons, je le crois, nous entretenir sans risquer de nous compromettre; ton médecin me fait l'effet d'un *pillo* de la pire espèce.

— Bien! fit l'autre avec un geste d'assentiment, je l'ai choisi ainsi tout exprès.

— Tu as eu tort.

— Non pas; j'ai eu raison, au contraire : un honnête homme aurait voulu savoir les pourquoi et les comment de cette affaire probablement scabreuse, d'autant plus que la duchesse et vous, mon... cousin, occupez de très-hautes positions, et que, de plus, chacun de vous est marié; ces confidences étaient impossibles à faire, même à un confesseur; à plus forte raison à un médecin, fût-il le plus dévoué de vos amis; il nous fallait donc prendre un homme qui nous offrît toutes les garanties dont nous avons besoin; le docteur Legañez me semble réunir toutes les conditions requises: d'abord, il est très-habile, ce qui est un grand point; ensuite, il meurt à peu près de faim, il végète dans ce quartier; de plus, il est ambitieux, avide et peu scrupuleux sur les moyens de parvenir, pourvu qu'il arrive; que demander de plus? Nous le connaissons; nous savons que, s'il découvre notre secret, il nous trahira sans vergogne: c'est à nous à nous mettre sur nos gardes, et à le prévenir si faire se peut. Remettez-moi, je vous prie, cette nomination?

— La voici, répondit le señor Perrico, en la retirant d'un portefeuille gonflé de papiers, qu'il portait dans une poche secrète de son vêtement.

— Très-bien, dit Ramillete en la faisant disparaître; là est pour nous le salut, c'est-à-dire pour vous, je suis un trop mince personnage pour avoir à redouter quoi que ce soit des trahisons de ce *picaro*; vous avez été soldat, vous savez qu'on ne livre pas une bataille sans perdre du monde dans la mêlee; souvenez-vous qu'en ce moment vous livrez une bataille terrible; ainsi pas d'hésitations, pas de faiblesses; songez que vous combattez non pas seulement pour vous, mais pour celle que vous aimez.

— Assez, démon!... pas un mot de plus! s'écria le señor Perrico avec une émotion étrange; je ne veux plus rien entendre.

— A votre aise; vous réfléchirez, et alors...

— Silence, démon! interrompit-il en se levant brusquement et marchant avec agitation à travers le cabinet.

En ce moment des cris étouffés se firent entendre, Perrico pâlit ; il s'arrêta et cacha sa tête dans ses mains.

— Courage ! lui dit Ramillete.

Les cris devenaient plus forts et plus douloureux.

— Mon Dieu ! mon Dieu ! ses souffrances me brisent le cœur ! murmura Perrico d'une voix tremblante.

Tout à coup, les cris cessèrent, un silence profond se fit dans la maison.

— C'est fini, dit Ramillete ; soyez homme..., cousin !

— Oh ! la savoir en proie à de si horribles tortures !

— C'est fini, vous dis-je, voici le médecin.

— Non, non ! ce n'est pas possible, tu me trompes !

— Voyez ! la porte s'ouvre.

En effet, la porte s'ouvrit et le médecin parut.

— Señor, dit-il avec un froid salut, réjouissez-vous, vous êtes père ; votre fiancée est heureusement accouchée d'un fils.

— Ah ! fit-il d'une voix rauque, j'ai cru mourir ! Et elle, la... malade, comment est-elle ? ajouta-t-il avec inquiétude.

— Aussi bien qu'elle peut l'être, señor ; elle embrasse son fils.

— Sait-elle que je suis ici ?

— Oui ; si vous désirez la voir ?

— Oh ! à l'instant, docteur, à l'instant !

— Venez donc, señor.

— Soyez prudent ! lui dit Ramillete en navarrais.

— Oh ! maintenant que je sais qu'elle est sauvée,

sois tranquille, je ne me trahirai pas ! répondit-il dans la même langue.

Il suivit le médecin.

Le cousin Ramillete demeura seul dans le cabinet, où il attendit, même pendant assez longtemps, le retour du docteur.

Don Jose Legañez était un homme pratique et un profond calculateur; il avait compté sur le premier moment d'émotion et de joie pour surprendre tout ou partie du secret dont il brûlait de s'emparer ; mais son espoir fut trompé, en pénétrant dans la chambre de l'accouchée.

Les premières paroles prononcées par le señor Perrico le furent en allemand, et la malade lui répondit aussitôt dans la même langue.

Le docteur ne savait pas un mot d'allemand.

Il employa le triple du temps nécessaire à laver et emmailloter l'enfant ; enfin, de guerre las, il se décida à sortir, mais il ne s'avouait pas encore battu; après avoir quitté la chambre, il feignit de s'éloigner, puis il revint doucement sur ses pas, appuya l'oreille contre la porte et écouta : la conversation continuait en allemand, et elle continua ainsi pendant tout le temps qu'il resta aux écoutes.

— Allons, c'est partie perdue pour cette fois ! murmura-t-il avec dépit, en s'éloignant à contre-cœur ; mais tout n'est pas dit encore : j'aurai ma revanche ! Tant de précautions doivent cacher un secret de la plus haute importance. Ce secret, je l'aurai! je le veux! devrais-je pour cela !...

Il n'acheva pas ; il était arrivé à la porte du cabinet où le cousin Ramillete attendait toujours avec une patience exemplaire.

— Vous voilà enfin, docteur! dit Ramillete en saluant le médecin.

— Tout à vos ordres, cher señor, répondit celui-ci en s'inclinant.

— Vous voudrez bien vous abstenir de déclarer la naissance de l'enfant, dit brusquement Ramillete.

— Cependant, il avait été convenu...

— C'est vrai, mais j'ai changé d'avis.

— Comme il vous plaira.

— Demain, à neuf heures du soir, je viendrai prendre l'enfant pour le confier à la nourrice.

— Et la mère?

— Elle restera chez vous jusqu'à nouvel ordre ; en emportant l'enfant, je vous remettrai quatre mille piastres.

— Quatre mille piastres! s'écria le médecin, dont les yeux brillèrent de convoitise.

— Oui, reprit avec bonhomie Ramillete, et si je suis satisfait de vous, c'est-à-dire de votre discrétion, peut-être ferai-je plus.

— Un médecin est un confesseur, señor ; je serai muet.

— Vous aurez d'autant plus raison, que cette discrétion ne sera pas mise à une longue épreuve.

— Que voulez-vous dire, señor?

— N'avez-vous pas adressé une demande au président de la chambre des comptes des Indes, pour être nommé chirurgien en chef du grand hôpital de la ville de Lima, capitale de la vice-royauté du Pérou?

— Eh quoi! vous savez? s'écria-t-il avec surprise.

— Le fait est-il exact?

— Il l'est, señor; j'ai adressé cette demande il y a deux ans; mais elle est demeurée enfouie dans les cartons de l'audience suprême.

— Pourquoi supposez-vous cela?

— Je n'ai jamais reçu de réponse.

Ramillete sourit.

— Eh bien! dit-il après un instant, cette réponse, je me charge de vous l'apporter demain, docteur.

Il se leva, lui appuya la main sur l'épaule, et le regardant bien en face :

— Il dépend de vous qu'elle soit ou non favorable, ajouta-t-il avec un accent singulier.

— Oh! señor! ce serait la fortune, la gloire pour moi! s'écria le médecin en joignant les mains; mes vœux seraient comblés!

— Je vous le répète, cela dépend de vous.

— Je serai muet, señor, je vous le jure!

— J'y compte.

En ce moment, le señor Perrico rentra dans le cabinet; son visage rayonnait.

— Partons, cousin, lui dit Ramillete; il est tard!

— Partons, répondit Perrico; tu as raison, cousin, il est temps de rentrer chez nous.

— Alors, en route!

Ils descendirent, éclairés par le médecin jusqu'à la porte de la rue.

— N'oubliez pas mes recommandations, docteur, dit Ramillete.

— Vous avez ma parole, señor, répondit le médecin.

— C'est bien; à ce soir.

Ils sortirent.

Derrière eux la porte se referma.

La scène jouée pendant deux heures dans cette maison avait été effrayante de perfection.

Ni la femme, pendant les douleurs atroces de l'enfantement; ni le père, dans le paroxysme du désespoir, n'avaient laissé échapper une fausse note.

Toujours ils avaient été maîtres d'eux-mêmes.

Ils n'avaient pas eu un cri du cœur, un élan de l'âme! Cet homme et cette femme s'aimaient à la façon des tigres; ils ne songeaient qu'à une chose : faire disparaître au plus vite, et par tous les moyens, les traces de leur féroce amour; ils ne s'étaient préoccupés de l'enfant qui allait naître que pour le condamner sans retour, et combiner froidement son abandon, résolus à ne pas reculer même devant un crime, pour assurer le secret de leur double adultère.

Maintenant tout était bien convenu et arrêté entre eux; le père se retirait calme et souriant : le succès de ses lâches machinations était certain; la mère consentait à jouer pendant quelques heures la comédie de l'amour maternel : elle riait et embrassait son enfant, en attendant qu'on la débarrassât pour toujours de cette preuve odieuse de sa honte.

Tout cela n'était-il pas horrible?

La nuit était noire, mais depuis quelques instants la pluie avait cessé de tomber; les deux hommes marchaient côte à côte, sans parler; chacun d'eux réfléchissait sans doute à ce qui s'était passé dans la maison du docteur. Ils allaient bon pas, regardant avec soin autour d'eux et sondant les ténèbres; ils remontaient la calle de Alcala, se dirigeant vers la Puerta del Sol.

Ils passèrent ainsi devant la calle de Carretas, dans laquelle Ramillete jeta un regard rapide.

— Cousin? dit-il en touchant légèrement le bras de son compagnon.

— Que me veux-tu? demanda celui-ci.

— Sauf votre rapière, avez-vous d'autres armes?

— Pourquoi cette question?

— Parce que je crois que nous sommes suivis.

— Tu es fou, répondit-il en haussant les épaules.

— Non pas; en passant devant la calle de Carretas, j'ai entrevu plusieurs ombres embusquées sous une porte cochère; et... tenez..., entendez-vous?

En effet, un léger bruit s'était fait entendre à quelques pas derrière eux.

— Serions-nous véritablement épiés? murmura Perrico.

— Cela m'en a tout l'air; si l'on nous attaque, que ferez-vous?

— Je me défendrai, répondit-il avec une résolution froide.

— Mais si ceux qui nous suivent sont des agents du directeur général de la police?

— Je ne veux pas tomber vivant entre leurs mains; *son honneur* doit rester intact.

— Bien! Où êtes-vous attendu?

— Hors de la porte d'Alcala, au Leon de Castilla.

— Diable! c'est tout droit; ne les laissons pas sur cette voie, tout serait perdu.

— Tu as raison, retournons-nous, et bataille !
— Bataille !

Ils se retournèrent résolûment ; sous leurs manteaux, ils tenaient un pistolet de chaque main.

Ramillete ne s'était pas trompé ; quatre hommes les suivaient et n'étaient plus qu'à sept ou huit pas d'eux.

— Hein ! que vous disais-je, cousin ? fit d'une voix mielleuse Ramillete à son compagnon.

— Tant pis pour eux ! murmura celui-ci ; quoi qu'il arrive, je ne veux pas qu'*elle* soit compromise.

Cependant, les quatre hommes, d'abord surpris de voir marcher à leur rencontre ceux à la poursuite desquels ils s'étaient mis, avaient repris leur sang-froid, et, après quelques secondes d'hésitation, continuaient à s'avancer en faisant bonne contenance.

Un choc devint alors inévitable, les uns et les autres le comprenaient et s'y préparaient secrètement.

— Halte ! cria le señor Perrico, d'une voix forte.

— C'est lui ! dit un des quatre hommes à ses compagnons : attention, vous autres !

— A qui en voulez-vous ? reprit le señor Perrico ; êtes-vous des *rateros ?* en ce cas, prenez garde, je suis armé !

— Nous ne sommes pas des voleurs, mais des agents de Son Excellence le duc de Rosvego, directeur général de la police du royaume ; c'est à vous-même que nous avons affaire, monseigneur, répondit le chef de l'escouade.

— Je ne sais ce que vous voulez dire, ni pourquoi vous me traitez de monseigneur ; je suis un paisible bourgeois ; je rentre à mon domicile, en compagnie d'un ami, avec lequel j'ai passé la soirée.

— Je suis désolé de vous contredire, monseigneur, mais je sais parfaitement à quel haut personnage j'ai l'honneur de parler ; votre ami est tout simplement votre frère de lait, votre intendant, don Antonio Ramillete ; je l'ai très bien reconnu tout à l'heure, quand vous êtes passés devant la calle de Carretas.

— Vous divaguez ; je ne comprends absolument rien à ce que vous me débitez.

— Monseigneur, Son Excellence le duc de Rosvego a été prévenu, à onze heures, de votre arrivée à Madrid à dix heures un quart, par la porte d'Alcala ; un mandat d'amener a été aussitôt lancé contre vous ; depuis onze heures et demie, nous sommes en embuscade dans la calle de Carretas, pour attendre votre sortie de l'hôtel.

— Je vous répète que tout cela est absurde et n'a pas le sens commun ; je ne suis pas celui que vous attendez. Passage !

— Prenez garde, monseigneur ! j'accomplirai ma mission, quoi que vous disiez ; vous ne me donnerez pas le change. Il me répugnerait d'user de violence. Il y a à quelques pas d'ici un poste de *celadores*, calle de la Montera ; il m'est facile avant dix minutes d'avoir main-forte.

— Passage ! reprit froidement l'inconnu.

— Encore une fois, prenez garde, monseigneur ; si vous ne vous rendez pas, nous emploierons la force.

— Passage!

— Ah! c'est ainsi? reprit l'agent; eh bien! don Garcia Horacio Pacheco Tellez, duc de Salaberry-Pasta, au nom de Sa Majesté le roi, je vous arrête; vous êtes mon prisonnier.

— Eh bien! oui! répondit fièrement l'inconnu, en rejetant en arrière les plis de son manteau; je suis don Garcia Horacio Pacheco Tellez, duc de Salaberry-Pasta; et vous ne m'arrêterez pas!

— C'est ce que nous allons voir! s'écria l'agent. Cours chercher du renfort, Biscocho! et vous, Caracol et Gaspacho, en avant! il y a mille piastres à gagner.

— En avant! crièrent les agents.

Ils s'élancèrent.

Ils étaient trois contre deux; Biscocho détalait à toutes jambes du côté de la calle de la Montera.

— Encore une fois, passage! cria le duc de Pasta.

— Rendez-vous! répondit l'agent en ricanant.

— Feu! cria le duc; que votre sang retombe sur vos têtes, misérables!

Quatre coups de feu éclatèrent tirés, presque à bout portant, par le duc et son compagnon.

Les trois agents tombèrent raides morts; Biscocho, arrêté dans sa course par une balle, fit un bond énorme et retomba la face dans le ruisseau.

— C'est eux qui l'ont voulu, dit froidement le duc.

— Fuyez, monseigneur! s'écria Ramillete; l'alarme est donnée; dans un instant il serait trop tard!

— N'oublie pas ce que tu m'as promis? répondit le duc avec agitation.

— Ne vous inquiétez de rien ; dans un mois au plus tard, je vous rejoindrai ; mais partez! partez, je vous en supplie!

— Embrasse-moi et adieu! Et il ajouta : Adieu à elle aussi!

— Oui, oui, je vous le jure! Fuyez, fuyez?

Ils se tinrent un instant serrés sur la poitrine l'un de l'autre, puis Ramillete se dégagea et repoussa brusquement le duc.

— A bientôt! lui dit-il.

— A bientôt! répondit le duc d'une voix étouffée.

Et il s'éloigna rapidement.

Ramillete examina froidement les cadavres étendus devant lui, puis il passa à celui de Biscocho, qu'il retourna sur le dos afin de bien s'assurer de sa mort.

— Pauvres diables! grommela-t-il entre ses dents, tout en se dirigeant à grands pas vers l'hôtel ; ils faisaient un bien vilain métier ; mais, en somme, ils croyaient accomplir un devoir, tandis qu'ils ne servaient qu'une vengeance ; tant pis pour eux! ils n'ont que ce qu'ils méritent.

Il terminait cette singulière oraison funèbre en arrivant devant l'hôtel ; il ouvrit doucement le guichet, entra et le referma derrière lui.

A peine avait-il fait une dizaine de pas dans la longue allée plantée d'une double rangée de mélèzes séculaires et conduisant au palais, que Ramillete entendit résonner sur le pavé pointu de la rue le pas cadencé d'une patrouille.

— Hum? il était temps, murmura-t-il; un peu

plus, j'étais pris! Quelle admirable police, et quel excellent pays pour les chercheurs d'aventures et les coureurs de nuit! fit-il d'une voix railleuse: quatre coups de pistolet ont été tirés, pas une fenêtre ne s'est entre-bâillée! Il est vrai qu'il est tard, et que les *celadores* chargés de la tranquillité publique craignent naturellement les coups... Ah çà! ajouta-t-il en se frappant le front, voici un gaillard né depuis une heure à peine, et qui, déjà, a causé la mort de quatre hommes: un par quart d'heure, cela promet pour l'avenir! Il y en aura encore d'autres! Comme tout cela est singulièrement emmanché, pourtant!... Bah!

Tout en faisant ces réflexions philosophiques, le digne homme était entré dans sa chambre; dix minutes plus tard, il dormait à poings fermés.

Le lendemain, à neuf heures précises du soir, Ramillete se présenta chez le docteur Legañez.

Une voiture, dans laquelle il était venu, attendait devant la porte.

Le docteur poussa un cri de joie en apercevant l'intendant.

— Vous êtes exact, lui dit-il.

— C'est mon habitude, répondit Ramillete en souriant; eh bien! comment va la charmante malade?

— Très-bien. Jugez-en, señor: elle m'a demandé s'il était possible de la transporter à Tolède?

— Ah bah! et que lui avez-vous répondu?

— Ma foi! elle est si forte, si courageuse, que je lui ai répondu que dans un bon carrosse, et en marchant doucement, cela serait possible.

— Et cette réponse est bien l'expression de votre pensée ?

— Sur l'honneur ! Malheureusement, malgré son vif désir de partir, il faudra que la pauvre dame...

— Pardon ! interrompit vivement Ramillete ; réglons nos comptes, s'il vous plaît.

— A vos ordres, señor.

— L'enfant ?

— Va comme un charme ; il est gros comme s'il avait six mois.

— Très-bien ! Tout le monde ignore la naissance ?

— Tout le monde !...

— A la bonne heure !

Il prit dans son portefeuille plusieurs billets de la Compagnie des Indes et les présenta au docteur.

— Voilà, dit-il ; voyez si vous avez votre compte.

— Il y a six mille piastres ! s'écria le médecin, très-agréablement surpris.

— Vous croyez ? dit placidement l'intendant.

— Regardez vous-même, señor.

— C'est vrai ; j'oubliais... Oui, il y a six mille piastres... C'est que j'ai deux petits services à vous demander, et que toute peine mérite salaire.

— Parlez, señor ; que désirez-vous ?

— Ce que vous m'avez dit de la malade est vrai ?

— Absolument vrai, señor.

— Hein ! d'ici à Tolède, il y a au moins une douzaine de lieues ; je ne voudrais pas exposer cette jeune femme ?...

— En allant doucement, dans une voiture bien

capitonnée, il n'y a rien à redouter, en trois jours elle peut ainsi faire facilement le voyage.

— Quatre ou cinq lieues d'une seule traite ne la fatigueront pas trop ?

— Elle en ferait six sans inconvénient ; d'ailleurs, je vous préparerai un cordial que vous lui ferez prendre chaque fois que la voiture se remettra en marche.

— Et ce cordial ?

— Lui procurera un sommeil, à la fois profond et réparateur ; elle ne s'apercevra pas qu'elle voyage.

— C'est merveilleux! dit-il avec bonhomie ; faut-il beaucoup de temps pour préparer ce cordial ?

— Cinq minutes tout au plus.

— Alors, veuillez le préparer tout de suite et en faire prendre à la malade, je vous prie.

— Comment! vous partez? s'écria-t-il ébahi.

— A l'instant ; j'ai un carrosse à la porte. Une minute encore, ajouta-t-il en retenant le médecin, j'ai maintenant une consultation à vous demander.

— Vous ?

— Oh! rassurez-vous! fit-il en riant ; ce n'est pas pour moi.

— Pour qui donc, alors?

— Pour l'enfant né hier.

— Mais il se porte fort bien ; il est gros comme un mouton.

— J'en suis ravi ; j'espère qu'il continuera de même. Je dois vous dire que je n'ai pu trouver de nourrice !...

— Voilà qui est fâcheux.

— Très-fâcheux ; un enfant peut-il se passer de nourrice ?

— Ah ! ah ! je comprends !

— Quoi donc ?

— Rien, señor.

— Tant mieux ; il est souvent dangereux de trop comprendre ; mais revenons, je vous prie, à notre affaire ; je répète ma question.

— C'est inutile ; un enfant peut se passer d'être nourri par une femme.

— Ce qui veut dire ?

— Que, faute de nourrice, on peut faire allaiter un enfant par une chèvre.

— Tiens, tiens, tiens ! je n'avais pas songé à cela !

— On peut même, en cas de voyage, mettre du lait chaud dans un flacon, bouché par une éponge.

— Et l'enfant tète ?

— Parfaitement.

— Merci, docteur ; vous êtes un homme précieux. A propos, j'oubliais, vous êtes nommé chirurgien en chef de l'hôpital de Lima.

— Il serait possible ! s'écria-t-il avec joie.

— Chose promise, chose due ; vous êtes discret, je vous récompense ; prenez cette lettre.

— Cette lettre ?

— Oui, lisez-la ; elle est ouverte.

— Ma nomination est entre les mains du commandant du *San-Pedro*, vaisseau de l'État, qui n'attend que mon arrivée à Cadix pour mettre sous voile ; ordre de me rendre à bord ; signé Juan de Ochoa, président de l'audience suprême des Indes !

— Vous connaissez la signature de don Juan de Ochoa?

— Oui, très-bien, señor.

— Et vous comprenez?

— Hum! fit-il avec un sourd mécontentement, je comprends, señor, que vous vous méfiez de moi.

— Erreur, reprit Ramillete avec un fin sourire; seulement, je ne veux pas vous induire en tentation.

— C'est trop de bonté, dit-il avec amertume.

— Vous êtes un enfant! reprit l'intendant en fronçant les sourcils; par ce que nous faisons, vous devriez comprendre ce que nous pouvons faire; au lieu de vous briser, ce qui nous serait facile, nous vous servons : de quoi vous plaignez-vous?

— Pardonnez-moi, je suis un niais, dit-il avec un sourire contraint; je suis battu, c'est bien joué.

— Alors, sans rancune; mais n'y revenez pas, mon maître, reprit-il avec un accent glacé qui, malgré lui, fit trembler le médecin. Préparez le cordial, il est tard.

Quelques minutes après, l'intendant quittait la maison du docteur Legañez, emmenant avec lui la jeune femme et l'enfant, tous deux endormis.

Au point du jour, après avoir tant bien que mal mis ordre à ses affaires, le médecin partit à franc étrier pour Cadix.

Il avait hâte de tenir sa nomination entre ses mains.

. . . .

Le 30 octobre de la même année, le docteur Paul Herbillon, demeurant à Paris, rue Neuve-du-Luxembourg, 14, déposa à l'hospice des Enfants-Trouvés, rue d'Enfer, un enfant du sexe masculin, sous les noms de Charles-Jules-Olivier Madray, né dans son domicile, le 13 octobre 179., de père et mère inconnus ; il présenta une déclaration parfaitement en règle, signée de lui, médecin accoucheur, et de deux témoins ; l'un de ces témoins avait nom le chevalier de Luxure-Luxeuil !

. . . .

Le 26 novembre, c'est-à-dire six semaines environ après l'accouchement de la duchesse, Ramillete arriva à Rome.

Il s'était rendu en Italie, en traversant la France, bien que le trajet fût beaucoup plus long ; il avait même séjourné pendant six jours à Paris.

Le duc de Salaberry-Pasta reçut son intendant avec la joie la plus vive ; il était impatient d'avoir des nouvelles de Madrid.

Ces nouvelles, nous les résumerons en quelques mots.

L'affaire des alguazils tués à la Puerta del Sol avait été étouffée par les soins mêmes du duc de Rosvego, qui cependant continua une enquête secrète ; cette enquête, parfaitement et très-habilement conduite, prouva jusqu'à l'évidence que le duc de Salaberry-Pasta, très-malade à Rome, n'avait pas quitté cette ville un seul jour, ses amis n'ayant pas cessé de le visiter ; donc, les renseignements fournis au duc de Rosvego par ses agents n'étaient qu'un tissu de faussetés et de calomnies, inventées dans le but odieux de brouiller le duc avec sa femme ; du reste, l'innocence de la duchesse éclata à tous les yeux, quand, dix jours à peine après les événements de la Puerta del Sol, on la vit revenir de son voyage en Estramadure, plus belle, plus fraîche et plus gracieuse que jamais elle n'avait été.

D'un autre côté, il était de notoriété publique que le duc et la duchesse de Salaberry-Pasta s'aimaient comme deux tourtereaux.

Quant au docteur Legañez, il était en route pour le Pérou, dont il était facile de l'empêcher de revenir.

Le duc de Salaberry-Pasta et son intendant possédaient seuls leur secret.

Les années s'écoulèrent ; les acteurs des événements que nous avons rapportés finirent sans doute par oublier eux-mêmes ce fait d'un enfant né dans l'opprobre et abandonné dans la boue, fait banal et qui ne touche en rien à l'honneur d'une noble maison.

Seul peut-être, le duc de Salaberry-Pasta n'avait pas oublié ; une douleur sourde le minait ; il avait vu successivement mourir ses trois fils, espoirs de sa race.

Au faîte du pouvoir et de la grandeur, envié de tous, le duc tremblait parfois, et il se demandait avec un pressentiment sinistre, en songeant au passé, quel châtiment terrible lui réservait l'avenir.

FIN DU PROLOGUE.

LE CORSAIRE

CHAPITRE Ier

DANS LEQUEL LE LECTEUR FAIT CONNAISSANCE AVEC LE HÉROS DE CETTE HISTOIRE.

La baie ou plutôt la mer de Cadix, comme on la nomme le plus souvent, est unique dans le monde.

On ne saurait rendre l'aspect pittoresque des nombreux ports disséminés sur son parcours, et dont les maisons blanches, escaladant sans ordre apparent les pentes boisées des collines, sont à demi enfouies sous des fouillis de verdure.

Le ciel d'un bleu vif, la mer d'un azur plus tendre, le soleil dont les rayons ardents piquent un diamant à la pointe de chaque brin d'herbe et de chaque lame, et impriment une teinte chaude au paysage à la fois simple et grandiose ; Puerto-Real, Rota, Puerto-Santa-Maria, aux allures moresques ; Cadix, l'immense vaisseau de pierres, à l'ancre à l'extrémité de l'île de Léon, avec ses nombreux établissements maritimes et ses formidables travaux de défense ; tous ces points lumineux de l'harmonieux contour de cette baie immense, attirent et saisissent le regard, comme un rêve des Mille et une nuits; rien de plus séduisant ni de plus enchanteur ; ce n'est déjà plus l'Europe, et pourtant ce n'est pas encore l'Afrique !

C'est surtout quand on arrive du large que l'aspect de cette baie est véritablement féerique : il s'empare de l'imagination et la plonge malgré soi dans le pays mystérieux des songes d'amour, de fraîches langueurs et de poésie.

Le 25 mai 181., une foule énorme, singulièrement bigarrée, et appartenant à tous les degrés de l'échelle sociale, garnissait, vers six heures du matin, un peu après le lever du soleil, les remparts de Cadix, et fixait curieusement ses regards sur la mer.

Cette foule attentive, et essentiellement impressionnable, échangeait avec cette volubilité des races méridionales, plus accentuée en Andalousie que partout ailleurs, force commentaires, à la fois inquiets et railleurs, sur l'événement, sans doute extraordinaire, qui se produisait à l'improviste devant elle.

Une escadre française, venant de l'Océan, entrait, toutes voiles dehors, dans la baie, et manœuvrait pour mouiller en grande rade devant Cadix.

Cette escadre était composée de douze navires :

Six vaisseaux, dont deux à trois ponts ; quatre frégates de premier rang, et deux corvettes à batterie couverte :

Le *Formidable* et l'*Océan*, de 120 canons ;

— Le *Formidable* portait le pavillon du vice-amiral Kersaint ; —

Le *Foudroyant* et le *Redoutable*, chacun de 90 canons ; le *Scipion*, de 74 canons, portait le pavillon du contre-amiral Lillois, et l'*Hercule*, de 74 canons ;

Les frégates la *Résolue*, la *Circée*, l'*Arthémise* et l'*Herminie*, chacune de 60 canons ;

Et, enfin, les corvettes à batterie couverte l'*Héroïne* et la *Vengeance*, chacune de 44 canons.

L'émotion était d'autant plus vive dans la population de Cadix, que déjà, quelques jours auparavant, une escadre légère, sous les ordres du contre-amiral Hugon et venant de Toulon, avait mouillé devant la ville.

Le contre-amiral Hugon avait son pavillon sur la *Rétive*, frégate de 60 canons ; les autres bâtiments de cette escadre étaient les corvettes à batterie barbette la *Railleuse* et la *Mutine*, de 32 canons chacune, et le brick de premier rang le *Dragon*, de 24 canons.

Ce qui élevait le nombre des bâtiments français à seize, portant ensemble le chiffre menaçant de 1,044 canons.

Il y avait dans ce déploiement de forces de quoi donner fort à réfléchir aux habitants et aux autorités de la ville, qui, depuis près de trois ans, n'avaient pas vu apparaître le pavillon français dans les eaux de la baie ; aussi les commentaires allaient-ils grand train, bien que rien, en apparence, ne semblât justifier l'inquiétude croissante des Espagnols.

La péninsule était loin d'être tranquille à cette époque : des mouvements révolutionnaires se produisaient un peu de tous les côtés ; l'ère des *pronunciamentos* commençait ; dans les hautes régions du pouvoir, on appréhendait fort une intervention armée de la France.

Cependant, depuis un instant, il y avait un échange rapide de signaux entre les deux escadres ; la première s'avançait majestueusement et défilait en bon ordre, poussée par une assez forte brise du large.

Bientôt on vit les navires évoluer gracieusement, en laissant légèrement arriver sur bâbord ; un signal, aussitôt répété par les autres bâtiments, fut hissé à bord du vaisseau amiral : soudain, toutes les voiles furent amenées et carguées à la fois ; on entendit le bruit sourd des chaînes glissant dans les écubiers ; les équipages s'élancèrent dans les haubans, couvrirent les vergues, et, en un clin d'œil, les voiles furent serrées, les vergues carrées avec une précision mathématique ; l'escadre était mouillée sur deux lignes, à tribord et sur le même plan que l'escadre précédemment arrivée.

Quelques minutes plus tard, le vaisseau amiral salua la ville de vingt et un coups de canon, salut qui lui fut immédiatement rendu par les batteries de Cadix, coup pour coup.

Bientôt plusieurs canots se détachèrent des flancs des bâtiments de l'escadre ; les amiraux, les commandants et les états-majors des divers navires allaient faire leur visite officielle aux autorités de la ville.

La toilette des bâtiments terminée, leurs équipages, groupés sur l'avant ou penchés aux sabords, ne pouvant descendre à terre, examinèrent curieusement la baie, et surtout Cadix, que bien peu connaissaient, et où, selon toutes probabilités, ils se promettaient *in petto* de se divertir à cœur joie, si l'escadre restait longtemps au mouillage.

Un mois de solde avait été payé quelques jours auparavant aux équipages : l'argent brûlait toutes les poches ; on avait hâte de le dépenser en orgies de toutes sortes ; les caliers eux-mêmes étaient sortis de leurs ténébreux repaires et s'étaient hasardés sur le pont pour humer à pleins poumons l'air embaumé de la terre.

A bord du vaisseau le *Formidable,* deux hommes, deux matelots, n'avaient pas suvi l'exemple de leurs camarades ; au lieu de monter comme eux sur le pont, pour satisfaire leur curiosité après une longue croisière, ils étaient demeurés dans la batterie basse du vaisseau ; et là, abrités, ou plutôt cachés dans un poste à canon, ils causaient à voix basse avec une certaine animation.

Ces deux hommes étaient jeunes ; le premier portait les galons de quartier-maître de manœuvre ; il était le plus âgé des deux et paraissait avoir vingt-quatre ou vingt-cinq ans.

C'était un grand gaillard, bien découplé, d'apparence à la fois leste et vigoureuse ; sa physionomie franche et enjouée, fort sympathique, respirait l'insouciance un peu railleuse de l'homme rompu à toutes les misères de la vie précaire des marins ; il avait de grands yeux bleus, pétillants d'intelligence et d'audace, le nez un peu gros, la bouche souriante, largement fendue, garnie de dents magnifiques, les pommettes saillantes, le menton carré, les cheveux et la barbe d'un blond fauve : c'était un Breton bretonnant de la plus pure race gaélique ; il se nommait Ivon Lebris.

Son compagnon n'avait que vingt-deux à vingt-trois ans au plus ; il était de taille moyenne, trapu et taillé en athlète ; ses traits réguliers étaient fort beaux ; il avait le front haut et large, les yeux noirs, grands, bien ouverts, à la pupille dilatée, couronnés d'épais sourcils ; son regard rêveur avait parfois des lueurs étranges et magnétiques sous ses longs cils; ses cheveux châtain clair bouclaient naturellement ; il avait la barbe fauve, molle et touffue; les lèvres un peu grosses de sa bouche railleuse étaient d'un rouge de sang ; son visage, d'une coupe ovale, avait cette teinte brune et chaude particulière aux races méridionales; l'expression de sa physionomie était pensive, presque sombre, mais respirait une indomptable énergie et une implacable volonté ; il ne portait qu'un demi-galon sur chaque bras; en effet, il n'était que gabier de misaine.

Ce fut lui qui parla le premier.

— Tu ne vas donc pas voir la terre, matelot? dit-il avec un sourire ironique, sa vue te réjouirait le cœur.

— Et toi, matelot, pourquoi restes-tu ici? répondit l'autre, c'est une baie magnifique, celle où nous sommes en ce moment.

— Splendide ; mais je la connais depuis longtemps.

— Et moi aussi.

— Je le sais ; mais rien ne presse ; j'aurai le temps de la voir à loisir, fit-il avec intention.

— Ainsi, tu as toujours la même idée?

— Toujours, matelot ; est-ce que tu m'as vu une seule fois revenir sur une résolution prise?

Le quartier-maître jeta un regard autour de lui.

— C'est vrai, tu es une barre de fer, reprit-il.

— Non, je suis une barre d'acier ; ainsi crois-moi, matelot, ne discutons pas, ce serait inutile.

— Soit! dis-moi seulement pourquoi tu t'obstines ainsi ?

— Nous nous connaissons depuis dix ans, Ivon ; tu es mon unique ami ; je ne veux plus avoir de secrets pour toi. Tu te souviens comment, contre toute justice, nous avons été arrêtés à Marseille, à bord du brick colombien le *Bolivar*, dont tu étais lieutenant, et moi second capitaine, sous prétexte que nous sommes Français ; enrôlés de force et dirigés sur Toulon, les menottes aux mains, entre quatre gendarmes, comme des malfaiteurs, et embarqués sur le *Formidable*, où nous sommes encore ?

— Oui, je me rappelle tout cela, Olivier, répondit Ivon ; il y a déjà huit mois que nous sommes à bord.

— Huit mois, oui, Ivon, reprit le matelot avec amertume ; toi, tu es Breton, né à Roscoff, où habite encore ta famille ; tu es inscrit au bureau des classes ; peut-être avait-on le droit de te prendre pour le service ?

— Oui, on en avait le droit ; je suis forcé d'en convenir, malheureusement pour moi ; la loi est la loi ; mais dans deux ans et quatre mois je serai libre de nouveau, et toi de même ; il n'y a que patience à prendre.

— Je t'arrête là, matelot, dit-il vivement ; notre situation n'est pas la même.

— Bon ! Comment cela ?

— Écoute-moi et tu le sauras ; tu te nommes Ivon Lebris, n'est-ce pas ?

— Certes ; c'est un nom bien connu chez nous, à Roscoff. Les Lebris sont pêcheurs de père en fils depuis des siècles, et bons marins, je m'en flatte.

— Très-bien, j'admets tout cela ; mais moi, matelot, je n'ai pas de nom, pas de famille, pas de pays; je ne suis inscrit nulle part, si ce n'est aux Enfants-Trouvés, où j'ai été jeté comme un chien une heure après ma naissance, par des parents inconnus. Qu'est-ce qui constitue la patrie? c'est le nom et la famille; on prétend que je suis né à Paris : c'est possible, il faut bien naître quelque part ; j'aurais pu tout aussi bien naître dans tout autre pays ; le hasard seul m'a donc fait Français, si mon acte de naissance n'est pas un mensonge.

— Olivier! Olivier! Que dis-tu là, matelot?

— La vérité, matelot! répondit-il d'un ton incisif. Renié par mon père et ma mère, venu au monde par un crime, abandonné de tous, je ne dois rien à personne. Pourquoi les lois françaises, qui me refusent tous les droits qu'elles accordent à tous les autres natifs du sol ; qui me repoussent, me rejettent, et font de moi le bâtard, un ilote misérable hors du droit commun, prétendent-elles me contraindre à leur obéir, moi qu'elles ne protégent pas et qu'elles traitent en paria? Pourquoi donnerais-je mon intelligence, mon sang, ma vie, à un pays qui me conteste jusqu'au droit d'exister? Cela ne saurait être. Étranger à la France, la France me doit être étrangère ; ce qu'elle me refuse, je dois le lui refuser. Je suis bien jeune encore, Ivon, et pourtant j'ai souffert déjà toutes les tortures morales qui peuvent briser le cœur d'une créature humaine ; je ne m'en plains pas, je suis fort ; le malheur peut me frapper, il ne me terrassera pas ; ma vie entière sera une lutte. Soit! je l'accepte! je la soutiendrai bravement, sans défaillance comme sans espoir ; le jour où je tomberai dans l'arène, ce sera par l'effet seul de ma volonté, mais sans avoir été vaincu. L'injustice me révolte ; elle trouvera toujours en moi un adversaire acharné. Telle qu'elle est constituée, la société n'est que l'association des forts contre les faibles ; malheur aux vaincus ! est la grande loi sociale. Seul, au milieu de tous, j'accepte l'ostracisme injuste qui me frappe ; je ne hais pas, je méprise ; je n'aime que toi, que je vais quitter, peut-être pour toujours, et une pauvre chère enfant que sans doute je ne reverrai jamais ; que la volonté de Dieu soit faite ! Si plus tard le hasard nous réunit, Ivon, je te raconterai ce que je sais de mon histoire, et tu frémiras en m'écoutant.

Il y eut un silence ; la tête d'Olivier était tombée sur sa poitrine ; la main gauche appuyée sur un canon, il songeait.

— Pourquoi ne pas patienter? dit Ivon après un instant ; ne sommes-nous pas ensemble, matelot ?

— A cause de toi, je l'aurais fait, répondit Olivier ; j'y étais presque résolu.

— D'où vient alors que maintenant tu veux partir?

— Dis-moi, matelot, reprit le jeune homme en souriant, tu dois savoir cela, toi, quartier-maître de timonerie : est-ce que vraiment l'état-major du vaisseau se rendra après-demain à Puerto-Santa-Maria ?

— Pourquoi cette question ?

— Réponds-moi.

— Les officiers ont appris, je ne sais comment, que le *chiclanero* donne des courses de taureaux à Puerto-Santa-Maria. Alors...

— Il paraît que ce chiclanero est la plus célèbre *espada* de toute l'Espagne ?

— C'est ce que l'on prétend; les officiers sont convenus, entre eux, d'assister à ces courses.

— Tu en es sûr?

— Très-sûr. Ils en ont encore parlé hier au soir dans le *carré*, après le dîner; il a été résolu que l'on tirerait au sort les noms des trois officiers qui, avec le capitaine de frégate chargé du détail, resteraient à bord.

— Le tirage a eu lieu? demanda Olivier avec une feinte indifférence.

— Parfaitement, séance tenante.

— Sais-tu les noms de ces officiers?

— Parbleu! interrompit Ivon, ce sont deux lieutenants de vaisseau : MM. Marcères et Charlys, et un enseigne, M. Bergerat.

— Ah! fit-il d'une voix contenue, et les autres se rendront à terre...

— Tous ensemble, dans le canot major, après-demain, à dix heures; la course est pour midi; ils passeront la nuit à Puerto-Santa-Maria, puisque cela semble t'intéresser...

— Beaucoup plus que tu ne le supposes.

— Peut-être, fit-il avec un fin sourire; écoute ce dernier renseignement : M. de Salviat, au nom de tous les autres officiers, m'a ordonné de me rendre demain, à six heures du matin, dans le *youyou*, à Puerto-Santa-Maria, afin de retenir les places de tout l'état-major pour la course d'après-demain. Je dois être de retour à bord à quatre heures.

— En effet, il devait en être ainsi; toi et moi, nous sommes les seuls de tout l'équipage qui parlent l'espagnol.

— C'est précisément pour cette raison que j'ai été choisi, dit Ivon en riant.

— Cher ami, dit Olivier, moi aussi je veux voir les courses, et autre chose encore. J'ai ta parole ; je compte sur toi ; à ce soir.

— Ainsi, tu persistes ?

— Plus que jamais ; prépare donc tout ainsi que nous en sommes convenus, pour ce soir huit heures, quand les lanchas de Santa-Maria viendront embarquer les pièces à eau vides.

— C'est ton dernier mot ?

— Le dernier, matelot ; je compte sur toi.

— C'est bien ; puisque tu l'exiges, je le ferai.

— Merci, Ivon. Maintenant séparons-nous jusqu'à ce soir huit heures.

Ils se serrèrent la main et se tournèrent le dos.

Olivier se dirigea vers l'avant et monta sur le pont par le premier panneau, tandis qu'Ivon, au contraire, monta par le panneau de l'arrière.

— Hum ! pensait Olivier, tout en passant d'une batterie dans l'autre jusqu'au pont, mon matelot Ivon s'est rangé subitement à mon avis, lui qui, quelques instants auparavant, combattait mon projet si énergiquement ; il doit ruminer quelque chose dans sa tête bretonne ; je veillerai sur lui, quoi qu'il arrive.

De son côté, Ivon Lebris grommelait entre ses dents :

— Nous sommes à deux de jeu, mon camarade ; tu n'en es pas où tu crois ; nous verrons qui aura le dernier.

Cependant les équipages s'étaient remis au travail sur toute l'escadre.

Les canots avaient été mis à la mer ; les navires amarrés sur des corps morts, préparés à cet effet; les ancres virées et remises à poste aux bossoirs; les tangons avaient été placés; l'escalier de commandement installé à la coupée de tribord; les fausses manœuvres dépassées, les paillets enlevés et les sentinelles posées aux coupées de tribord et de bâbord; puis le petit canot avait été expédié à Cadix, avec les cuisiniers et le cambusier, afin de traiter avec des fournisseurs, pour les vivres frais des équipages.

En même temps les grands canots de tous les bâtiments de l'escadre partirent pour Puerto-Santa-Maria, sous le commandement d'un aspirant, afin de s'entendre avec les entrepreneurs qui se chargent de fournir aux navires de guerre l'eau que ceux-ci ne peuvent se procurer à Cadix, l'île de Léon ne renfermant que quelques puits d'une eau presque saumâtre, et les habitants de Cadix étant eux-mêmes contraints de faire venir leur eau du dehors.

Ivon Lebris était patron du grand canot du *Formidable*. Au moment de s'embarquer, il échangea de loin avec Olivier un regard d'intelligence, puis l'embarcation déborda et s'éloigna rapidement.

Olivier, attaché à la hune de misaine en qualité de gabier, suivit des yeux la marche du canot du haut de la hune, où il s'occupait à mettre tout en ordre, jusqu'à ce qu'il eût disparu, au milieu des autres embarcations qui sillonnaient la rade dans tous les sens; puis il se remit à son travail.

La journée s'écoula sans incidents d'aucune sorte; tous les canots envoyés à terre revinrent à bord, les uns après les autres; les canotiers racontaient à leurs camarades, moins heureux qu'eux, ce qu'ils avaient vu ; ils faisaient des descriptions enthousiastes de la terre, et les matelots se frottaient joyeusement les mains, espérant bientôt par eux-mêmes juger de ces merveilles, dont on leur faisait fête.

Le grand canot du *Formidable* était rentré à bord vers deux heures de l'après-dîner; l'aspirant chef de la corvée avait fait son rapport à l'officier de quart et au capitaine de frégate chargé du détail : huit grandes lanchas viendraient, à huit heures du soir, charger les pièces à eau vides du vaisseau et les rapporteraient pleines à quatre heures du matin. Le ravitaillement du navire serait ainsi opéré en une seule fois.

Il fut décidé que, ainsi que cela arrive toujours en pareille circonstance, l'équipage, cette nuit-là encore, courrait la grande bordée, c'est-à-dire qu'il ferait le quart, comme à la mer, afin que le transbordement des pièces fût exécuté plus rapidement et avec moins de fatigue.

Ivon Lebris et Olivier Madray faisaient tous deux partie du même quart; ils devaient prendre le service à huit heures, avec la bordée de bâbord.

Ils ne se rencontrèrent pas durant toute la journée, ou plutôt ils évitèrent de se rencontrer et de paraître causer ensemble.

Un peu avant huit heures, Olivier descendit dans l'entrepont du vaisseau, endroit où les matelots rangent leurs sacs et leurs effets d'habillement ; sans être aperçu du factionnaire, il fouilla son sac, dans lequel, pendant une dizaine de minutes, il sembla chercher certains objets; cependant, malgré les fanaux suspendus de distance en distance, l'obscurité était si grande, que, au cas où l'on eût épié le jeune marin, il aurait été matériellement impossible de savoir ce qu'il faisait.

Olivier quitta l'entrepont au moment où l'on appelait le quart; il se hâta d'aller prendre son rang; puis, après avoir répondu à l'appel de son nom, il se dirigea vers l'avant, les mains passées dans la ceinture de son pantalon, et d'un air insouciant.

La nuit était magnifique, bien que sombre, la lune ne devant pas se lever avant dix heures du soir; le ciel était couvert d'un semis d'étoiles brillantes; une brise tiède et embaumée courait à travers les agrès du vaisseau; des palans avaient été passés à bâbord à l'extrémité de la grande vergue, afin d'embarquer dans les lanchas les pièces vides qu'en ce moment on montait de la cale.

Tout en continuant sa promenade, Olivier s'était nonchalamment rapproché des haubans de misaine à bâbord.

Tout à coup il se retourna; il était seul à l'avant, le factionnaire placé au bossoir lui tournait le dos; le jeune marin se glissa dans les portehaubans, s'engagea sur le tangon auquel les canots du vaisseau étaient amarrés, s'affala par une corde à nœuds dans le petit canot et s'étendit au fond, où il demeura immobile.

Cette position le faisait invisible aux regards de l'équipage.

Bientôt on entendit le bruit des lanchas de Santa-Maria, arrivant toutes ensemble.

Il y eut un moment de désordre presque aussitôt réprimé, à l'instant où les lanchas abordèrent le vaisseau; ces lanchas, fort grandes, portaient des voiles en ciseaux, comme les chasse-marées; ces voiles furent amenées avec force cris et jurons; enfin les lanchas se rangèrent en file, les unes derrière les autres, et l'embarquement des pièces vides commença.

Une lancha plus grande que les autres était venue, soit par hasard, soit autrement, se placer tout près du tangon, et se trouvait ainsi bord à bord avec les embarcations du *Formidable*.

Tout à fait à l'arrière de cette lancha, il y avait une barrique sans doute oubliée, allongée à tribord, et dont une partie disparaissait sous les bancs.

Tandis que chacun s'occupait activement de sa besogne et que tous les regards étaient tournés d'un autre côté, une ombre noire apparut dans le petit canot du vaisseau, se pencha avec précaution, passa du canot dans la lancha espagnole, rampa vers la barrique dont nous avons parlé, et disparut subitement, comme si elle se fût enfoncée dans une trappe.

Au même instant une voix forte, celle du quartier-maître Ivon Lebris, cria en espagnol du haut du bastingage :

— Ohé, de la lancha ! que faites-vous là près des canots du vaisseau? pomoyez-vous sous la vergue de grand'voile ; c'est à vous à charger.

— *Muy bien, señor*, répondit le patron de la lancha, et, se retournant vers ses hommes groupés à l'avant la cigarette à la bouche : *Vaya pues muchachos*, ajouta-t-il : *adelante!*

Ceux-ci se mirent aussitôt à l'œuvre, et, s'armant de longues gaffes, ils culèrent ainsi qu'ils en avaient reçu l'ordre, et, remplaçant la lancha qui les avait précédés, ils s'apprêtèrent à recevoir les barriques qui déjà se balançaient au-dessus de leurs têtes.

Moins de trois minutes s'étaient écoulées depuis le moment où l'ombre dont nous avons parlé s'était glissée du petit canot du vaisseau dans la lancha espagnole, jusqu'au moment où la première barrique vide fut descendue.

Le chargement marchait rondement.

Les barriques étaient affalées par grappes de six et même de huit à la fois; les matelots du *Formidable* avaient hâte de se débarrasser de cette corvée ennuyeuse; dix minutes suffirent pour le chargement de la lancha.

Au moment où elle poussait du vaisseau, évitait, et commençait à hisser ses voiles, Ivon Lebris, debout sur le bastingage, cria d'une voix railleuse au patron :

— *Hasta luego, amigo; vaya usted con Dios!* — A bientôt, ami; allez avec Dieu! —

— *Hasta luego, señor*, répondit poliment le patron espagnol avec un sourire d'intelligence qui, bien entendu, passa inaperçu.

La lancha avait pris son aire; elle filait rapidement dans la nuit, le cap sur Puerto-Santa-Maria.

Le patron, confortablement assis à l'arrière, tenait la barre et fumait une mince cigarette, en fredonnant entre ses dents quelques couplets de la *Colaza,* chanson qui faisait alors fureur de Séville à Xérès, en passant par Cadix et Puerto-Santa-Maria, et dont voici un couplet :

> Señorita !
> Alsa usted esa patita ;
> Salte usted en ese barquillo ;
> No se le ponga a usted tuerto,
> El molde de ese monillo ;
> Alsa ! pues ya !
> Que tiene la Colaza,
> Muchissima calidad !

Ces vers trop faciles, et qui n'auraient aucun sel en français, ne méritent pas l'honneur d'une traduction.

A bord du *Formidable*, l'embarquement continuait rapidement.

La course est longue de Cadix à Santa-Maria ; il faut traverser toute la rade dans sa plus grande largeur ; mais l'escadre avait mouillé à peu près au milieu de la baie, c'est-à-dire à moitié chemin des deux villes ; cependant, malgré la brise favorable, le trajet dura plus d'une demi-heure.

Enfin, l'on vit briller au loin les lumières de Puerto-Santa-Maria, puis tout à coup l'avant de la lancha grinça sur le sable.

On était arrivé.

On apercevait, à une centaine de pas plus loin, l'équipage de la première lancha, occupé à rouler les pièces vides sur la plage, jusqu'à l'endroit où elles devaient être remplies.

— Bon ! nous avons le temps, dit le patron en riant ; ces paresseux de la *Virgen del Pilar* n'auront pas terminé avant au moins une heure ; muchachos, tandis que j'amarrerai la lancha, courez chez mon compadre Henriquez ; dites-lui de servir le souper, et faites verser un trago de refino. C'est moi qui régale !

Les quatre hommes composant l'équipage de la lancha ne se firent pas répéter cet ordre, pour eux rempli de séduisantes promesses ; après avoir abattu et roulé les voiles, ils sautèrent gaiement sur le sable et s'éloignèrent en courant.

Dès qu'ils eurent disparu dans les ténèbres, le patron se pencha en avant, et, d'une voix contenue :

— Êtes-vous là, señor? demanda-t-il.

— Oui, lui fut-il répondu aussitôt.

Et un homme se dressa devant lui.

Le patron salua.

— A qui ai-je l'honneur de parler? reprit-il de l'air le plus dégagé.

— Je me nomme don Carlos del Castillo, répondit Olivier : le lecteur a deviné que c'était lui.

— C'est bien le nom, fit le patron. A la bonne heure, tout va bien !

Et retirant un paquet assez volumineux de dessous le banc qui lui servait de siége :

— Voici vos habits, reprit-il, ils ont été achetés et payés tantôt par votre ami. Habillez-vous vivement.

Olivier, sans répondre, prit le paquet et l'ouvrit ; puis il défit son uniforme de matelot et quitta tout ce qu'il avait sur le corps, même sa chemise ; cela fait, il procéda, avec une adresse et une rapidité extrêmes, à son changement de costume.

Pendant que le jeune homme s'habillait, le patron faisait le guet, tout en amarrant sa barque à un long pieux planté dans le sable.

Ivon Lebris n'avait rien oublié, ni le manteau

couleur tabac d'Espagne, ni la montera, ni même une légère valise contenant du linge, etc. Il avait dû dépenser pour ces achats au moins un billet de mille francs ; tout était neuf, élégant et de bonne qualité.

— Voilà qui est fait, dit Olivier après un instant.

Le patron se hâta d'accourir.

— Vive Dios ! s'écria-t-il avec admiration, la métamorphose est complète. Dios me libre ! si vous n'êtes pas à présent un Andalous de pied en cap, un vrai *majo* de Xérès !

— Vous trouvez, patron ? répondit le jeune homme dans le plus pur castillan qui se parle de Burgos à Madrid ; tant mieux ! je ne risque pas alors d'être reconnu.

— Et la langue aussi ! C'est à n'y pas croire ! reprit le patron ; ah çà, vous êtes donc Espagnol ?

— A peu près, fit-il en souriant ; je suis né à la Havana de *Cristianos Viejos*, originaire de la Nouvelle-Castille.

— Valga me Dios ! et vous êtes matelot sur un vaisseau français ?

— Bien contre mon gré ; j'ai été embarqué de force, sous prétexte que je parle trop bien le français pour être Espagnol.

— Je me disais aussi : Quels *pillos* que ces *gringos* de Français ! Cuerpo de Cristo, hijo ! je suis heureux de vous avoir aidé à brûler la politesse à ces *gavachos* maudits !

— Merci, señor ; vous m'avez rendu un service que je n'oublierai pas ; je vous laisse mes vieux habits, dont vous ferez ce que vous voudrez.

— Bah ! entre compatriotes, un service n'est

rien; je vendrai les habits à Xérès. Vous savez que vous êtes mon locataire?

— C'est vous qui me louez une chambre? tant mieux! je serai tranquille et certain de ne pas être vendu à mes ennemis.

— Vous êtes mon hôte ; ce n'est pas une chambre, mais tout un appartement que votre ami a loué pour vous.

— Bon; dès demain soir je m'y installerai; cette nuit, il faut que je me rende à Cadix. A quelle heure ferme-t-on les portes?

— A onze heures.

— Il n'est pas encore neuf heures et demie, répondit le jeune homme en consultant une belle montre en or ; je ne sais si j'aurai le temps.

— Par terre, non; mais par mer rien ne vous presse, la porte reste ouverte toute la nuit ; vous feriez mieux de coucher ici.

— Je suis attendu à Cadix.

— C'est autre chose, alors ; il faut partir.

— Mais comment?

— Soyez tranquille : le cas a été prévu par votre ami ; je vous conduirai moi-même ; mon compadre Henriquez me remplacera pour le transport de l'eau au vaisseau : c'est convenu entre nous ; attendez-moi en fumant une cigarette ; dans dix minutes je serai de retour.

— Encore un mot : que vous dois-je?

— Rien, votre ami m'a payé. Est-ce qu'il est Espagnol aussi votre ami ?

— Oui, ou à peu près : il est Basque.

— Je m'en étais douté à son accent.

— Mon ami vous a payé le service rendu, mais non pas celui que vous allez me rendre. Acceptez, je vous prie, cette once d'or en dédommagement de la peine que je vous donne.

— Bon! c'est un plaisir d'obliger un compatriote. Mais je vois que vous êtes un caballero ; je ne veux pas vous contrarier en refusant. Merci, señor. Eh bien! foi de Pablo Galeano, qui est mon nom, si quelque jour, ou quelque nuit, vous avez besoin de moi, je suis à vous des pieds à la tête.

— Merci, patron Galeano. C'est entendu ; voici ma main.

— Voici la mienne et le cœur avec. Maintenant attendez-moi.

— Allez, je ne bougerai pas de cette place avant votre retour.

Le patron s'éloigna presque en courant.

Le jeune homme demeura seul ; il appuya sa tête brûlante dans sa main, et, les regards perdus dans l'immensité, il se plongea dans ses réflexions.

Bientôt il eut tout oublié et voyagea dans le pays des rêves.

Triste pays pour lui, sans doute, car deux ou trois fois des larmes qu'il ne pensa pas à essuyer, après avoir tremblé à la pointe de ses longs cils, coulèrent lentement sur ses joues brunies.

Tout à coup, il releva brusquement la tête, comme éveillé en sursaut, passa la main sur son front et se leva.

Un bruit de rames se faisait entendre à une courte distance.

Le jeune homme écouta.

— Señor don Carlos ! cria une voix qu'il crut reconnaître.

— Qui m'appelle ? répondit-il.

— Moi ! le patron Galeano ; venez !

Carlos, nous le nommerons ainsi désormais, s'élança dans la direction de la voix ; bientôt il aperçut une charmante balancelle, près de laquelle se tenait le patron Galeano.

— Vous dormiez donc ? dit celui-ci ; je vous ai appelé plusieurs fois sans que vous me répondiez ?

— Je ne dormais pas, mon ami, je songeais ; je suis libre depuis une heure à peine, et je suis resté si longtemps esclave !

— C'est vrai ; c'est bon d'être libre ; embarquez, señor ; le vent est pour nous ; avant une heure nous serons à Cadix.

Le jeune homme sauta dans la balancelle.

Cinq minutes plus tard, la mignonne embarcation filait sur le dos des lames avec la rapidité d'une mouette pendant l'orage.

Les deux hommes étaient silencieux ; don Carlos était retombé dans ses réflexions ; le patron Galeano fredonnait à demi-voix en fumant son éternelle cigarette.

La lune se leva.

Ce fut comme un changement de décorations à vue ; la baie prit subitement un aspect féerique.

— Que c'est beau ! murmura le jeune homme avec ravissement.

— Oui, répondit le patron ; regardez un peu de côté, je vous prie.

— Le *Formidable !* s'écria le jeune homme d'une voix profonde.

La masse sombre et colossale du vaisseau se profilait à une portée de pistolet de la balancelle.

— Oh ! je suis libre ! libre ! s'écria le jeune homme en lançant un regard de haine au majestueux vaisseau sur lequel il avait sans doute tant souffert.

Un quart d'heure plus tard, la balancelle accostait le quai de Cadix, et les deux hommes mettaient pied à terre sur la presqu'île de Léon.

CHAPITRE II

OÙ LE LECTEUR ASSISTE A UNE ÉTRANGE TRANSFORMATION DE NOTRE HÉROS.

Après avoir solidement amarré la balancelle à l'un des nombreux anneaux de fer scellés dans la muraille du quai, le patron Galeano sauta à terre et rejoignit don Carlos, soigneusement enveloppé dans son manteau et l'attendant près de l'octroi.

— Me voici tout à vos ordres, dit le patron ; où allez-vous ?

— Je ne suis pas venu à Cadix depuis quelques années, répondit le jeune homme, de sorte que je ne sais trop si je réussirai, à cette heure de nuit, à me reconnaître dans l'inextricable dédale de toutes ses rues étroites ; vous connaissez sans doute la ville, vous, patron ?

— Moi ! fit-il en riant, je le crois bien ! je suis un enfant de Cadix ! j'y ai été élevé : plusieurs de mes parents l'habitent encore.

— Décidément, vous êtes un homme précieux, patron Galeano ! s'écria en riant le jeune marin.

— Merci ; où voulez-vous vous rendre ?

— J'ai affaire calle San-Fernando.

— Je vois cela d'ici ; nous n'en sommes qu'à deux pas ; c'est le *barrio* (quartier) de la finance ;

les plus gros banquiers de la ville habitent calle San-Fernando.

— Je vais précisément chez un banquier, reprit le marin d'un ton de bonne humeur.

— Vous le nommez ?

— C'est un banquier français ; le chef de la grande maison Maraval-Fleury et fils.

— Vous connaissez don Jose Maraval ? s'écria le patron en s'arrêtant tout net au milieu de la rue.

Tout en causant ainsi, les deux hommes s'étaient enfoncés dans le cœur de la ville, les rues et les places ruisselaient de lumière ; toutes les boutiques étaient encore ouvertes.

Une foule de promeneurs des deux sexes allaient et venaient dans tous les sens, riant et causant avec cette animation et cette volubilité particulières à la race andalouse.

Les Andalous sont les Gascons de l'Espagne.

— Je suis intimement lié avec don Jose Maraval, répondit don Carlos; j'ai rendez-vous avec lui à onze heures et demie.

— La demie après dix heures vient de sonner à la cathédrale, dit gaiement le patron, nous avons le temps. Cristo santo ! caballero, si vous possédez beaucoup d'amis comme don Jose Maraval, vous n'êtes pas à plaindre : on prétend qu'il est plusieurs fois millionnaire.

— On dit vrai, patron Galeano, sa fortune est immense; mais avant de me présenter chez lui, où sans doute je rencontrerai nombreuse compagnie, je ne serais pas fâché de compléter ma toilette.

— Qu'appelez-vous compléter votre toilette ? Il

me semble que vous êtes fort bien et que rien ne vous manque.

— Merci du compliment, señor Galeano; en effet il ne me manque rien; j'ai, au contraire, quelque chose de trop.

— Bah! quoi donc?

— La barbe.

— Ah! caramba! je n'y songeais plus; le fait est que cette grande barbe que vous portez, je ne sais pourquoi, vous donne un air singulier, et jure avec le reste de votre costume; vous avez eu là une drôle d'idée, señor?

— Pas aussi drôle que vous le croyez; si, pendant huit mois, j'ai laissé pousser ainsi ma barbe, mon camarade, répondit-il d'une voix railleuse, c'est tout simplement afin de la raser aujourd'hui, et me rendre complétement méconnaissable, en donnant un autre tour à mes cheveux.

— Puñala! voilà une magnifique pensée! Je ne m'en serais jamais avisé, moi! La chose est impayable! fit-il en riant à gorge déployée.

— Ah! vous comprenez?

— Je le crois bien, señor don Carlos! vous êtes un homme très-fort; je m'incline devant vous.

— Au lieu de vous moquer de moi, ami Galeano, vous feriez mieux de m'indiquer un barbier, si vous en comptez un dans vos nombreuses connaissances; je n'ose me risquer à entrer chez le premier venu.

— Caraï! vous avez raison; on vous prendrait pour le diable; cela causerait un scandale horrible; mais laissez-moi faire; j'ai là, tout près, calle San-Juan de Dios, un compère qui est barbier; je me charge d'arranger cela.

Ils tournèrent dans deux ou trois rues, et s'arrêtèrent enfin devant une boutique splendidement éclairée; au-dessus de la porte était écrit en lettres bleues sur fond blanc :

Amable Conejo
Barbero y Sangrador
A qui se compone el pelo
al instar de Paris.

Dans deux vitrines gigantesques, au milieu d'assortiments de savons, de pommades et d'huiles de toutes sortes, deux magnifiques bustes de femmes en cire, outrageusement enluminées, décolletées et coiffées d'une façon extravagante, tournaient lentement sur pivot, à la grande joie des badauds, qui faisaient foule pour les admirer.

— Hum! dit le patron en regardant à travers la vitrine, il y a nombreuse réunion ce soir; la boutique est pleine, et de langues affilées, j'en réponds; tant mieux! la plaisanterie sera meilleure.

En Espagne, les boutiques de barbiers servent généralement de centre de réunion à tous les oisifs et aux nouvellistes de la ville ou du village, et forment ainsi des espèces de clubs où se débitent les histoires les plus absurdes, et surtout les plus fabuleuses et les plus incroyables.

— Laissez-moi entrer le premier, dit le patron à don Carlos, qui ne demandait pas mieux que de lui laisser la direction de l'affaire; et, tout en parlant, le patron tourna le bouton.

— Eh! je ne me trompe pas! s'écria un petit homme joufflu, rond comme une futaille et leste comme un écureuil, je ne me trompe pas ! c'est mon compère Galeano !

Et, abandonnant une pratique qu'il tenait par le nez, et à laquelle il donnait le dernier coup de rasoir, il accourut au devant du patron, riant et gambadant comme un singe qui a volé une noix.

— Moi-même, compadre Conejo, répondit le patron, *Santas Noches*, à vous et à la compagnie, compadre.

— Est-ce que vous venez pour nous aider à défendre la ville contre les hérétiques? reprit le gros petit homme en ressaisissant au vol le nez de sa pratique.

— Moi ! pas le moins du monde ; est-ce que la ville a besoin d'être défendue ?

— Vous ne savez donc rien ?

— Ma foi non ; j'arrive del Puerto.

— Apprenez alors que les Français veulent s'emparer de Cadix ; ils se préparent à débarquer cent mille hommes dans la presqu'île de Léon, au lever du soleil.

— Cent mille hommes ! dit-il d'un air ahuri, où diable les prendront-ils ? Entrez, entrez, entrez, señor don Carlos, ajouta-t-il en revenant à la porte.

Le jeune homme entra.

Tous les regards se tournèrent aussitôt vers lui avec une vive expression de curiosité, non pas à cause de son costume, qu'il portait fort bien, et qui, riche et de bon goût, n'avait rien de singulier ; mais, ainsi que lui-même l'avait prévu, à cause de la barbe longue et touffue qu'il portait entière.

A cette époque, et bien longtemps plus tard

encore, les Espagnols, et surtout les Andalous, ne portaient, en fait de barbe, que des favoris taillés en forme de côtelettes et arrivant jusqu'aux coins de la bouche.

Le patron avait prévu cette surprise : sa réponse était prête.

— C'est un vœu, dit-il; ce cavalier, mon ami, est marié depuis un an à peine; il a fait vœu à N. D. del Pilar de porter sa barbe sans la raser, jusqu'à ce que Notre-Seigneur et son saint patron lui accordent un fils, qu'il désire ardemment avoir.

— Voilà un vœu singulier, dit le barbier en hochant la tête.

— Des goûts et des couleurs on ne peut disputer, dit une pratique; l'idée est originale.

— Cette barbe ne vous va pas mal, reprit le barbier d'un ton conciliant; mais au premier moment, elle produit un effet bizarre.

— Je vous en ai fait souvent l'observation, señor don Carlos; vous n'avez jamais voulu me croire, dit le patron en riant.

— Eh! compadre, vous connaissez donc beaucoup ce caballero?

— Baya pues! il y a beau jour! je ne vais jamais à Xérès sans lui faire une visite d'amitié; mais il ne s'agit pas de cela, compadre; sur ma recommandation, le señor don Carlos del Castillo est venu tout exprès chez vous, compadre; vous aurez l'insigne honneur de faire tomber sous votre rasoir cette barbe que tant d'autres espéraient raser.

— Il serait possible! s'écria le barbier en tressaillant de joie; mais, ajouta-t-il avec inquiétude, le vœu?

4

— Est accompli, dit en souriant don Carlos ; il y a une heure, la señora Linda, mon épouse, est heureusement accouchée d'un gros garçon : *alabado sea Dios!* Je vais donc enfin être délivré de cette barbe qui me défigure et me gêne tant !

— Mettez-vous là, dit le patron Galeano en le faisant asseoir sur le fauteuil encore chaud de la précédente pratique ; et vous, compadre, faites tomber cette barbe de moine franciscain, qui, depuis trop longtemps, assombrit un beau visage.

— Oui, oui, à l'œuvre ! s'écria le barbier en repassant avec fureur son rasoir sur un immense cuir pendu à la muraille.

Tous les assistants, et ils étaient nombreux, applaudirent et se pressèrent autour du patient pour ne rien perdre de la curieuse opération.

Le petit barbier, malgré ses gestes de mandrille et sa loquacité incurable, était habile et surtout expéditif.

En moins de dix minutes, il eut rasé la barbe, taillé les favoris, coupé, parfumé, frisé les cheveux et coiffé son client, de telle sorte que lorsque celui-ci se regarda dans le miroir, il ne se reconnut pas, succès imprévu qui compléta le triomphe du successeur de Figaro.

Don Carlos laissa tomber une piastre dans la main que lui tendait le barbier, et refusa d'en recevoir la monnaie, générosité qui fit découvrir tous les fronts et courba toutes les échines.

Don Carlos et le patron Galeano sortirent de la boutique, chargés des bénédictions du barbier et de ses amis.

Quelques minutes plus tard, les deux hommes arrivèrent devant la porte de la maison de don

Jose Maraval ; là, ils se séparèrent, après avoir échangé quelques mots rapides, à voix basse. Le patron Galeano reprit à grands pas le chemin du port, tandis que don Carlos pénétrait dans la maison.

C'était véritablement une habitation princière, où tout respirait la richesse et le confort.

Sous le *zaguan*, trois ou quatre valets en livrée se tenaient debout, près d'une porte vitrée, dont les deux battants étaient ouverts.

Le jeune marin s'avança résolûment et présenta à l'un de ces valets une carte cornée, sur laquelle il avait écrit quelques mots au crayon au-dessous de son nom gravé.

Le valet jeta un coup d'œil sur la carte, s'inclina devant don Carlos, et le pria respectueusement de le suivre.

Il fit traverser au jeune marin plusieurs pièces somptueusement meublées et brillamment éclairées, ouvrit une dernière porte, annonça à haute voix : Don Carlos del Castillo, et s'effaça pour lui livrer passage.

L'ex-matelot franchit le seuil ; derrière lui la porte se referma.

Il se trouvait dans un magnifique cabinet de travail, meublé avec un goût et une simplicité réellement exquis.

Un homme de trente à trente-cinq ans, dont le visage était d'une beauté à la fois sévère et sympathique, écrivait, assis devant une table encombrée de papiers et de registres. En entendant annoncer le visiteur, il jeta la plume, se leva vivement, et, tendant les bras au jeune homme :

— Pardieu ! mon cher Olivier, lui dit-il en riant,

vous êtes d'une exactitude désespérante ; notre rendez-vous était pour onze heures et demie, fit-il en regardant une magnifique pendule de Boule, la demie sonne. Vous aviez cependant certaines difficultés assez sérieuses à surmonter pour tenir votre parole.

— Je vous avais promis de venir, cher monsieur Maraval ; aucun obstacle n'était assez puissant pour me faire manquer à ma promesse.

— Oui, oui ; je vous connais de longue date. Mais asseyez-vous donc, fit-il en lui roulant un fauteuil ; je vous tiens là, debout : vous devez être fatigué, cependant ?

— Mais non, je vous assure.

— Toujours le même ; vous savez que votre escapade est connue ?

— Déjà ? Je croyais pourtant avoir pris mes mesures...

— Le hasard, comme toujours, a tout fait découvrir.

— Comment avez-vous appris ?...

— J'ai en ce moment les états-majors des deux escadres ; votre amiral est furieux ; il a juré de faire un exemple ; ainsi, tenez-vous bien, ajouta-t-il en riant, je vous présenterai à lui tout à l'heure.

— Pardieu ! j'accepte !

— Je lui ai annoncé déjà que je désirais lui présenter, cette nuit même, un de mes amis qui arrivera tout exprès de Séville, à minuit, pour ne pas manquer mon bal.

— C'est parfait ! Nous verrons s'il me reconnaîtra !

— Il vous connaît donc personnellement ?

— Mais oui ; je me suis trouvé plusieurs fois en rapport avec lui ; j'étais le patron de son canot.

— Ah ! diable !

— Laissez-moi faire, c'est une épreuve que je désire tenter.

Tout en parlant, Olivier s'approcha d'une glace, et, pendant deux ou trois minutes, il sembla se regarder avec une certaine affectation, tout en portant à diverses reprises sa main droite à son visage ; de la main gauche il tenait un mignon flacon de cristal taillé.

M. Maraval lui tournait le dos ; tout ce manége lui échappait.

— Hum ! c'est scabreux, mon ami, vous le savez, si bien qu'on se déguise, il est impossible de changer son regard.

— Vous croyez? répondit-il sans se retourner.

— On me l'a assuré, mon cher Olivier. Ainsi, prenez garde ; du reste, il vous est facile d'éviter ce danger : je dirai que vous n'êtes pas venu, voilà tout.

— Bah ! vous savez bien que je ne recule jamais, répondit-il en revenant s'asseoir ; regardez-moi attentivement.

— Quel est ce caprice ?

— Regardez-moi, les yeux surtout, je vous prie.

Don Jose le fixa pendant une seconde, puis il se pencha en avant et l'examina avec la plus minutieuse attention.

— C'est prodigieux ! dit-il enfin ; il y a dans votre physionomie quelque chose qui, tout à l'heure, n'y était pas ; votre regard n'est plus le même.

— Vous voyez, mon ami, que l'on peut tout changer, même le regard. Croyez-vous, à présent, que l'amiral puisse me reconnaître ?

— Au diable ! C'est à peine, tout prévenu que je suis, si je vous reconnais moi-même.

— Alors, passons à autre chose. Votre famille ?

— En excellente santé, je vous remercie ; ma fille est au Sacré-Cœur depuis deux ans ; mon fils est à Saint-Cyr, il veut être soldat.

— Bravo ! Et votre charmante femme !

— Belle et bonne comme toujours, cette chère Carmen ; elle me parlait encore de vous, il y a à peine une heure ; elle tremble que vous ne fassiez quelque imprudence ; vous la verrez dans un instant.

— Cela me rendra bien heureux ; vous le savez, je l'aime comme une sœur chérie.

— Vous connaissez notre affection pour vous ; votre appartement est prêt. Avez-vous appétit ?

— Je vous avoue que j'ai grand'faim ; je n'ai pas eu le temps de manger depuis mon escapade, ainsi qu'il vous plaît de nommer ma fuite.

— Il vous faudra attendre encore.

— J'attendrai tout le temps que vous voudrez. Avez-vous reçu de Brest ce que je vous ai annoncé dans ma dernière lettre ?

— J'ai reçu, il y a deux jours, un crédit illimité signé Leguillou et contre-signé Hébrard de Paris et Palmer de Londres, au nom d'un certain Charles-Jules-Olivier Madray, *aliàs* del Castillo ; ce crédit vous est ouvert dans toutes les villes de toutes les parties du monde où la France a des consuls ou des agents consulaires, sauf en Europe.

— Oui, je connais la condition ; on me laisse libre d'aller partout, excepté dans le seul pays où je voudrais demeurer.

— C'est cela même ; la France et l'Espagne vous sont surtout interdites ; il vous est même enjoint de quitter l'Espagne sous quinze jours au plus tard.

— Enjoint ! fit-il avec un tressaillement nerveux, en fronçant les sourcils.

— C'est écrit en toutes lettres ; mais que cela ne vous inquiète pas ; si vous avez besoin d'une quinzaine de plus...

— J'en ai besoin, mon ami ; je veux aller à Madrid.

— Soit, je fermerai les yeux ; mais pas de folies ?

— Je vous le promets.

— Vous savez que vous êtes surveillé ?

— Oui, et de très-près même ; je m'en suis aperçu plusieurs fois, dans des pays pourtant bien éloignés les uns des autres ; je veillerai.

— Je suis tranquille, j'ai votre parole.

— Ce qui me tourmente, c'est que cette lettre vous est parvenue trop tard pour que vous ayez eu le temps de faire ce que je vous demandais.

— Erreur, mon ami, tout est prêt ; je n'ai pas attendu la lettre. N'avais-je pas la vôtre ?

— Mais cependant si ce crédit n'était pas arrivé ?

— Eh bien ! après ? J'aurais perdu une centaine de mille francs ; la belle affaire ! après ce que vous avez fait pour moi et les miens !

— Don Jose, je vous prie...

— Eh ! mon ami ! s'écria-t-il avec une généreuse animation, vous oubliez, vous! C'est juste, nous vous devons tout, honneur, vie, fortune; votre rôle est le plus beau; mais moi, je me souviens, c'est mon devoir. Qui nous a sauvés tous, ma femme, mes enfants, ces êtres qui me sont si chers? Vous! Je veux que vous soyez convaincu, une fois pour toutes, mon ami, que je vous suis dévoué, en tout et pour tout; que de près comme de loin, un mot de vous, un seul, fera loi pour moi, et j'y obéirai sans hésitation et sans réflexion. Au diable le méchant garçon! il me fait pleurer comme un enfant!

En effet, ses yeux étaient pleins de larmes.

— Jose! mon ami, mon frère! s'écria Olivier en s'élançant vers lui, calmez-vous, je vous en supplie.

— Oh! reprit le banquier, quand je songe à cette nuit d'horreur et à ce que vous avez fait, en risquant vingt fois la mort!

— Jose!

— Allons, c'est fini! je me contiendrai, mauvais cœur, ingrat qui ne veut pas croire qu'on l'aime!

— Ah! pour cette fois, s'écria le jeune homme avec sentiment, vous allez trop loin, mon ami!

— C'est vrai; je ne sais ce que je dis, je suis fou! C'est votre faute, après tout! Embrassez-moi!

— Oh! de grand cœur, mon ami.

Ils tombèrent dans les bras l'un de l'autre.

— Aussi, le diable m'emporte! reprit le banquier en riant, vous me feriez damner, avec votre affreux caractère!

— Encore, mon ami?

— Non, c'est fini ; je ne dirai plus un mot.

— Alors revenons à nos affaires.

— Ah ! cette fois, vous serez content.

— Je le suis déjà, mon ami.

— Bon! vous allez voir, fit-il en se frottant les mains, j'ai fait acheter à Saint-Malo un brick-goëlette construit expressément pour la course, et dont on voulait faire un négrier ; c'est un navire excellent, doublé en cuivre, ras sur l'eau, fin comme une dorade, tout neuf ; il n'a fait qu'un voyage à l'île de France ; sa vitesse est sans égale ; il jauge deux cent soixante tonneaux.

— C'est magnifique, mon ami !

— Attendez ! Il est complétement gréé et prêt à prendre la mer ; il a des vivres pour six mois, en supposant un équipage de trois cents hommes, ce qui serait trop.

— Très-bien, mais ce n'est pas tout?

— Laissez-moi donc finir ! Son tirant d'eau est si faible, qu'il peut pénétrer dans toutes les baies ; dans sa cale, servant de lest, sont soigneusement arrimées quatorze caronades de 24 et une pièce allongée de 36, pour être placée à l'avant sur pivot ; je ne vous parle que pour mémoire des fusils, des piques, des pistolets, des haches, des sabres d'abordage, des pierriers et des espingoles pour armer vos embarcations, au nombre de huit : six pirogues, baleinières, une chaloupe et un grand canot.

— C'est admirable ! et tout cela pour cent mille francs !

— Peut-être un peu plus, fit le banquier avec un fin sourire, mais cela ne vous regarde pas.

— D'accord ; et c'est vous?...

— Non, pas moi, positivement, mon cher Olivier, reprit-il sur le même ton, mais un vieil ami à moi, que vous connaissez de nom probablement, un ancien corsaire retiré des affaires, et vivant aux environs de Saint-Malo avec sa femme qu'il adore; Robert Surcouf, enfin, puisqu'il faut le nommer. Je ne suis pas marin, moi, je suis banquier; je ne me connais pas à toutes ces choses; j'ai écrit à Surcouf, je lui ai expliqué ce que je désirais, il a agi en conséquence; il a même poussé la complaisance jusqu'à recruter, je ne sais où, une centaine de ses anciens compagnons, qui n'ont pas mieux demandé que de reprendre la course. Ils vous formeront un noyau solide pour votre équipage.

— Les mots me manquent, mon ami, pour vous exprimer ma joie et ma reconnaissance.

— Bon! vous êtes content! c'est tout ce que je voulais! Ce bijou, comme l'appelle Surcouf, se nomme le *Hasard* : un nom pacifique, vous le voyez; il est nationalisé colombien et porteur de lettres de marque, au nom de Carlos del Castillo; ces derniers arrangements ont été pris par moi.

— Vous avez admirablement compris mes intentions, mon ami. Où se trouve en ce moment le *Hasard?*

— A Cadix même, mon ami.

— Comment! à Cadix? C'est de la folie! s'écriat-il en tressaillant.

— Allons donc! Écoutez-moi avant de mettre le feu aux étoupes; vous êtes toujours aussi impatient... Il y a quatre jours, la goëlette française la *Jeune-Agathe* est arrivée de Saint-Malo, chargée et nolisée par moi; j'en suis propriétaire. Vous comprenez que la *Jeune-Agathe* et le *Hasard* ne font qu'un ; me comprenez-vous maintenant ?

— Parfaitement ; mais c'est jouer gros jeu.

— Bah ! nous sommes bien solidement appuyés, cher ami, fit-il avec un fin sourire.

— C'est vrai, j'ai tort ; mais surveillez l'équipage.

— L'équipage, excepté vingt hommes, est à Palos de Moguers bien tranquille, partagé sur deux bâtiments à moi ; ceux-là, nous les ferons revenir quand il faudra ; j'ai de plus une centaine d'hommes à Puerto-Real, etc. ; les vingt hommes suffisent pour charger et décharger la goëlette ; ils n'inspirent aucune défiance ; si vous saviez quel air honnête a cette fringante sournoise ! vous y seriez trompé tout le premier.

— Je me rends, mon ami, vous avez réponse à tout. Après-demain soir, je partirai pour Madrid.

— Ou pour Séville, fit le banquier d'une voix railleuse.

— Hein ? que voulez-vous dire ? s'écria vivement Olivier.

— Rien, quant à présent ; nous causerons cette nuit, quand nous serons seuls ; il nous faut rentrer dans le salon : on a déjà sans doute remarqué ma longue absence ; venez.

— Un mot encore : vous connaissez mon matelot ?

— Pardieu ! Ivon Lebris.

— Je crains qu'il ne puisse supporter d'être séparé de moi ; si demain il venait me demander...

— Je vous l'amènerais moi-même.

— C'est cela. A présent, je suis à vos ordres ; puis-je me présenter ainsi ?

— Vous êtes d'une élégance parfaite. Cinquante de mes invités portent le costume andalous avec moins de désinvolture que vous !

— Flatteur ! Allons-nous ?

— Allons ! Surtout tenez-vous bien ; je vais vous présenter à l'amiral.

— Soyez tranquille.

Ils quittèrent alors le cabinet par une porte de dégagement, traversèrent un corridor et pénétrèrent dans les salons, où se pressait une foule nombreuse, élégante et très-bigarrée ; les vêtements nationaux et les uniformes français étaient en majorité ; il y avait surtout affluence d'adorables femmes.

Mme Maraval était fort entourée ; les officiers des deux escadres lui faisaient une cour assidue ; elle souriait à tous, et essayait ainsi de faire oublier l'absence prolongée de son mari.

Doña Carmen avait vingt-six ans, elle en paraissait à peine vingt ; elle était dans tout l'éclat de la jeunesse, belle surtout de cette chaste et douce beauté qui couronne le front des mères.

Au moment où son mari s'approcha d'elle, elle causait avec le vice-amiral comte de Kersaint ; elle rougit, son regard croisa celui d'Olivier, un éclair d'inquiétude jaillit de sa prunelle en l'apercevant ; ce fut tout ; elle redevint subitement calme et souriante.

— Monsieur l'amiral, dit-elle de sa voix harmonieuse, voici mon mari ; il est accompagné, si je ne me trompe, de la personne qu'il désire vous présenter, le señor don Carlos del Castillo, un gentilhomme que nous aimons beaucoup.

L'amiral se retourna et jeta un regard profond sur le jeune homme, calme et roid devant lui.

— Un charmant cavalier, dit-il en souriant à doña Carmen, et qui porte admirablement le costume andalous, le plus difficile à porter que je connaisse ; il faut être Espagnol de Séville ou de Grenade pour n'être pas écrasé par ce costume, si pittoresque et si théâtral à la fois.

— Vous avez raison, monsieur l'amiral, les Andalous seuls peuvent bien le porter, répondit le jeune homme en souriant.

— Amiral, dit alors don Jose Maraval, j'ai l'honneur de vous présenter le señor don Carlos del Castillo, mon meilleur ami ; don Carlos, le señor amiral comte de Kersaint.

Les deux hommes se saluèrent avec une exquise courtoisie.

— Je remercie M. Maraval, monsieur, dit l'amiral en français, de nous avoir présentés l'un à l'autre.

— Tout l'honneur et tout le plaisir sont pour moi, monsieur l'amiral, répondit le jeune homme dans la même langue, mais avec un léger accent espagnol.

— Ah ! vous parlez le français, monsieur ? dit l'amiral d'un ton de bonne humeur.

— Fort mal, comme vous le voyez, monsieur l'amiral.

— Peste ! ce n'est pas mon avis ; mais si vous me le permettez, nous ferons un tour dans les salons.

Après avoir salué la maîtresse de la maison, les trois hommes se promenèrent pendant quelques instants à travers la foule, en causant de choses indifférentes.

Les *tertulias* et les fêtes andalouses ont lieu pour ainsi dire en plein air.

Les salons, les *patios* et les jardins, les *patios* et les jardins surtout, sont les endroits où l'on se tient de préférence, à cause de la chaleur qui change en fournaises les appartements, si bien aérés qu'ils soient.

Tout en causant, les trois promeneurs, peut-être sans y songer, s'étaient peu à peu enfoncés dans les allées ombreuses d'une magnifique *huerta*, la seule qui existât alors à Cadix ; les mélodies de l'orchestre ne parvenaient plus que d'une manière indistincte à leurs oreilles, ils étaient seuls, loin des autres invités.

L'amiral s'arrêta à l'entrée d'un bosquet, ses deux compagnons l'imitèrent.

Après avoir jeté un regard autour de lui, l'amiral, toujours souriant, s'inclina devant le jeune homme :

— Recevez tous mes compliments, mon cher Olivier, dit-il à l'improviste, d'une voix légèrement railleuse, mais qui n'avait rien d'hostile ; si je n'avais pas été prévenu à l'avance, et instruit des moindres détails, j'y aurais été complétement trompé, malgré la perspicacité que l'on se plaît à m'accorder généralement : la métamorphose est complète ; il ne reste rien de vous ; sur mon honneur, vous avez entièrement fait peau neuve, comme on dit peut-être un peu vulgairement.

La foudre éclatant tout à coup aux pieds des deux hommes ne les eût certes pas autant stupéfiés.

Don Jose, devenu livide, était incapable de prononcer une parole ; quant à Olivier, il souriait, et, en apparence du moins, il restait aussi calme que si rien ne s'était passé ; mais son sourire était terrible et un fauve éclair s'était allumé au fond de sa prunelle.

— Allons, reprit l'amiral, qui l'examinait curieusement, vous êtes un homme ! On ne m'avait pas trompé, un homme bâti à chaux et à sable, sur ma foi ! Je regrette de vous avoir connu aussi tard ; les gaillards de votre trempe sont rares ; ne craignez rien de moi, je n'ai ni le désir ni le pouvoir de vous nuire.

— Je ne crains rien, amiral, répondit le jeune homme en s'inclinant ; vous êtes gentilhomme et de trop noble race pour vous abaisser à faire certaines choses qui toujours répugnent à un homme de cœur.

— Vous me jugez bien, monsieur ; je vous en remercie. Quand je suis descendu à terre, ce matin, j'ai trouvé à la chancellerie plusieurs pièces vous intéressant : votre congé, entre autres, signé par S. E. le ministre de la marine ; lorsque je suis rentré à bord, je vous ai fait appeler ; c'est alors que j'ai appris votre audacieuse désertion. Je ne sais comment vous avez réussi à vous échapper, je ne veux pas le savoir ; vous vous êtes fait libre, libre vous resterez ; seulement quelques conditions incompréhensibles pour moi sont mises à ce congé.

— Ces conditions, je les connais, monsieur l'amiral ; je vous donne ma parole d'honneur que, sauf le cas de force majeure, c'est-à-dire contre ma volonté, d'ici à dix ans je ne reparaîtrai pas en Europe, et surtout je ne mettrai pas le pied en France ou en Espagne. N'est-ce pas cela que l'on exige de moi, monsieur l'amiral ?

— Pas tout à fait, répondit l'amiral en souriant : le mot *jamais* est écrit en toutes lettres dans la dépêche secrète que j'ai reçue à votre sujet ; mais je ne veux pas me montrer trop exigeant : j'accepte les dix ans ; d'ici là, qui sait si les motifs de votre exil existeront encore.

— Hélas ! murmura tristement le jeune homme.

— Bon ! il se passe bien des choses en dix ans. Je n'ai pas voulu faire les choses à demi ; il y a dans votre histoire, dont j'ignore le premier mot, quelque chose de mystérieux et de sombre qui m'intéresse malgré moi ; Ivon Lebris, votre ami, a été pris pour le service en même temps que vous ?

— Oui, amiral, c'est mon ami le plus ancien ; je dirais le plus dévoué, si M. Maraval n'était pas près de moi.

— Je sais cela encore, reprit l'amiral en souriant : je ne veux pas vous séparer ; l'exil pèse lourdement sur les épaules quand on est seul à le subir. Usant des droits attachés à mon commandement supérieur, j'ai congédié Ivon Lebris ; il a son congé dans sa poche, cela l'empêchera de déserter. Je connais les Bretons, je suis de Quimper ; Lebris se serait plutôt jeté à la mer que de rester à bord. D'ailleurs, Oreste a besoin de Pylade, je vous le rends. Et maintenant, ajouta-t-il en tendant la main au jeune homme avec un charmant sourire, y a-t-il autre chose que je puisse faire pour vous, mon jeune ami ?

— Monsieur l'amiral, répondit Olivier avec sensibilité, je suis confus de tant de bonté ; je ne sais comment vous exprimer ma reconnaissance. Je vous prie de me pardonner ce que ma conduite a eu d'étrange, presque de sauvage pendant tout le temps que j'ai eu l'honneur de rester sous vos ordres.

— Ne parlons plus de cela, dit l'amiral d'un ton de bonne humeur, et comptez-moi au nombre de vos meilleurs amis. Nous ne savons ni l'un ni l'autre ce que l'avenir nous réserve ; peut-être viendra-t-il un jour où il me sera possible, mieux que par des paroles, de vous prouver l'intérêt que vous m'inspirez.

Et il lui tendit sa main loyale, qu'Olivier pressa dans la sienne avec une respectueuse reconnaissance.

— A présent, reprit gaiement l'amiral, rentrons dans le bal.

— Oui, dit don Jose Maraval, ma femme doit être en proie à une vive inquiétude ; elle nous a vus nous éloigner ensemble et elle a notre secret.

— Alors, hâtons-nous d'aller la rassurer.

Vers trois heures du matin, doña Carmen, son mari et Olivier se mirent à table pour souper.

Les salons étaient déserts, tous les invités s'étaient enfin retirés.

Ce qui s'était passé entre l'amiral et le jeune homme fit naturellement les frais de la conversation.

— Grâce à Dieu, vous êtes libre ! s'écria don Jose en se frottant les mains ; libre légalement et n'ayant rien à redouter de personne. Que comptez-vous faire, mon ami ?

— Ce que j'avais résolu d'abord, répondit Olivier ; surtout quitter l'Espagne au plus vite.

— Ce sera prudent, dit doña Carmen ; je tremble qu'il ne vous arrive malheur. Cette mystérieuse protection, dont on vous entoure, m'effraie pour vous; elle doit cacher quelque embûche redoutable.

— Oh! le croyez-vous, madame?

— Vous avez affaire à des gens d'une puissance presque sans limites : ce qui vous arrive le prouve ; craignez de les mécontenter, même sans le vouloir.

— Et surtout, ajouta don Jose avec intention, d'accorder trop de foi aux confidences de ce docteur Legañez, que vous-même m'avez représenté comme un fieffé coquin ; cet homme vous perdra.

— Oh! oh! vous voyez l'avenir bien en noir, cher ami? Je ne resterai que quelques heures à Madrid, seulement afin de m'assurer...

— Que le docteur ne vous a pas menti. Vous n'aurez pas besoin d'aller si loin : la personne que vous avez un si grand désir de voir habite Séville depuis plusieurs années déjà, et peut-être...

— Vous vous interrompez?

— Il y a des courses au Puerto, demain; comptez-vous y aller?

— Certes...

— Eh bien! peut-être verrez-vous là cette personne.

— Eh! eh! le croyez-vous?

— J'en suis presque certain. Je ferai retenir vos places auprès des miennes.

— C'est entendu! Seulement, j'irai coucher au Puerto.

— Fort bien. Que faites-vous aujourd'hui?

— Rien, je me repose.

— Que pensez-vous d'une visite à la *Jeune-Agathe?*

— J'allais vous prier de m'y conduire.

En s'éveillant, Olivier aperçut Ivon Lebris, assis à son chevet et guettant son réveil.

Les deux amis s'embrassèrent.

Ivon avait déjà quitté l'uniforme des matelots français; il portait un costume à peu près semblable à celui d'Olivier.

Les jeunes gens allaient entamer le chapitre des confidences, lorsqu'un domestique entra et leur annonça que M. et Mme Maraval les attendaient pour se mettre à table.

Olivier se hâta de terminer sa toilette, puis les deux jeunes gens se rendirent, de compagnie, à la salle à manger, où le déjeuner était servi et les attendait.

CHAPITRE III

OÙ IL EST PROUVÉ QUE L'ON A SOUVENT TORT DE PARLER TROP HAUT EN PUBLIC.

Les deux jeunes gens avaient bon appétit ; les huit mois qu'ils venaient de passer à bord du *Formidable*, en les condamnant à une chère d'anachorètes, avaient encore aiguisé cet appétit dans des conditions véritablement fantastiques ; aussi firent-ils un chaleureux accueil aux mets délicats placés devant eux. C'était plaisir de les voir se délecter en goûtant tour à tour de toutes ces bonnes choses dont ils avaient été sevrés pendant si longtemps ; Ivon Lebris, surtout, s'en donnait à cœur joie : son assiette se vidait avec une rapidité fantastique ; comme le faisait observer le brave Breton, il essayait de rattraper le temps perdu.

Le fait est que les équipages des bâtiments de la marine du gouvernement français, surtout à l'époque dont nous parlons, étaient assez mal nourris, pour ne pas dire plus ; les *gourganes* et les *fayots*, c'est-à-dire des fèves et des haricots remplis de vers, formaient le fond de leur nourriture ; nos jeunes marins étaient donc jusqu'à un certain point excusables de prendre une revanche aussi complète que possible de tant de nauséabonds repas.

Le déjeuner fut très-gai.

Les deux principaux convives, libres de tous soucis, avaient déjà, avec cette insouciance, privilége précieux de la jeunesse qui voit tout en beau, oublié les ennuis et les déboires de leurs huit mois de servitude, pour ne plus songer qu'à l'avenir radieux qui s'ouvrait de nouveau devant eux.

Lorsque le café et les liqueurs eurent été placés sur la table, Ivon Lebris, les joues un peu enluminées et les yeux brillants, raconta, sur la demande de son matelot, et cela avec une verve et un laisser-aller qui, plus d'une fois, amenèrent le sourire sur les lèvres de ses bienveillants auditeurs, ce qui s'était passé entre lui et l'amiral; et comment il avait été surpris et charmé, quand il s'attendait non-seulement à des reproches, mais encore à une punition rigoureuse, lorsque l'amiral lui avait mis son congé dans la main, en lui disant avec cette bonhomie paternelle qui le faisait adorer des matelots et des officiers de toute l'escadre :

— Vous êtes un brave et digne garçon, Lebris ; je ne veux pas être cause de votre perte. Tous deux nous sommes Bretons, nous devons nous entr'aider. Voici votre congé définitif. Mon devoir exigerait peut-être que je vous embarquasse sur un navire en partance pour la France ; il y en a deux en ce moment sur rade ; mais cela ne ferait pas votre affaire, et ne retarderait que de quelques jours, probablement, votre réunion avec votre ami. Je ne veux pas vous causer ce déboire. Vous êtes libre, dès ce moment, d'aller où il vous plaira. Faites-vous solder ce qui vous est dû par le commissaire. Il est trop tard pour que vous débarquiez ce soir ; demain, vous serez mis à terre par la *poste aux choux.* Maintenant, adieu, mon garçon, soyez heureux. Une dernière recommandation : ne contez vos affaires à personne pendant les quelques heures que vous passerez encore à bord ; on ne se repent jamais d'avoir été discret. Bonne nuit et adieu.

— Là-dessus, l'amiral me fit un geste amical de la main et me renvoya sans se donner la peine d'écouter mes remerciements, continua Ivon Lebris ; ce matin, à la première heure, je suis débarqué et je suis arrivé ici tout courant, sachant bien que j'y trouverais Olivier. Je n'ai soufflé mot à personne ; tous nos camarades sont ahuris : ils ne comprennent rien de ce qui se passe à bord.

— Auriez-vous réellement déserté, Ivon ? lui demanda don Jose en souriant.

— Pardi ! en doutez-vous ? Croyez-vous que j'aurais laissé ainsi mon matelot courir bon bord tout seul ? Ce matin même je serais parti ; cependant, j'avoue que je préfère que les choses se soient arrangées d'une autre façon : il est toujours désagréable, quand on a un vrai cœur de matelot, de déserter son navire, si mal que l'on se trouve à bord ; mais je l'aurais fait, et tout de suite, d'autant plus qu'il n'y avait pas de temps à perdre.

— Pourquoi cela ? demanda Olivier.

— Parce que dans deux jours les escadres, dont les provisions d'eau et de vivres seront demain terminées, mettront sous voile au lever du soleil ; elles vont croiser pendant trois mois dans le

Levant, puis elles rentreront ensemble à Toulon. Grand bien leur fasse !

— L'amiral m'a en effet prévenue, pendant le bal, de son départ prochain, dit doña Carmen, ne voulant pas, m'a-t-il dit, laisser à ses équipages le temps de faire des commentaires sur les congés si singulièrement accordés à deux de ses meilleurs matelots.

— L'amiral de Kersaint est un grand et noble caractère, dit don Jose.

— C'est surtout un noble cœur, dit Olivier avec émotion ; il en sait peut-être plus qu'il ne veut le laisser paraître sur cette mystérieuse affaire; il a hâte de s'éloigner pour ne plus avoir à s'en préoccuper.

— C'est un vrai Breton ! s'écria Lebris avec enthousiasme. Ce que dit Olivier doit être vrai...

— Peut-être ! dit don Jose d'un air pensif; puis il ajouta, après un moment : Il est près de midi : c'est l'heure de la siesta. Reposons-nous ; à trois heures, si cela vous convient, nous irons faire une visite à la *Jeune-Agathe*.

— Qu'est-ce que c'est que la *Jeune-Agathe?* demanda curieusement Ivon.

— C'est, répondit Olivier en lui tendant la main, un bâtiment dont je suis capitaine et dont tu seras le second, si cela te plaît, matelot...

— Je le crois bien que cela me plaît! Est-ce que nous ne sommes pas amarrés l'un à l'autre par le même grelin ?

— Alors, c'est dit.

A trois heures et demie, le banquier, en compagnie d'Olivier et d'Ivon, se rendit sur le port ; il y avait à cette époque un grand mouvement maritime à Cadix, mouvement à la fois commercial et belliqueux : les colonies hispano-américaines étaient en pleine insurrection ; les provinces de la vice-royauté de la Plata avaient poussé le premier cri de liberté, le Mexique s'était soulevé ensuite ; toutes les autres colonies avaient suivi leur exemple ; le port était encombré de bâtiments en charge pour l'Amérique du Sud ; la rade était couverte de navires de guerre en train d'embarquer des soldats, des vivres et des munitions.

L'Espagne faisait en ce moment un grand effort pour reconquérir d'un seul coup sa puissance déjà très-sérieusement compromise dans le Nouveau-Monde, mais qu'elle devait perdre définitivement quelques années plus tard, par son incurie et sa cruauté.

La goëlette la *Jeune-Agathe* se tenait humble et nonchalante, perdue au milieu de tous ces navires, si occupés et pressés autour d'elle.

Olivier, avec le regard infaillible du marin, la reconnut au premier coup d'œil ; il admira en véritable connaisseur ses magnifiques proportions et ses courbes élégantes, malgré toutes les précautions prises pour la déguiser.

— La voilà, dit-il à don Jose, en la désignant de son bras étendu.

— C'est elle, en effet, répondit le banquier ; comment diable l'avez-vous reconnue ?

Olivier sourit.

— Je suis marin, dit-il simplement.

— *Jésus ma Doué !* quel joli morceau de bois ! comme c'est espalmé ! s'écria Ivon avec une sincère admiration.

Ils montèrent à bord.

Un seul homme se tenait sur le pont, assis sur le guindeau et fumant mélancoliquement dans une pipe au tuyau microscopique et noire comme de l'encre.

A la vue des visiteurs, il se leva, éteignit sa pipe, et s'avança à leur rencontre, le bonnet à la main.

— Salut, monsieur Maraval et votre compagnie, dit-il d'une voix que le vent, la mer et le rhum avaient rendue rauque.

— Bonjour, monsieur Lebègue, répondit le banquier en lui serrant la main.

Ce Lebègue était un homme de quarante ans, de taille moyenne, trapu, dont le teint de brique, les traits énergiques et la physionomie à la fois bourrue et sympathique offraient le type complet du marin breton, le loup de mer des vaillants équipages des corsaires de la République.

— Est-ce que nous allons bourlinguer encore longtemps ici, sans vous commander, monsieur Maraval? demanda-t-il d'un ton de mauvaise humeur au banquier; depuis un mois que nous sommes à ce chien de mouillage, nous nous amusons, sans comparaison, comme des pingouins sur une accore de la Terre-de-Feu.

— Le plus fort est fait, monsieur Lebègue, répondit en riant le banquier; bientôt vous prendrez le large.

— Que le bon Dieu vous entende, monsieur! N'est-ce pas péché de laisser passer sous son nez tous ces faillis balandras, sans en goûter un peu et en genoper un seul?

Les trois hommes se mirent à rire.

— Monsieur Lebègue, reprit le banquier de son

ton le plus sérieux, j'ai l'honneur de vous présenter M. Olivier Madray, votre capitaine, propriétaire et armateur du navire, et M. Ivon Lebris, son second; messieurs, j'ai l'honneur de vous présenter M. Loïck Lebègue, votre premier lieutenant; M. Lebègue m'a été recommandé par le capitaine Surcouf, sous les ordres duquel il a servi pendant plusieurs croisières.

— Et je m'en vante ! s'écria le lieutenant ; capitaine, et vous, monsieur, je suis heureux de vous voir enfin arriver. Je ne sais pas parler, mais je sais agir. Foi d'homme! vous pouvez compter sur moi; je serai à vous, comme je l'ai été à Surcouf.

— Voilà de bonnes paroles, lieutenant; je vous en remercie, répondit Olivier ; j'espère que nous nous entendrons et que je serai aussi satisfait de vous que vous le serez de moi.

Et il lui tendit la main, que le lieutenant serra à la briser.

— Faites réunir l'équipage dans le carré, reprit Olivier, j'ai à me faire reconnaître par lui.

— A l'instant, capitaine, répondit le lieutenant.

Après avoir minutieusement examiné le pont, les trois hommes descendirent.

L'arrière du bâtiment était aménagé comme celui d'un navire de guerre; les chambres des officiers étaient à bâbord ; à tribord, et de plus, occupant tout l'arrière, se trouvait l'appartement du capitaine, composé de trois pièces, chambre à coucher, salon, salle à manger, de plus un cabinet de toilette et une salle de bain ; l'espace laissé libre entre l'appartement du capitaine et les chambres des officiers formait le carré, à la fois salle du conseil, salle à manger et salon des officiers.

Tout était aménagé avec une science remarquable de la vie de bord ; les divers appartements étaient meublés avec un luxe princier ; celui du capitaine dépassait en richesse, en élégance et surtout en bon goût tout ce qu'on pourrait imaginer.

— Êtes-vous satisfait ? demanda le banquier à Olivier.

— Mon ami, répondit le jeune homme avec émotion, c'est trop, c'est beaucoup trop !

— Allons donc! fit-il. Vous trouverez cent cinquante mille francs dans votre caisse: il est toujours bon d'avoir de l'argent; j'ai joint des lettres de crédit pour tous les pays où votre caprice vous conduira ; elles m'ont été adressées toutes faites ; voici une bibliothèque choisie, je sais que vous adorez la lecture; là vous trouverez du linge, des vêtements, des uniformes de toutes les marines du globe, que sais-je encore ; vous examinerez tout cela à loisir, quand vous n'aurez rien de mieux à faire; voici des armes, signées Lepage, Menton, Kukkeinreiter. Mais on nous appelle.

Le lieutenant, après avoir frappé doucement à la porte, l'ouvrit et, montrant son visage rayonnant de joie :

— A vos ordres, capitaine, dit-il, nous sommes parés.

Les trois hommes entrèrent dans le carré.

Vingt hommes étaient rangés à bâbord sur une double file : c'était l'équipage.

Le capitaine se fit reconnaître de ces braves gens, dont les traits francs et énergiques prévenaient en leur faveur ; puis, après avoir fait reconnaitre Ivon Lebris en qualité de second du bâtiment, il ordonna au premier lieutenant de lui présenter les officiers, le maître d'équipage et les matelots.

Maître Lebègue, ainsi qu'on le nommait, fit alors avancer MM. Joham Kernock et René Mauclerc, deux jeunes gens de vingt-cinq ans, de bonne mine, à l'air résolu et à la physionomie franche et joviale ; puis Pierre Legoff dit *Caïman*, maître d'équipage, gaillard à la large encolure, à l'air refrogné, taillé en hercule, et, dit Lebègue qui s'y connaissait, matelot depuis la pomme des mâts jusqu'à l'emplanture.

Olivier serra la main aux officiers et au maître d'équipage, et leur dit quelques paroles cordiales qui les lui acquirent aussitôt et les firent se frotter joyeusement les mains ; puis ce fut le tour des matelots, dont le lieutenant Lebègue fit l'éloge ; il les connaissait tous depuis plusieurs années et savait ce qu'ils valaient, comme hommes et comme marins.

Le capitaine parla aux matelots comme il l'avait fait aux officiers ; mais, tout en les assurant qu'ils le trouveraient toujours juste et bon pour eux, il leur fit comprendre qu'il saurait maintenir à son bord la discipline la plus sévère ; puis, après avoir ordonné une triple ration de vin, il les congédia.

Les officiers et le maître d'équipage restèrent.

— Messieurs, leur dit Olivier, je ne puis encore vous annoncer rien de positif sur ce que j'ai l'intention de faire ; vous en savez assez pour comprendre, quant à présent, que vous n'aurez pas à regretter de vous être placés sous mes ordres.

Maître Lebègue, veuillez, je vous prie, faire servir des rafraichissements pour fêter dignement mon arrivée parmi vous.

Le premier lieutenant se leva et sortit ; les autres officiers, sur l'invitation du capitaine, prirent place autour de la table du carré ; un instant plus tard, le lieutenant rentra suivi du cuisinier portant un plateau chargé de verres et de bouteilles.

Ce cuisinier était un nègre de l'île de France, espèce de Goliath d'aspect débonnaire, et dont la bouche, fendue jusqu'aux oreilles, riait toujours ; il se nommait Cupidon et était tout glorieux de porter ce nom mythologique, qui lui allait comme un chapeau à plumes à un marsouin.

— Messieurs, servez-vous, dit le capitaine en donnant l'exemple à ses officiers. Je bois à vous ! dit-il, quand tous les verres furent pleins, et à la réussite de notre croisière, dont je garderai le secret quelques jours encore !

On trinqua, les verres furent vidés rubis sur l'ongle.

— Combien m'avez-vous dit que nous avons d'hommes à Moguers, cher don Jose ? fit Olivier en reposant son verre sur la table.

— Quatre-vingts, sans compter ceux que nous avons ici.

— C'est-à-dire, moi et le second compris, cent six en tout. Ce n'est guère...

— Pardon ! reprit en souriant don Jose : en disant ici, j'ai entendu Cadix et la baie ; soixante matelots sont disséminés dans diverses auberges de la ville. Maître Lebègue sait où les trouver, au besoin.

— En moins d'une heure je me charge de les réunir, capitaine, dit vivement le lieutenant.

— Trente-neuf autres sont à Rota, dans les mêmes conditions; quarante à Puerto-Real, vingt-cinq à Puerto-Santa-Maria ; j'ai de plus chez moi un mousse que je vous recommande très-instamment, mon cher capitaine, et un jeune chirurgien fort habile, et dont vous n'aurez pas lieu de vous plaindre ; ce qui vous donne un compte rond de...

— Deux cent quatre-vingt-douze hommes ! mon équipage complet. Je ne sais vraiment, mon ami, comment vous remercier pour tant d'agréables surprises que vous me ménagez depuis hier.

— Ces deux cent quatre-vingt-douze hommes ont été choisis, et pour ainsi dire triés, un par un par Surcouf; c'est vous dire que vous avez un équipage d'élite, avec lequel vous pouvez accomplir...

— Chut ! ne parlons pas de cela ici : nous avons de trop proches voisins. Tu dis, matelot, que les escadres doivent appareiller...

— Après-demain, capitaine, au lever du soleil.

— Il nous faut être prudents, et nous assurer leur appui moral, au cas où l'on tenterait de nous chercher noise; nous mettrons sous voile demain, une heure avant le coucher du soleil.

— Mais les matelots de Moguers ? fit observer don Jose.

— Je n'en ai pas besoin ici ; je les prendrai en passant.

— Pardieu ! je vous accompagnerai jusque-là ; cela me fera rester plus longtemps avec vous !

— Merci, dit-il en lui serrant la main ; à votre santé, messieurs !

— A la vôtre, capitaine ! répondirent les officiers.

Les verres furent vidés.

— Monsieur Lebègue, reprit Olivier, il faut que demain tous nos hommes soient à bord, sans avoir été aperçus ; vous mettrez la goëlette sous voile, et vous irez mouiller à portée de pistolet de Puerto-Santa-Maria ; vous vous tiendrez sur un *corps mort* ; ma baleinière m'attendra, à compter de trois heures de l'après-midi, au pied du débarcadère ; tout sera prêt pour l'appareillage ; aussitôt mon arrivée à bord, nous mettrons le cap au large.

— C'est entendu, capitaine ; demain, à deux heures, la goëlette, avec son équipage à bord, sera amarrée en face de Puerto-Santa-Maria ; à trois heures, votre baleinière sera à vos ordres, au débarcadère.

— Surtout soyez prudent ; que personne ne se montre : on ne doit voir que vingt hommes.

— Vos ordres seront strictement exécutés, capitaine ; au coucher du soleil, je me sortirai du milieu de tous ces chalands, et je me mouillerai de façon à ce qu'on ne voie même pas le navire ; tous nos hommes s'embarqueront cette nuit.

— Très-bien ! Un dernier coup, et à demain soir le départ.

Les verres furent de nouveau remplis, mais vidés cette fois avec la joie la plus vive : ces braves gens avaient hâte de se remettre en mer ; l'existence qu'ils menaient depuis si longtemps leur pesait fort ; la mer était tout pour eux. Le capitaine fut respectueusement accompagné jusqu'à la coupée de tribord par les officiers et les matelots, avec les marques d'un véritable dévouement.

Le lendemain, dès six heures du matin, de Cadix à Xérès, les eaux de la baie disparaissaient littéralement sous les goëlettes, cutters, tartanes, lanchas, balancelles, embarcations de toutes sortes, enfin, qui, toutes chargées de monde presque à couler bas, se dirigeaient en toute hâte vers Puerto-Santa-Maria.

Sur les routes, même affluence de voyageurs, à pied, à cheval, en voiture et même en charrette, depuis les nobles et les grands d'Espagne dans leurs brillants carrosses armoriés, jusqu'aux paysans endimanchés dans leurs charrettes; le *majo*, fièrement campé, portant sa *maja* assise sur la croupe de son cheval, jusqu'à l'humble piéton, avançant péniblement sur le bord de la route, à demi suffoqué par la chaleur et aveuglé par la poussière : tous se pressaient à qui mieux mieux vers Puerto-Santa-Maria.

Et sur la baie et sur la route, cette foule bigarrée riait, chantait, parlait, criait à tue-tête, en échangeant force lazzi, avec cette volubilité, cet entrain endiablé et cette spirituelle gaieté andalouse qui n'a rien de comparable au monde.

Les Espagnols adorent les courses de taureaux; ils poussent cette passion jusqu'à la frénésie. Pour notre part, nous comprenons parfaitement cet engouement de tout un peuple, et nous le partageons sincèrement; à nos yeux, il n'y a rien de plus noble, de plus intéressant et de plus *empoignant* — nous demandons pardon de cette expression — que cette lutte ou plutôt ce duel chevaleresque, d'un seul homme vêtu de soie, chaussé de satin et armé d'une mince épée, fine comme une aiguille, contre un animal d'une férocité et d'une force prodigieuses, furieux et armé par la nature d'une façon formidable, de cornes longues, puissantes et acérées.

Les portes du cirque s'ouvrirent à onze heures du matin; à midi, douze mille spectateurs étaient rangés sur les gradins.

Deux loges de *sombra* attiraient surtout l'attention : la loge royale, dans laquelle étaient réunies les autorités de Cadix et de Puerto-Santa-Maria, et la loge située immédiatement à la droite de la première.

Dans cette seconde loge se tenaient don Jose Maraval, sa femme et une dizaine d'amis du riche banquier avec leurs familles ; parmi ces amis se trouvaient le capitaine Olivier et son second, maître Ivon Lebris; le capitaine était assis à la droite du banquier ; il causait avec un homme jeune encore, tout vêtu de noir, portant lunettes et ayant un ruban multicolore à la boutonnière de son habit; ce personnage imposant était le docteur don Juste Carnero, l'un des plus célèbres médecins de Cadix.

Nous noterons que les deux loges étaient ouvertes, et se touchant; tout ce qui se disait dans l'une s'entendait forcément dans l'autre, par les personnes assises auprès de la séparation.

La loge royale était très-vaste, ornée avec beaucoup de luxe, et remplie de dames et d'officiers français, anglais et espagnols ; les officiers français étaient les plus nombreux; les trois amiraux des escadres françaises étaient assis aux places d'honneur, entre le gouverneur de Cadix et celui de Puerto-Santa-Maria.

Nous ne décrirons pas la course de taureaux : là n'est pas l'intérêt de notre narration ; d'ailleurs ces courses se ressemblent toutes ; leurs péripéties émouvantes sont presque toujours les mêmes. Elles ont été mille fois décrites et racontées.

Le capitaine Olivier et le docteur Carnero étaient placés près de la séparation de la loge royale ; dans celle-ci, les dames s'étaient assises sur les deux premiers rangs de chaises. Presque appuyée contre la séparation, une dame d'une beauté remarquable, paraissant à peine trente ans, mais dont l'âge devait être beaucoup plus avancé, la tête légèrement tournée en arrière, échangeait de temps en temps, à bâtons rompus, quelques paroles avec un grand vieillard, dont les cheveux avaient la blancheur de la neige. Les traits fatigués de ce vieillard, son regard éteint, les rides dont son visage dur et hautain était sillonné accusaient plus de soixante ans.

Don Jose Maraval, interrogé par le capitaine Olivier, lui avait répondu à demi-voix que ce grand vieillard était le duc de Rosvego, ancien ministre, ancien ambassadeur, grand d'Espagne de première classe, etc., etc., et que la dame toute constellée de diamants, très-belle encore malgré ses quarante-cinq ans sonnés, avec laquelle il causait, était la duchesse de Rosvego, née Mercedès-Julia de Soto-Mayor.

Le capitaine, après avoir remercié don Jose, avait fixé un regard ferme et investigateur sur cette femme, dont il avait sans doute remarqué l'expression de physionomie sèche, froide, presque cruelle.

Un sourire d'une expression étrange avait, pendant une seconde, crispé les commissures de ses lèvres, puis il avait repris avec le docteur sa conversation interrompue et que, depuis quelque temps déjà, la duchesse semblait écouter avec attention, presque avec inquiétude.

La course allait commencer.

La *cuadrilla* avait accompli sa procession accoutumée autour du cirque ; l'alguazil-mayor était venu demander les clefs du *toril* à la loge royale ; le gouverneur les lui avait jetées et il les portait au garçon de combat, pour aussitôt après s'enfuir au plus vite, afin de ne pas être désarçonné par le taureau furieux : cet épisode est un des plus piquants et des plus amusants de la *corrida* ; tous les regards étaient fixés curieusement sur l'arène.

Tout à coup, le capitaine Olivier dit au docteur Carnero :

— Vous croyez que c'est impossible ?

— Oui, señor capitaine, surtout s'il s'agit d'une grande dame ; une *manola*, ce serait autre chose, ajouta-t-il avec un sourire cynique.

— Eh bien ! vous vous trompez, docteur ; je connais une très-grande dame à laquelle il arriva une aventure toute semblable à celle dont nous parlions toute à l'heure : c'était, attendez que je me souvienne, c'était dans la nuit du 13 au 14 octobre 179., calle de Alcala, à Madrid, dans la maison du docteur don Jose Legañez, vous voyez que je précise ; un certain Perrico, lequel avait un autre nom qu'il cachait, mais que je vous dirai plus tard...

Il s'interrompit.

La duchesse, sur laquelle son regard était obstinément fixé, s'était renversée, pâle, haletante, les yeux à demi fermés, sur le dossier de sa chaise.

— Mais bah! reprit le capitaine, j'aurai toujours le temps de vous raconter cette histoire pour peu qu'elle vous intéresse ; voyons la corrida, nous sommes ici pour cela.

— C'est mon avis, dit le docteur ; chaque chose doit venir en son temps.

— Qu'avez-vous donc, madame ? demanda le duc à sa femme ; vous trouvez-vous mal?

La duchesse se redressa en souriant.

— J'ai eu une peur affreuse, monsieur, répondit-elle d'une voix légèrement émue, je crois même que je tremble encore; ne suis-je point pâle?

— Vous êtes livide, madame; seriez-vous indisposée ?

— Pas le moins du monde, monsieur le duc; j'ai cru que ce malheureux alguazil était enlevé par le taureau, et alors...

— Eh quoi! c'est pour cette espèce? fit-il avec mépris.

— A présent c'est passé, fit-elle avec un charmant sourire.

Elle promena un regard assuré autour d'elle; lorsque ses yeux s'arrêtèrent sur Olivier, il jaillit de sa prunelle un tel éclair de haine, que, malgré lui, le jeune homme se sentit frémir et détourna la tête; la duchesse haussa dédaigneusement les épaules, un sourire de mépris courut sur ses lèvres, et elle tourna le dos, se remettant à causer avec son mari et les officiers assis auprès d'elle.

Cet incident, fort peu important en apparence, passa complétement inaperçu.

La course commença.

Vers trois heures, Olivier et le docteur Carnero quittèrent leur place, avec l'intention d'aller respirer un peu d'air frais au dehors : le cirque était changé en une véritable fournaise.

Les deux hommes descendaient un escalier conduisant à une des portes du cirque, lorsque le capitaine Olivier reçut à l'improviste, d'un officier français qui descendait lui aussi, un choc si violent, qu'il trébucha et faillit tomber.

— Vous êtes bien pressé, monsieur? dit Olivier; vous auriez dû prendre garde!

— Vous êtes un insolent, répondit brusquement l'officier en se retournant; c'était à vous de vous déranger!

Ceci était bel et bien une provocation.

Olivier fronça le sourcil; mais ses traits se rassérénèrent aussitôt, et ce fut le sourire sur les lèvres qu'il répondit :

— Monsieur de Salviat, tout m'est expliqué.

— Vous me connaissez, monsieur? répondit l'officier avec hauteur.

— Mais oui, monsieur; aussi j'ai compris, dit Olivier avec le plus grand calme.

— Qu'avez-vous compris, monsieur? reprit l'officier d'un ton rogue.

— Tout simplement que vous me cherchez querelle, monsieur.

— Au fait, pourquoi non?

— Je suis à vos ordres, mais à une condition.

— Laquelle?

— Que je vous dirai quelques mots, une dizaine au plus, sur le terrain, à vous seul, avant d'engager le combat; je veux que vous sachiez bien que je connais les motifs de l'ignoble insulte que vous m'avez faite.

— Monsieur!

— Je suis deux fois plus vigoureux que vous; si vous refusez, je vous roue de coups; c'est donc à prendre ou à laisser; réfléchissez bien avant de me répondre, dit Olivier d'un accent glacé.

— Ainsi, vous oseriez?...

— Assommer un drôle de votre sorte? parfaitement, monsieur.

— Soit; finissons, je suis pressé; je consens; dans une heure, au pistolet, derrière l'Alameda.

— Je vous y attendrai, monsieur.

Les deux hommes se saluèrent et se tournèrent le dos.

— Mon cher docteur, vous avez entendu! veuillez, je vous prie, dit Olivier, prévenir le señor Maraval et mon ami Lebris que je les attends à cette place.

— Ah çà, cet homme est fou! dit le docteur.

— Pas le moins du monde, señor.

— Mais alors que signifie cette querelle?

— Tout simplement, cher docteur, qu'il ne faut pas parler trop haut en public, si l'on ne veut s'exposer à se voir expédier des bravi.

— Je ne vous comprends pas, capitaine?

— Vous me comprendrez bientôt; consentez-vous à me rendre le service que j'attends de votre courtoisie?

— Certes, de grand cœur.

— Vous reviendrez avec mes amis; peut-être aurons-nous besoin de vous.

— J'allais vous le demander, dit le docteur.

Il remonta au cirque; cinq minutes plus tard, il redescendit en compagnie de M. Maraval et Ivon Lebris.

Olivier n'avait pas fait un mouvement.

Les quatre hommes quittèrent le cirque et se dirigèrent vers la place, alors à peu près déserte.

— Que s'est-il donc passé? demanda le banquier.

Quelques mots suffirent au jeune homme pour expliquer à ses amis ce qui lui était arrivé.

— C'est un horrible guet-apens? s'écria don Jose.

— Cela m'en a tout l'air, ajouta Ivon.

— Et à moi aussi, dit Olivier en riant; ce comte de Salviat est connu pour un assez triste sujet, cousu de mauvaises affaires; c'est un bretteur; il m'aura été dépêché par cette belle duchesse.

— Voilà ce que c'est que d'avoir la langue trop longue, dit sentencieusement le docteur; pourquoi diable teniez-vous donc tant à me conter cette histoire?

— Dont je ne vous ai dit que quelques mots pourtant, répondit en riant le jeune homme. Qui sait? ajouta-t-il avec ironie, je le faisais peut-être exprès!

— Alors vous avez bien réussi!

— Mais oui, je le crois. Voyons, procurons-nous des armes.

— Le premier armurier venu nous en fournira. Quand et où le rendez-vous? demanda don Jose.

— A quatre heures, à l'Alameda.

— Laquelle?

— Comment! laquelle?

— Oui; il y en a deux, la *Victoria*, toute plantée d'orangers, et le *Vergel*; celle-ci est plus petite, mais beaucoup plus rapprochée du port; toutes deux seront désertes jusqu'à cinq heures et demie du soir: laquelle choisissons-nous?

— La plus proche du port, pardieu! Comment la nommez-vous déjà, mon ami?

— Le *Vergel*.

— Très-bien; en sommes-nous éloignés?

— Non; prenez cette rue, là, devant vous : vous y serez dans dix minutes; moi je cours acheter des pistolets de tir, dit don Jose.

— Mais nos adversaires, qui les préviendra? demanda Olivier.

— Moi, répondit le docteur; cet officier m'a causé une émotion désagréable, qui me le fera reconnaître.

— A la bonne heure! Nous vous attendrons au Vergel.

Les quatre hommes se séparèrent; Olivier et Ivon se dirigèrent vers le rendez-vous convenu.

Ivon était inquiet.

— Sais-tu tirer le pistolet? demanda-t-il à son ami.

— Sois tranquille, répondit le jeune homme en riant : à soixante pas, avec une balle, je coupe la queue d'une orange sur l'arbre.

— Alors, tout va bien! fit-il en se frottant les mains à s'enlever l'épiderme; j'espère que tu ne le ménageras pas?

— Matelot, répondit Olivier en fronçant les sourcils, je hais cet homme; il n'a fait que me prévenir, je n'ai voulu assister à cette course que pour lui chercher querelle et le forcer à se battre.

— Bon! Je m'en doutais presque, d'après ce que tu m'avais dit à bord du vaisseau. Ainsi...

— Je le tuerai, ou il me tuera, je t'en donne ma parole!

Le Vergel est une charmante promenade, très-boisée et entretenue avec le plus grand soin; elle est beaucoup plus fréquentée que la Victoria, mais ce jour-là elle était complétement déserte à cause des courses.

Les deux marins se promenaient depuis près d'une demi-heure en causant, lorsqu'ils virent au même moment venir d'un côté M. Maraval et de l'autre le docteur Carnero, suivi à quelques pas par deux officiers français et un jeune homme de bonne mine portant avec une grâce et une désinvolture parfaites le brillant costume andalous, qu'il est de mode, parmi les élégants, d'endosser pour assister aux courses de taureaux.

— J'ai votre affaire, dit don Jose Maraval, d'excellents Menton à double détente.

— Merci, dit Olivier.

En ce moment, ils furent rejoints par le comte de Salviat et ses témoins; le docteur se tenait un peu à l'écart.

On se salua silencieusement.

— Je pense, dit le comte d'une voix railleuse, que monsieur n'a, pas plus que moi, l'intention de faire durer les préliminaires?

— Non, monsieur, je désire, au contraire, en finir au plus vite avec vous! répondit sèchement le capitaine.

— Parfait! Vous avez des armes? demanda le comte.

— Oui, elles ont été achetées tout exprès, répondit don Jose.

— Alors, messieurs, ne perdons pas de temps, s'il vous plaît; comptez les pas et chargez les armes.

— Pendant ce temps, je vous dirai les quelques mots convenus, monsieur, reprit Olivier.

— Je suis à vos ordres, monsieur.

Olivier et le comte de Salviat, après avoir en quelques mots mis les témoins au courant de cette condition du duel, se retirèrent un peu en arrière.

— Que désirez-vous me dire, monsieur? demanda le comte d'une voix goguenarde.

— Simplement ceci, monsieur, répondit Olivier avec un accent glacé. Veuillez répéter à la duchesse ces paroles textuelles :

— Quelle duchesse? interrompit-il avec une légère rougeur.

— Votre rougeur vous trahit, monsieur; oui ou non, répéterez-vous mes paroles? si vous refusez, plus de combat, et je vous démasque.

— Je les répéterai, dit-il avec une rage contenue; mais auparavant je vous tuerai.

— Qui sait? dit-il en haussant les épaules; mais d'abord écoutez-moi.

— Je vous écoute.

— Vous direz à la duchesse ces paroles textuelles : « A quoi a-t-il servi d'abandonner, une heure après sa naissance, l'enfant qu'il était si facile d'étouffer dans son sein? Était-ce donc dans l'intention de le faire assassiner plus tard? L'amour d'une grande dame est-il donc plus cruel que celui d'une louve? »

— Est-ce tout ?...

— C'est tout ; j'ai votre parole ?

— Je la tiendrai.

— C'est bien ; maintenant, n'êtes-vous pas curieux d'apprendre mon nom ?

— Que m'importe le nom d'un aventurier ? Mais se reprenant aussitôt : Au fait, oui ; qui êtes-vous ?

— Je suis l'homme qui vous a surpris volant au jeu dans un tripot de Brest ; que vous avez supplié de vous garder le secret, et que, le retrouvant sur le *Formidable*, vous avez constamment poursuivi de votre haine et odieusement persécuté ; en un mot, je suis Olivier Madray !

— Vous ! s'écria-t-il avec surprise.

— Moi-même !

— Vous voyez bien qu'il faut que je vous tue ! reprit-il avec une rage folle.

— Messieurs, nous sommes prêts, dit l'officier français, témoin du comte.

— Quelles sont les conditions ? demanda vivement M. Salviat.

— Quinze pas ; tirer au commandement, sans viser.

— Très-bien ! Finissons-en. Où faut-il nous placer ?

Don Jose présenta les pistolets aux deux adversaires. Ceux-ci allèrent aussitôt se placer en face l'un de l'autre, à la distance désignée, le pistolet à la main, le corps effacé, le bras droit pendant sur la hanche.

— Êtes-vous prêts, messieurs ? demanda don Jose Maraval.

— Nous attendons, monsieur, répondirent les deux adversaires en même temps.

— Feu! cria le banquier d'une voix que, malgré lui, l'émotion faisait trembler.

Les deux détonations se confondirent en une seule.

Les deux ennemis tombèrent.

Les témoins d'Olivier s'étaient élancés vers lui ; le docteur tressaillit, et fit un mouvement de joie.

— Silence! lui dit vivement le banquier à l'oreille ; pas un mot ; laissez-moi faire ; voyez un peu l'autre blessé ; et il ajouta quelques mots à l'oreille du médecin.

Le docteur le regarda avec étonnement.

— Il le faut ! dit péremptoirement le banquier.

Le docteur baissa la tête et se rapprocha du comte, que ses témoins soutenaient.

Sur un signe du banquier, Ivon, après avoir échangé quelques mots avec lui, était sorti en courant du Vergel.

— Ah! fit d'une voix faible, et cependant nuancée de raillerie, le comte de Salviat, en apercevant le médecin ; voyez ma blessure, docteur ; je suis, je crois, assez mal accommodé !

Le médecin s'agenouilla près du blessé; il l'examina un instant avec la plus sérieuse attention, puis il se releva :

— Eh bien ? demanda le blessé.

— Eh bien, señor, répondit froidement le médecin, vous êtes officier au service de la France ? la mort ne doit pas vous effrayer...

— Bon! Suis-je donc si malade ?

— Señor, si vous avez des dispositions à prendre, hâtez-vous : avant une demi-heure, peut-être moins, vous serez mort ; c'est un miracle que vous soyez encore vivant.

— Oh! oh! c'est dur de mourir ainsi. Enfin, il faut se résigner ; le démon m'avait bien dit qu'il me tuerait ! Et il ajouta après un instant : L'ai-je blessé ?

— Avant une heure il n'aura plus besoin de mes soins, répondit le médecin avec un sourire énigmatique, ils lui seront inutiles...

— Allons ! c'est toujours une consolation ! dit le comte, dont la voix faiblissait. Merci ! docteur. Approchez, señor don Santiago de Salaberry, dit-il à son jeune témoin, penchez-vous sur moi.

Le jeune homme s'agenouilla et se pencha vers le blessé, qui murmura quelques mots à son oreille.

— Vous répéterez ces paroles, ajouta-t-il en terminant ; textuellement, n'est-ce pas ?

— Je vous jure, répondit d'une voix tremblante le jeune homme, que la confidence étrange qu'il avait écoutée avait rendu livide, je vous jure que je le ferai.

— Merci, dit le comte.

Tout à coup, ses yeux s'égarèrent, une écume sanglante vint à ses lèvres, un tremblement convulsif agita tout son corps.

— Mon Dieu !... ma mère !... Louise !... Adieu ! Ah ! s'écria le comte d'une voix entrecoupée, Dieu !... mourir... Ah !...

Il fit un brusque mouvement comme pour se lever, poussa un cri d'agonie terrible et retomba en arrière.

Il était mort !...

En ce moment Ivon Lebris reparut; le patron

Galeano le suivait, accompagné d'une dizaine d'hommes portant deux civières.

Le comte fut placé dans l'une, Olivier dans l'autre; puis les deux civières quittèrent le Vergel.

Il était temps.

Les courses étaient terminées; la foule commençait à affluer sur la promenade.

Le corps du comte fut transporté sur l'un des canots du *Formidable*, qui s'éloigna aussitôt, se dirigeant à force de rames vers le vaisseau amiral.

Quant à Olivier, il fut porté chez le patron Galeano, où il avait un appartement, et étendu sur un lit.

— Qu'avez-vous répondu au comte quand il vous a demandé des nouvelles de son adversaire, mon cher docteur? demanda M. Maraval au médecin.

— Je lui ai répondu, señor : Avant une heure cet homme n'aura plus besoin de mes soins : ils lui seront inutiles, fit le médecin d'un air narquois.

— Parfaitement répondu et en homme d'esprit! s'écria le banquier en riant.

— Regardez, dit le docteur.

Olivier avait ouvert les yeux, il s'était assis sur le lit et regardait avec étonnement autour de lui.

— Comment diable suis-je ici? dit-il; ai-je donc reçu une blessure grave? Cependant, je n'éprouve aucune souffrance.

— Vous n'avez rien absolument, mon ami, qu'un étourdissement qui dans dix minutes sera complétement passé, répondit le banquier d'un ton de bonne humeur.

— La balle du comte, dirigée quelques lignes

trop haut, vous a rasé le crâne de très-près, sans cependant l'entamer ; la commotion a été si forte, que vous avez perdu connaissance et êtes tombé comme une masse ; de sorte, ajouta-t-il avec intention, qu'on vous croit mort ; dans quelques jours je ferai savoir le contraire, mais alors vous serez loin.

— A la bonne heure ! Merci, don Jose. Vous songez à tout ! s'écria-t-il en sautant d'un bond sur le parquet. Vive Dieu ! jamais je ne me suis senti si dispos ! Ah çà, ajouta-t-il, et mon adversaire, qu'est-il devenu ?

— Il est mort, il y a déjà plus d'une demi-heure.

— Bien vrai ?

— Dame ! vous lui avez envoyé votre balle en pleine poitrine, il avait garde d'en revenir ! Nous avons assisté à son agonie, elle a été terrible.

— Pauvre diable ! C'est sa faute ! il n'a de reproches à adresser qu'à lui ! Où l'a-t-on transporté ?

— A bord du *Formidable*.

Olivier se frappa le front.

— Quelle heure est-il ? demanda-t-il.

— Cinq heures passées, dit Ivon.

— La course de taureaux vient de se terminer ; le mouvement des embarcations retournant à Cadix ne tardera pas à commencer, reprit Olivier ; dans le brouhaha, nous appareillerons la goëlette sans attirer l'attention et nous sortirons inaperçus de la baie.

— C'est vrai, dit Ivon, la baleinière est à nos ordres.

— Qu'attendons-nous pour nous embarquer ? appuya don Jose.

— Rien ne vous retient ici, dit le docteur d'un ton sentencieux ; votre propre intérêt exige que vous vous éloigniez au plus vite.

— Vous avez raison, s'écria Olivier. A bord sans plus de retards ; à bord !

Ils quittèrent alors la maison du patron Galeano, non sans le récompenser généreusement.

La foule encombrait déjà les rues ; la course de taureaux était finie.

La baie était sillonnée par de nombreuses barques chargées de monde.

Après avoir pris congé du docteur Carnero et du patron Galeano, qui avait voulu les accompagner jusqu'à l'embarcadère, les trois amis descendirent dans la pirogue qui depuis longtemps les attendait.

Cinq minutes plus tard, ils montaient à bord de la goëlette.

— Comment sommes-nous ? demanda Olivier à maître Lebègue.

— Amarrés sur un corps mort, capitaine.

— L'équipage ?

— Au grand complet, sauf les hommes de Moguers.

— Faites larguer l'amarre, établir la voilure et mettre le cap au large.

Un peu avant le coucher du soleil, la goëlette avait disparu derrière les derniers plans de l'horizon.

CHAPITRE IV.

DE LA CONVERSATION INTÉRESSANTE QUE, TOUT EN DÉJEUNANT, OLIVIER ET DON JOSE MARAVAL EURENT ENSEMBLE.

Trois semaines environ s'étaient écoulées depuis le départ précipité et si adroitement exécuté de la goëlette la *Jeune-Agathe* de la baie de Cadix.
Par une splendide matinée de la première moitié du mois de juin, un peu avant le lever du soleil, un joli brick-goëlette d'environ deux cent quatre-vingts tonneaux, ras sur l'eau, fin comme une dorade, de la coupe la plus élégante et les mâts coquettement rejetés en arrière, couvert de toile, et gracieusement incliné sous l'effort d'une forte brise de l'est-nord-est, les voiles orientées au plus près du vent, courait de courtes bordées, en face de l'entrée du petit port de Moguers, le même port d'où, le vendredi 16 août 1492, c'est-à-dire environ quatre siècles auparavant, Christophe Colomb était parti pour se mettre à la recherche d'un chemin plus direct pour se rendre aux Indes; chemin qui n'existait pas, à la vérité, mais à la place duquel il avait, sans s'en douter encore, découvert un nouveau monde, ou plutôt retrouvé un ancien continent que l'on croyait à jamais perdu.

Ce brick-goëlette, complétement galipoté, n'avait, en fait de peintures, qu'une fine raie rouge, ceignant ses préceintes ; son gréement et ses cordages, soignés avec le plus grand soin et nouvellement goudronnés, tranchaient, par leur teinte brune, sur la blancheur laiteuse de ses larges voiles.

Il n'arborait encore aucun pavillon, le soleil n'étant pas levé ; il louvoyait devant le port, sans essayer d'y entrer.

Malgré les allures pacifiques et même un peu nonchalantes affectées par le charmant navire, cependant un marin aurait, au premier coup d'œil, deviné, à la hauteur peu ordinaire de ses lisses, à la régularité mathématique de sa voilure, à la rapidité avec laquelle les manœuvres les plus compliquées étaient exécutées, toutes choses dénonçant un équipage beaucoup trop nombreux pour un bâtiment de commerce, que ce navire devait être porteur d'une lettre de marque.

En effet, ce fringant et alerte brick-goëlette ne trafiquait qu'à coups de canon.

Sur son couronnement on lisait, en lettres d'or, ces deux mots : *Le Hasard*.

A peine sorti de la rade de Cadix, la *Jeune-Agathe* avait subi une complète transformation.

En quelques jours, après avoir dédaigneusement abandonné son nom d'emprunt et les apparences candides sous lesquelles elle avait si longtemps abusé les autorités espagnoles, elle était devenue, grâce à des prodiges d'adresse, de science navale et de travail, elle était devenue, disons-nous, le hardi brick-goëlette colombien le *Hasard*, armé de quatorze caronades de 24, d'un canon allongé de 36, placé à l'avant sur pivot ; et monté par un équipage de deux cent quatre-vingt-douze hommes, tous marins d'élite, véritables frères de la côte, des ports de l'Inde, commandés, par le capitaine Charles-Olivier Madray, et muni par la nouvelle république de Colombie, de lettres de marque l'autorisant à courir sus aux Espagnols, sur toutes les mers du globe.

La bande rouge étendue sur les préceintes servait à dissimuler les sabords de sa batterie, et à donner ainsi au redoutable corsaire une allure inoffensive.

Dès le premier jour, aussitôt après avoir quitté le mouillage, le capitaine avait établi une discipline de fer sur son navire.

Les matelots s'étaient tout de suite aperçus que leur capitaine, malgré ses allures douces et polies, était un excellent marin, et que, selon leur expression caractéristique, il n'avait pas du tout froid aux yeux ; aussi avaient-ils accepté sans murmures cette discipline impitoyable, il est vrai, mais indispensable : sans laquelle tout ordre est impossible, surtout sur un corsaire, et qui, maintenue avec justice et sans faveur d'aucune sorte, centuple la force d'action d'un équipage.

Le capitaine, le second, les officiers, le maître d'équipage et les officiers mariniers se soumettaient les premiers à la règle générale établie à bord du *Hasard* ; aussi étaient-ils aimés, craints et respectés de leurs subordonnés : les trois conditions *sine quâ non* de tout gouvernement maritime.

Le service se faisait comme à bord des bâtiments de guerre : au sifflet, au tambour et au fifre ; la maistrance, c'est-à-dire le maître d'équipage, le capitaine d'armes, le maître canonnier, le maître charpentier, l'armurier, le maître voilier, le maitre calfat et le cambusier, avaient leur *gamelle* comme les officiers, et prenaient leurs repas ensemble, sous la présidence du maître d'équipage et du chef de timonerie.

Il y avait le cuisinier du commandant, celui de l'état-major, et le maitre coq, chargé en outre de faire la cuisine de la maistrance.

L'équipage était *amateloté*, et distribué par plats de sept hommes ; les gabiers, timoniers, chefs de pièces, chargeurs, caliers et patrons de canots avaient une solde fixe de cinq piastres par mois en sus de leurs parts de prises, les équipages corsaires n'ayant d'autres appointements que leurs parts sur les bâtiments qu'ils prennent.

Les parts étaient réglées ainsi : le capitaine avait le tiers de la prise, en sa qualité de capitaine et d'armateur.

Les deux autres tiers se réglaient ainsi : le tiers de ces deux tiers appartenait à l'état-major, le quart du restant à la maistrance, et les trois autres quarts de ce reste étaient partagés également entre tous les matelots de l'équipage.

Le supplément de solde donné aux matelots d'élite était pris par le capitaine sur sa bourse particulière.

Ces conditions de partage, fort équitables, avaient été soumises à l'équipage et acceptées à l'unanimité.

Le second et le chirurgien-major prenaient leurs repas avec le capitaine.

L'aide-chirurgien avait sa place à la table de l'état-major, dont il faisait partie.

Tous ces règlements avaient été appliqués immédiatement, non-seulement sans murmures, mais encore avec l'approbation de l'équipage.

Les matelots étaient bien nourris ; et surtout bien soignés, en cas de maladie ou de blessures ; choses rares sur les corsaires, où généralement on ne s'occupe nullement de la santé et du bien-être des hommes.

Du reste, le *Hasard* n'avait pas perdu son temps depuis son départ de Puerto-Santa-Maria.

Il avait audacieusement enlevé quatre navires richement chargés, à leur sortie de Cadix ; de plus, il s'était emparé, la hache au poing, de trois galions arrivant du Mexique et remplis d'or ; les sept bâtiments capturés si heureusement avaient été expédiés en Angleterre pour y être vendus.

C'était un fort beau commencement de croisière ; aussi l'équipage était-il dans la jubilation ; le temps perdu à Cadix avait été largement rattrapé, ainsi que l'avait promis le capitaine.

Par contre, comme toutes les choses de ce monde doivent avoir un revers, les autorités de Cadix étaient dans la désolation, et jetaient feu et flamme contre le hardi corsaire, qui, presque sous leurs yeux, s'était emparé de sept bâtiments dont les riches chargements se chiffraient par millions.

Plusieurs croiseurs avaient été lancés à la poursuite du corsaire, mais ils n'avaient pas réussi à l'atteindre, ni même à l'apercevoir.

Ses prises effectuées, le *Hasard* avait ouvert ses ailes et avait disparu.

Puis, quelques jours plus tard, dès que les croiseurs, après avoir reconnu l'inutilité de leurs recherches, étaient rentrés à Cadix, il était revenu sur la côte d'Espagne, dont il ne voulait pas encore s'éloigner.

Le capitaine Olivier Madray ne pouvait pas, si loin de l'Amérique, conserver des prisonniers, bouches inutiles qu'il aurait fallu nourrir et qui l'auraient incommodé à bord ; après avoir mis un équipage de prise sur chacun des navires capturés et déjoué les poursuites des croiseurs espagnols, il était revenu en vue de Moguers, où il était résolu à débarquer ses prisonniers, après avoir reçu des dépêches importantes qu'il attendait.

Il avait, tout exprès pour ce débarquement, enlevé un grand chasse-marée de Rota, qui, trompé par ses allures pacifiques, s'était un peu trop approché de lui.

En ce moment, il s'en faisait suivre à une demi-encâblure, afin de s'en servir quand il en aurait besoin.

Il était près de midi, lorsqu'une légère balancelle émergea de la baie de Moguers, et mit le cap tout droit sur le *Hasard* ; M. Mauclère, l'officier de quart, appela le mousse, debout près du capot de la chambre, et lui ordonna d'avertir au plus vite le capitaine de l'apparition de la balancelle.

Ce mousse était un charmant enfant, blond et rose comme une jeune fille, à la mine futée : celui-là même que M. Maraval avait si chaudement recommandé à Olivier ; il était orphelin, né à Fontenay-sous-Bois, près Paris : le banquier l'avait recueilli, pauvre enfant orphelin et demi-mort de misère, lors de son dernier voyage en France. Il se nommait Georges Duflot et paraissait être âgé tout au plus d'une douzaine d'années, bien qu'il en eût en réalité plus de quinze; il était leste, fringant, rieur ; l'équipage l'avait pris tout de suite en amitié, et avait changé son nom en celui de Furet, qui lui convenait parfaitement, et auquel il répondait déjà.

Furet avait reçu une certaine instruction ; il parlait même trois langues, le français, l'anglais et l'espagnol, avec une certaine facilité ; il était intelligent, docile, attentionné, câlin et semblait s'être sérieusement attaché au capitaine.

La balancelle se rapprochait rapidement ; elle grandissait pour ainsi dire à vue d'œil ; bientôt il fut possible de reconnaitre M. Maraval, assis dans la chambre d'arrière.

Au moment où le capitaine parut sur le pont, le brick-goëlette venait au vent et mettait sur le mât pour laisser accoster la légère embarcation, à laquelle un matelot, posté dans les porte-haubans de tribord, lança une amarre.

Le patron de la balancelle attrapa l'amarre au vol, se pomoya dessus, élongea le navire, et le banquier sauta à bord, où il fut reçu la main tendue par le capitaine.

Après avoir cordialement répondu aux saluts des officiers et de l'équipage, don Jose Maraval se laissa entraîner par Olivier dans la cabine.

M. Mauclère, l'officier de quart, regardant par hasard au dehors, fut assez étonné de voir le patron de la balancelle faire passer trois malles très-pesantes et une valise en cuir, de son embarcation sur le navire ; puis, cela fait, larguer son amarre, hisser ses deux voiles en ciseaux et laisser arriver en grand sur la terre après avoir soulevé légèrement son bonnet en criant d'un ton de bonne humeur, avec un geste amical de la main droite :

— Adios, y buen viaje, caballero !

M. Mauclère fit ranger les bagages du banquier près du capot de la chambre, et, après avoir ordonné à Furet d'avertir M. Maraval du départ de la balancelle, il fit orienter les voiles et recommença à se promener sur l'arrière, avec cette insouciante philosophie qui caractérise les marins.

Le mousse remonta presque aussitôt et, s'approchant du lieutenant, le bonnet à la main, il attendit que l'officier lui adressât la parole :

— Quoi de nouveau ? demanda, en effet, celui-ci.

— Le capitaine donne la route au nord-nord-est, avec ordre de faire suivre le chasse-marée, dit respectueusement le mousse.

— C'est bien, répondit le lieutenant.

Et il ordonna la manœuvre commandée.

Deux minutes plus tard, le brick-goëlette courait au plus près du vent le cap au large.

Le chasse-marée, averti par un signal, suivait à courte distance.

Une demi-heure s'était écoulée, lorsque Furet reparut sur le pont.

Après avoir, d'après l'ordre du capitaine, fait enlever et descendre par deux matelots les bagages de M. Maraval, le mousse s'approcha du lieutenant :

— Mon lieutenant, lui dit-il, le capitaine désire que, lorsque le navire aura doublé le cap Sainte-Marie, les prisonniers soient transbordés tous, sans exception, sur le chasse-marée et dirigés sur Faro, où ils débarqueront.

— Dis au capitaine que cela sera fait, répondit l'officier. M. Maraval reste donc à bord? ajouta-t-il.

— Il paraît, mon lieutenant, répondit le mousse sans se compromettre.

Et riant entre ses dents, il disparut par le capot de la chambre.

Le capitaine avait conduit son ami, don Jose Maraval, dans son appartement, où, après l'avoir fait asseoir devant une table bien servie, et se mettant en face de lui :

— Déjeunons ! lui dit-il d'un air joyeux.

— Vous n'avez donc pas déjeuné ? lui demanda M. Maraval.

— Ma foi non ! je vous ai attendu ; est-ce que vous auriez déjeuné, vous ?

— Non pas ; aussi ai-je grand appétit.

— Alors, attaquons carrément.

Et le repas commença, sans plus de cérémonie.

— Quoi de nouveau à Cadix ? demanda Olivier.

— Beaucoup de choses.

— Bon ! tant que cela ?

— Vous allez voir ; mais, avant tout, une question ?

— Faites.

— Allez-vous en Angleterre ?

— Je vais partout.

— C'est un peu trop général, mon ami ?

— Eh bien, oui, je vais en Angleterre ; pourquoi ?

— Tout simplement parce que certaines affaires exigent ma présence à Londres.

— Voulez-vous que je vous y conduise ? s'écria vivement le capitaine.

7*

— Dame ! si cela ne vous gênait pas trop, peut-être accepterais-je ?

— Comment peut-être ? C'est entendu ; vous êtes mon passager. Mousse ! cria-t-il.

— C'est inutile, mon ami, dit M. Maraval en l'arrêtant, je comptais si bien sur votre obligeance, que j'ai congédié ma balancelle, et que mes bagages sont à bord.

— A la bonne heure ! voilà un procédé que j'aime. Ah çà, rien de fâcheux, hein ?

— Non, sur l'honneur ; simple question d'argent, une combinaison très-avantageuse pour moi.

— Tant mieux ! nous allons passer quelques jours ensemble. Et la señora doña Carmen ?

— Elle vous fait ses meilleurs compliments ; elle connaît mes intentions et est heureuse de savoir que je fais ce voyage en votre compagnie.

— Vive Dieu ! je vous ramènerai, si vous voulez ?

— Ce n'est pas possible : je suis contraint de retourner en Espagne en traversant la France, toujours par suite d'affaires commerciales.

— A votre aise. Je suis heureux du présent, j'attendrai l'avenir. Viens ici, Furet !

Le mousse accourut.

Olivier lui dit quelques mots à voix basse ; l'enfant salua et sortit.

— Êtes-vous satisfait de lui ? demanda don Jose.

— Beaucoup ; tout le monde l'aime à bord. Je tiens à vous garder près de moi, cher ami ; vous vous installerez dans le salon.

— Je vous gênerai ?

— Pas le moins du monde. Ah çà, quelles nouvelles ?

— Je vous l'ai dit, beaucoup. Vous avez fait des vôtres, depuis notre séparation à Moguers ; on parle de votre navire à Cadix.

— Ah ! vous avez appris...

— Fichtre ! vous n'y allez pas de main morte : sept navires, dont trois galions, enlevés coup sur coup, et chargés de marchandises précieuses, encore !

— Que voulez-vous, cher ami, répondit le capitaine avec une bonhomie charmante, il fallait bien que je me fisse connaître de mon équipage ! Ces braves gens m'adorent maintenant.

— Je le crois bien ; ils seraient difficiles !

— Bah ! vous en verrez bien d'autres ; mais procédons par ordre.

— Je ne demande pas mieux.

— Les escadres françaises ?...

— Elles ont appareillé le lendemain de votre départ, qui, entre parenthèse, est passé inaperçu. Les escadres vont faire une croisière de trois mois dans le Levant.

— Et le comte de Salviat ?

— Le comte de Salviat a été enterré à Cadix, avec tous les honneurs dus à son grade dans la marine française ; on sait qu'il a été tué en duel, mais on ignore par qui ; on croit à une querelle soulevée aux courses de Santa-Maria, entre le comte de Salviat et un gentilhomme espagnol, aussi mauvaise tête et aussi bretteur que lui. La duchesse de Rosvego a gardé son secret ; elle est repartie pour Séville, où elle n'a fait que toucher barre, et elle s'est enfermée dans son château des

Alpujarras, où elle réside d'ordinaire, pendant les trois quarts de l'année. Comment trouvez-vous ces nouvelles ? ajouta-t-il en vidant son verre et le reposant sur la table.

— Je les trouve excellentes, mon ami, répondit Olivier; ainsi, il n'a pas été question de moi?

— Peut-être l'amiral de Kersaint s'est-il douté de quelque chose ; mais il n'a fait aucune allusion. Du reste, le comte de Salviat n'a pas été regretté ; il était peu aimé, à ce qu'il paraît.

— Il était méprisé par les officiers ses collègues, et détesté de tous les hommes de l'équipage.

— Alors que Dieu ait son âme, et n'en parlons plus.

— N'avez-vous rien à ajouter? demanda Olivier d'une voix dont, malgré sa puissance sur lui-même, il ne réussissait pas à empêcher le tremblement.

Le banquier releva la tête, le regarda avec une expression de douce et vive pitié, et lui répondit :

— Pourquoi voulez-vous me faire parler, mon ami? lui dit-il avec reproche.

— Parce que, répondit-il avec une émotion croissante, le doute me tue, et je veux savoir.

— Vous l'aimez donc bien ?

— Ce mot est trop faible, mon ami : ce n'est pas de l'amour, ce n'est pas de l'adoration que j'ai pour elle ; c'est un sentiment indéfinissable, qui bouleverse mon être, fait battre mes artères à se rompre, bouillir dans mes veines mon sang changé en lave, trouble mon cerveau, et me rend fou! Pour un regard de ses yeux rieurs, pour un sourire de ses lèvres mignonnes, je me sens capable de soulever des montagnes et d'accomplir les actions réputées les plus impossibles !

— Sait-elle?...

— Elle ne sait rien.

— Comment?

— Sur mon honneur! jamais un mot échappé de mes lèvres, jamais un regard, enfin, ne lui a fait soupçonner ce sentiment, que j'essaie vainement de me cacher à moi-même. Je l'aime comme on adore Dieu dans ses œuvres! avec passion, avec délire, mais sans espoir! Que suis-je? et que puis-je être pour elle? moi le paria sans nom, sans famille et sans patrie!

— Olivier!

— Je vous dis la vérité, sans amertume et sans haine dans le cœur, mon ami; quand je l'ai vue pour la première fois, elle avait dix ans à peine, c'était une enfant blonde, rieuse et insouciante, comme un mignon chérubin aimé qu'elle était : je me suis senti invinciblement attiré vers elle. D'où proviennent ces attractions fatales et irraisonnées? Dieu seul le sait, lui qui dans ses voies insondables crée les sympathies et les antipathies. Je me suis brusquement arraché d'auprès d'elle; je suis parti, résolu à ne plus la revoir. Trois ans s'écoulèrent. Je ne la cherchais pas, je la fuyais; son souvenir était toujours aussi vivace et aussi brûlant au fond de mon cœur. Un jour, le hasard nous remit en présence, à l'improviste : l'impression que j'éprouvai en la voyant fut terrible! Un instant, je crus mourir; j'en étais heureux! Il n'en fut rien, je revins à moi. L'enfant avait subi une métamorphose presque complète, la chrysalide devenait papillon.

L'enfant était presque une jeune fille ; sa beauté lui formait une auréole dont mes yeux étaient éblouis ; elle me reconnut, s'élança vers moi, fit une chaîne charmante de ses bras autour de mon cou et m'embrassa en me faisant mille délicieuses et enfantines caresses : ses baisers innocents me brûlèrent comme des morsures ; la sueur me vint au front ; je chancelai. Elle avait treize ans. Pendant les quinze jours que je passai près d'elle dans sa famille, je souffris des tortures devant lesquelles celles des martyrs ne sont rien ! Qu'est-ce que la souffrance physique comparée à la douleur morale ? Un jour, sentant que mes forces étaient à bout, que ma raison chancelante ne pouvait me soutenir davantage, je m'enfuis, lâchement, comme un malfaiteur, sans prendre congé de personne !

Olivier s'arrêta ; il était pâle, les veines de ses tempes étaient gonflées à se rompre ; la sueur inondait son front ; ses yeux, dont la pupille se dilatait, lançaient de fauves effluves ; il saisit une carafe pleine d'eau, remplit son verre jusqu'au bord, le vida d'un trait, et, le repoussant vide sur la table :

— Il y a deux ans de cela, dit-il d'une voix qu'il essayait de raffermir ; maintenant, sans doute, elle m'a oublié ; c'est une belle et sainte jeune fille ; elle est heureuse.

— Le croyez-vous, Olivier ? répondit doucement don Jose.

— Eh bien ! non, mon ami, je ne le crois pas, répondit-il avec explosion : j'essaie vainement de me mentir à moi-même. Il y a quelque chose au fond de moi qui me crie qu'elle ne m'a pas oublié, qu'elle pense à moi et qu'elle souffre de mon absence, comme je souffre de la sienne ; mais, pour cette fois, tout est fini, bien fini entre nous : un monde va nous séparer pour toujours ; nous ne nous reverrons jamais. Ce n'est plus à présent pour moi qu'un doux songe ; le réveil a été terrible ! mais, grâce à Dieu ! si la lutte a été opiniâtre, elle a été décisive : j'en suis sorti vainqueur ; seul j'ai vécu, seul je dois vivre, seul je mourrai ; je suis résigné. Le masque que désormais je porterai sur le visage, nul ne le verra grimacer ; les trésors de foi, d'amour, de bonté qui existent au fond de mon cœur y resteront enfouis ; de mon caractère on ne verra plus que le côté sceptique, railleur et égoïste ; méconnu dès la première heure de ma naissance, je vivrai seul et méconnu, et je mourrai comme je suis né, méprisant cette société hybride, qui n'a de sourires et d'encouragements que pour ceux qui encensent toutes les bassesses et flattent toutes les ignominies.

— Prenez garde, Olivier ! vous vous engagez dans une mauvaise voie : cette misanthropie, à laquelle vous vous laissez aller, se changera plus tard, malgré vous, en haine.

— Non, mon ami, cela n'est point à redouter : je resterai bon, quoi qu'on fasse ; seulement, je me couvrirai d'une peau de loup, afin de ne pas être une proie aussi facile pour les loups véritables, qui peuplent cette forêt ténébreuse et remplie de fauves qui constitue la société dans laquelle nous sommes contraints de vivre, quoi que nous fassions pour lui échapper. Mais parlez-moi d'elle, je vous prie : la pensée de cette jeune fille me rafraichit le cœur ; elle est un baume posé sur les douleurs cruelles qui me torturent.

— Que puis-je vous dire, mon ami, sinon ce seul mot : Courage ! Vous croyez que tout est fini, que, sorti vainqueur d'une lutte vaillamment soutenue contre vous-même, vous n'avez plus à songer au passé que vous laissez derrière vous, et que l'avenir vous appartient ; c'est-à-dire, en d'autres termes, qu'une nouvelle vie commence pour vous, et que le passé n'est plus qu'un rêve anéanti par votre subit réveil. Hélas ! mon ami ! peut-être n'avez-vous jamais eu plus besoin de vos forces. Voilà pourquoi, moi, votre ami dévoué, je vous crie : Courage, Olivier ! On ne se désintéresse jamais du passé : il vous étreint sans cesse, à chaque seconde ; c'est la tunique de Nessus qui, une fois posée sur les épaules d'Hercule, ne peut en être arrachée sans emporter avec elle des lambeaux de chair saignante, et que l'on est contraint de garder jusqu'au tombeau.

— Que voulez-vous dire, mon ami ? fit Olivier avec émotion ; je ne vous comprends pas, ou plutôt je crains de vous comprendre. A quoi faites-vous allusion dans mon passé, si court d'années encore, et si long déjà de souffrances ?

— Vous m'avez deviné, mon ami.

— Peut-être, mon cher José ; mais, je vous en prie, expliquez-vous.

— Vous le voulez ?

— Ne vous ai-je pas dit au commencement de cette conversation : le doute me tue.

— C'est vrai, vous m'avez dit cela, Olivier.

— Eh bien ! faites cesser ce doute ; vous le pouvez, je le vois ; donnez-moi une certitude, quelle qu'elle soit : tout est préférable pour moi à l'ignorance dans laquelle je suis plongé.

Depuis longtemps déjà le déjeuner était terminé.

Les deux amis avaient même bu le café et les liqueurs, ce complément obligé de tous les repas confortablement ordonnés.

M. Maraval choisit un puro, parmi ceux placés sur la table dans une assiette; il alluma le puro d'un air pensif, et, pendant quelques instants, il demeura silencieux, les yeux fixés au plafond de la cabine, que cependant il ne regardait pas.

Soudain, M. Maraval se pencha sur la table, aspira vivement deux ou trois fois la fumée de son cigare, et, le retirant de sa bouche :

— Je ne sais vraiment pas pourquoi, dit-il d'un ton de bonne humeur, j'hésite si longtemps, mon cher Olivier, à vous dire la vérité. Vous êtes un cœur vaillant : mieux vaut cent fois, je crois, vous dire nettement les choses, que de vous laisser ainsi vous creuser en pure perte le cerveau à deviner des énigmes ; d'ailleurs, un homme prévenu en vaut deux ; vous prendrez vos précautions, ce qui est préférable, et tout sera ainsi terminé.

— Oui, vous avez raison, Jose, mieux vaut cent fois parler net ; soyez convaincu que, quoi qu'il arrive, je ne faillirai pas.

— Je l'espère, mon ami, et je m'explique. Tout ce que les hommes projettent est bâti sur le sable ; presque toujours les meilleures résolutions sont vaines ; ou plutôt le hasard, ou si vous le préférez la Providence, se plaît à déjouer les combinaisons les plus sûres, les plans les plus habilement conçus, et à amener à l'improviste les péripéties les plus étranges ; vous allez en juger.

Don Diego Quiros de Ayala est, vous le savez, propriétaire, de compte à demi avec un certain don Estremo Montès, d'un grand nombre de riches mines d'argent, situées dans la Cordilière, près du village d'Obrajil, à vingt-cinq ou trente lieues environ de Lima, la capitale de la vice-royauté du Pérou.

— Je sais cela, mon ami; ces mines composent même le plus clair des revenus et, par conséquent, de la fortune de don Diego Quiros de Ayala. C'est au Cerro de Pasco même, la localité où sont situées ces mines, que, pour la première fois, j'ai rencontré don Diego, et que je me suis lié avec lui; le climat de ces contrées est d'une rigueur et d'une bizarrerie extrêmes: le matin il y a trente degrés au-dessous de zéro, le froid est insupportable; à midi, la chaleur est si intense, que l'on prend des glaces et des sorbets, comme on le ferait à Lima; le soir, le froid reprend de plus belle. Les Indiens seuls résistent à ces variations presque subites du temps, et Dieu sait à quel prix! Donc don Diego Quiros, attaqué d'une maladie lente, et reconnaissant que le climat s'opposait à ce qu'il demeurât plus longtemps au Cerro de Pasco, résolut de retourner à Lima au plus vite, ne voulant pas mourir dans cet effroyable pays. Je me souviens qu'il fit un compromis avec don Estremo Montès, son co-propriétaire; compromis à la suite duquel il quitta le Cerro de Pasco, revint à Lima, et de là, quelques mois plus tard, s'embarqua pour l'Espagne, sur un navire nolisé par lui au Callao. Don Diego Quiros avait résolu de se fixer définitivement en Andalousie; j'avais même engagé don Diego Quiros à vendre sa part à son co-propriétaire, ce qui, à mon avis, aurait tout terminé. Voilà tout ce que je sais sur cette affaire.

— Malheureusement, don Diego Quiros ne suivit pas votre conseil, mon ami; aujourd'hui les colonies espagnoles sont en pleine révolte ; don Estremo Montès, pensant ne plus avoir rien à redouter des Espagnols, s'est déclaré seul propriétaire des mines d'argent du Cerro de Pasco ; il soutient que don Diego Quiros lui a vendu sa part, qu'il lui a soldée argent comptant, et il refuse péremptoirement de payer aucune des sommes que lui réclame son ex-associé.

— C'est un vol manifeste !

— D'accord ; mais qu'y faire ? L'Espagne perd chaque jour du terrain en Amérique ; bientôt elle sera, par la force des choses, contrainte de reconnaître l'indépendance de ses anciennes colonies, et don Diego Quiros de Ayala sera ruiné, sans recours possible d'aucune sorte.

— Hélas ! c'est vrai. Oh ! si jamais...

— Attendez, interrompit en souriant M. Maraval: dans toutes les questions il y a deux faces ; je vous ai fait voir la plus sombre, je vais maintenant vous montrer l'autre.

— Voyons, voyons ! reprit Olivier, Dieu veuille qu'il reste un espoir, si léger qu'il soit.

— Mieux que cela, nous avons une certitude.

— De succès ?

— Pardieu !

— Oh ! oh ! dites vite, mon ami, j'ai hâte de savoir ?

— Connaissez-vous la République d'Andorre ?

— Au diable ! quelle question m'adressez-vous là ? s'écria Olivier en bondissant sur sa chaise.

— Une question toute naturelle, mon ami, répondit placidement M. Maraval, vous allez le reconnaître.

— Je ne demande pas mieux, mon ami ; seulement, je dois vous avouer tout d'abord que je n'ai jamais entendu parler de cette République d'Andorre, comme il vous plaît de la nommer.

— Cela m'étonne, car elle est bien vieille ; il est vrai qu'elle ne fait pas beaucoup parler d'elle. Enfin, écoutez-moi : je vais vous donner une leçon de géographie politique.

— Vous êtes bien aimable, répondit le capitaine en riant.

— Or, cher ami, sur les confins de la France et de l'Espagne, vous voyez que je ne vais pas loin...

— Non, continuez.

— C'est-à-dire entre la Catalogne et le département français de l'Ariége, il existe une République, grande comme la main, fondée par Charlemagne ; la date est respectable, n'est-ce pas ? Cet État lilliputien a eu ses révolutions tout comme les autres plus grands que lui ; il fut asservi plusieurs fois, mais il reconquit son indépendance en 1790 ; Napoléon Ier le reconnut ; il fut alors placé sous la protection de la France et de l'Espagne ; cet État est la République d'Andorre ; cette République compte six villes ou villages, et sa population s'élève à seize ou dix-huit mille habitants, contrebandiers pour la plupart.

— Très-bien, mon ami, je vous remercie de cette leçon de géographie, dont je ferai mon profit au besoin ; mais qu'est-ce que nous avons à voir avec cette République d'Andorre, dont les habitants sont contrebandiers et que Dieu bénisse?

— Ceci, mon ami, répondit paisiblement M. Maraval : don Diego Quiros de Ayala est né à Andorre, la vieille capitale de la République, où toute sa famille habite depuis des siècles. Or, d'après mon conseil et n'ayant plus rien à espérer du côté de l'Espagne, don Diego Quiros, qui a conservé ses droits de bourgeoisie à Andorre, a réclamé, par l'entremise du viguier ou chef suprême de la République, qui est un juge de paix du canton d'Ax, la protection de la France et son appui ; protection et appui qui lui ont été accordés par le préfet de l'Ariége, au nom du gouvernement français, après une réponse venue du président du conseil des ministres à un mémoire remis par le préfet.

— Pardieu ! voilà qui est bien joué ! Et c'est vous, sans doute, mon ami, qui avez mené toute cette affaire?

— C'est moi-même, mon ami ; de sorte que don Diego Quiros de Ayala fait en ce moment ses préparatifs de départ, désirant se rendre au plus vite à Lima.

— Et sa famille? demanda vivement Olivier.

— Vous savez bien que don Diego Quiros ne consentirait jamais à se séparer d'elle.

— C'est vrai, dit le jeune homme en pâlissant.

— Il compte s'embarquer dans quelques jours à Barcelone ; heureusement, vous serez loin, lorsque le navire sur lequel il a pris passage entrera dans l'Atlantique ; cependant, comme nul ne peut répondre du hasard, j'ai préféré vous prévenir, pour le cas où, par une de ces éventualités qui se présentent si souvent, vous vous trouveriez à l'improviste en face l'un de l'autre.

— Vous avez eu raison de m'avertir, je vous en remercie, mon ami ; je me tiendrai sur mes gardes, dit-il avec une fermeté que don Jose ne put s'empêcher d'admirer.

Il y eut un court silence.

— Ah çà, reprit M. Maraval après un instant, est-ce que vous auriez réellement l'intention de vous rendre dans les eaux anglaises ?

C'était un changement de conversation, Olivier le comprit, il se sentit intérieurement soulagé.

— J'ai expédié mes prises à Southampton, répondit-il en souriant ; vous voyez, mon ami, que je ne me dérange pas de ma route.

Le mousse parut :

— Capitaine, dit-il, le soleil se couche ; nous sommes par le travers de Faro.

— Venez-vous ? dit Olivier à M. Maraval.

— Je vous suis, répondit celui-ci.

Les cigares furent allumés, et les deux amis se levèrent et montèrent sur le pont.

CHAPITRE V.

COMMENT OLIVIER FUT AMENÉ A RACONTER SON HISTOIRE.

Le *Hasard* était en panne, à trois encâblures de terre tout au plus ; il se balançait gracieusement sur les lames, au milieu desquelles il semblait se jouer.

Le soleil se couchait, un soleil presque africain ; il descendait lentement dans la mer, et se trouvait déjà presque sur la ligne d'horizon, et, au fur et à mesure qu'il s'abaissait, l'ombre envahissait le ciel.

Au dernier rayon du jour, pendant que le phosphore du crépuscule éclairait la mer, le regard pouvait suivre avec intérêt la dégradation des teintes lumineuses sur les cimes dentelées des montagnes, le creux recueilli des vallons, les murailles et les clochers des monuments, et jusqu'au sable argenté de la plage capricieusement découpée.

Spectacle admirable, tous les soirs le même, et cependant toujours nouveau, toujours ravissant, parce qu'il élève l'âme et porte l'esprit à la rêverie.

Les baleinières du brick-goëlette transportaient les prisonniers espagnols à bord du chasse-marée en panne à deux portées de pistolet, sous le vent du *Hasard*.

Le patron de ce chasse-marée avait grand'-peur : les corsaires jouissent généralement d'une assez mauvaise réputation ; cependant, depuis qu'il avait été amariné, il ne lui était encore arrivé rien de fâcheux, sauf la perte de sa liberté. Le transbordement des prisonniers lui donnait fort à songer ; il redoutait quelque effroyable diablerie.

Les pêcheurs ne font pas de différence entre les corsaires et les pirates, ils ont une frayeur égale des uns et des autres.

Les transes du patron se prolongèrent près de deux heures, c'est-à-dire pendant tout le temps que dura le transbordement des prisonniers ; enfin, le dernier convoi arriva ; maître Lebègue fit embarquer sur les baleinières les quelques matelots qui avaient été placés sur le chasse-marée comme équipage de prise.

Cela fait, il se tourna vers le patron.

— Écoute-moi, lui dit-il en excellent espagnol.

— Je suis à vos ordres, seigneurie, répondit le pauvre diable en tremblant de tous ses membres.

— Tu vas débarquer là, à Faro, tout le bétail humain que nous avons transporté à ton bord.

— Oui, seigneurie.

— Dès que je t'aurai quitté, tu orienteras tes voiles, et tu mettras le cap sur le port.

— Tout de suite, seigneurie.

— N'y manque pas, surtout ! reprit l'officier en fronçant le sourcil.

— Oh ! il n'y a pas de danger ! Et après, seigneurie ? hasarda-t-il d'une voix câline.

— Après quoi, imbécile ?

— Après le débarquement des prisonniers, que faudra-t-il faire ?

— Ce que tu voudras, animal, puisque tu seras libre.

— Ah ! fit-il à demi étouffé par la joie, je serai libre ?

— Complétement. A propos, ajouta-t-il en lui mettant plusieurs pièces d'or dans la main, voici une centaine de piastres que le capitaine m'a chargé de te donner pour t'indemniser du temps que nous t'avons fait perdre.

— Cent piastres ! à moi ! s'écria-t-il en sautant de joie. Ah ! mon Dieu ! vous n'êtes donc pas des pirates, après tout ?

— Eh ! non, imbécile, nous sommes d'honnêtes corsaires ! Allons, adieu ! et fais ce que je t'ai ordonné.

— Oh ! soyez tranquille, seigneurie ! Cent piastres ! une fortune !... Que la Vierge et les saints veillent sur vous, seigneurie !

Maître Lebègue et ses matelots éclatèrent de rire et poussèrent au large.

Le chasse-marée orienta ses voiles, mit le cap sur Faro et ne tarda pas à donner dans la passe du port.

Les prisonniers espagnols débarqués et abandonnés à Faro, port des Algarves très-rapproché de la frontière d'Espagne, rien ne retenait plus le capitaine Madray dans ces parages ; il donna à ses officiers la route pour l'Angleterre ; le *Hasard* mit aussitôt le cap sur Southampton.

M. Maraval avait été confortablement installé dans le salon dépendant de l'appartement du capitaine.

En général, la vie de bord est assez monotone, même pour les marins, lorsqu'il n'y a ni voiles en vue, ni tempêtes à l'horizon ; quant aux passagers, la régularité de tout ce qui se fait chaque jour, à la même heure, de la même façon, avec une désespérante exactitude, ne tarde pas à les plonger dans un profond ennui, qui, pour peu que la traversée se prolonge, tourne définitivement au spleen.

M. Maraval lisait, se promenait sur le pont, s'entretenait soit avec le capitaine, soit avec le second, Ivon Lebris ; en somme, il tuait le temps comme il pouvait ; parfois, en désespoir de cause, il se rejetait sur le docteur ; mais c'était tout ; à cela se bornaient ses distractions.

Aussi, dans son for intérieur, lui, accoutumé à la vie active de ses opérations commerciales, les vingt-quatre heures dont se compose une journée lui semblaient-elles d'une longueur interminable ; son désœuvrement l'effrayait.

Il se surprenait à désirer, *in petto*, soit une tempête un peu corsée, pas trop cependant, soit même, au pis aller, l'attaque sans coup férir d'un navire espagnol, dans le simple but de varier ses plaisirs.

Malheureusement le temps s'obstinait à être magnifique ; il n'y avait pas un nuage au ciel ; le vent soufflait grand largue ; parmi les nombreux bâtiments, presque continuellement en vue, pas un seul n'était espagnol.

C'était désespérant ; mais il fallait, bon gré mal gré, en prendre son parti.

Le partenaire le plus habituel de M. Maraval était le docteur, parce que, par sa position à bord, il était plus libre de son temps que les autres officiers.

A moins de blessures, les corsaires sont rarement malades.

Or, il n'y avait eu ni engagements ni combats ; Olivier avait capturé les sept prises espagnoles par surprise, sans brûler une amorce ; l'infirmerie se trouvait donc complétement vide.

Le docteur, ou plutôt le major, comme le nommaient les matelots du *Hasard*, avait, ainsi que nous l'avons dit plus haut, été chaudement recommandé à Olivier par M. Maraval lui-même, dont il était l'ami depuis longtemps.

Ce docteur était encore un jeune homme ; il avait à peine trente-trois ans ; il était beau, bien fait, d'une tournure élégante ; pourtant sa physionomie pensive, et même mélancolique, témoignait de douleurs secrètes, mais fièrement portées ; il y avait un mystère dans sa vie.

Il était Français, appartenait à une vieille et excellente famille de l'Anjou, et se nommait Albert-Armand Arrault.

Après avoir fait d'excellentes études à Angers, où il était né, il était venu à Paris étudier la médecine ; il suivit les cours de la façon la plus brillante, fut reçu médecin, et s'établit à Paris.

Déjà il commençait à émerger un peu de la foule et à établir sa réputation sur des bases solides, sans charlatanisme ni réclame, lorsque, tout à coup, du jour au lendemain, sans que l'on sût pourquoi, il abandonna tout, maison, famille, clientèle, patrie, quitta Paris en toute hâte et passa en Espagne.

Ce qui, surtout, sembla extraordinaire dans sa conduite, ce fut qu'il était sur le point de faire un excellent mariage qui l'aurait définitivement posé dans le monde : huit jours plus tard il devait épouser une jeune fille charmante, disait-on, et qui lui apportait trois cent cinquante mille francs de dot.

Les dots de trois cent cinquante mille francs étaient rares déjà à cette époque, aussi chacun poussa-t-il les hauts cris; on essaya par tous les moyens de découvrir les motifs de l'étrange conduite du docteur Arrault, on fit force commentaires, mais tout fut inutile, on ne découvrit rien.

Le docteur Arrault jouissait d'une excellente réputation, sa vie était au grand jour; il n'avait pas un sou de dette.

Tels furent les renseignements que l'on réussit à se procurer : c'était peu pour satisfaire la malignité publique.

Le frère de la jeune fille que le docteur devait épouser était soldat; il avait été chef d'escadron dans les guides; il avait changé de corps et était lieutenant-colonel dans les hussards; il ne passait généralement pas pour un prodige de douceur et de patience; il prit un congé et se rendit en Espagne, afin de demander une explication à son ex-beau-frère.

Cette explication eut lieu; elle se prolongea pendant plusieurs heures; quand elle se termina, les deux hommes se jetèrent dans les bras l'un de l'autre, se pressèrent chaleureusement la main, et se séparèrent les larmes aux yeux.

Le lieutenant-colonel revint tout droit à Paris ; à ceux qui l'interrogèrent, il répondit textuellement ceci :

— Le docteur Albert Arrault est non-seulement le plus honnête homme que je connaisse, mais de plus c'est un homme d'un grand cœur, dont je suis fier de me dire l'ami ; ceux qui s'attaqueront à lui s'attaqueront à moi.

Cette réponse était péremptoire ; elle coupa court à tous commentaires et à toutes suppositions malveillantes.

Un an plus tard, la jeune fille se maria dans d'excellentes conditions, quitta Paris avec son mari, pour aller se fixer à Nice, et tout fut oublié.

Voilà qui était le docteur Arrault, homme d'un commerce agréable, très-doux et surtout très-savant ; mais trop préoccupé par ses propres pensées pour que sa conversation fût longtemps attachante.

A bord du corsaire, tout le monde l'aimait et le respectait, parce qu'il était bon, affable et accessible à tous.

Depuis trois jours déjà, le *Hasard* faisait bonne route pour l'Angleterre.

C'était le soir, le dîner était terminé, une pluie fine et un peu froide empêchait la promenade sur le pont.

Le premier quart de nuit était commencé depuis une heure déjà ; la cloche avait tinté un coup double, c'est-à-dire neuf heures.

Le capitaine, M. Maraval, le docteur, et le second, Ivon Lebris, étendus sur des sophas établis autour de la salle à manger, fumaient d'excellents puros, dont ils regardaient d'un air pensif, et sans échanger une parole, s'évaporer la fumée en capricieuses paraboles bleuâtres.

Depuis plus d'une demi-heure, pas un mot n'avait été échangé entre nos quatre personnages.

Don Jose bâilla à se démettre la mâchoire.

— Je vous demande pardon, dit-il, mais, ma foi, cela a été plus fort que moi!

— Vous vous ennuyez, mon ami? lui demanda le capitaine.

— Hum! pas positivement, répondit le banquier; cependant je vous avoue que je ne m'amuse pas beaucoup : la vie que nous menons ici n'est pas des plus folâtres.

— C'est la vie de bord, mon ami; vous n'y êtes pas accoutumé; vous ne pouvez pas en comprendre les charmes, d'autant plus que, étranger à nos occupations, vous ne vivez pas de notre vie; toutes vos habitudes sont forcément rompues; vous pensez à votre famille et vous avez hâte de revoir la terre que vous avez quittée, et où se trouvent toutes vos affections et tous vos devoirs.

— Il y a beaucoup de vrai dans ce que vous me dites, mon ami; il faut être marin pour apprécier les charmes de cette existence, pour nous, pauvres habitants de la terre, si monotone et si vide d'émotions.

— Les émotions ne nous manquent pas, cependant, fit en souriant le capitaine; nous en éprouvons à chaque instant, de toutes sortes, et parfois des plus fortes, mon ami.

— Je ne dis pas non ; et pourtant, jusqu'à présent...

— Vous n'en avez éprouvé aucune, et vous vous ennuyez, interrompit-il en souriant..

— Eh bien ! ma foi, je l'avoue, mon ami ; au diable la honte ! Cette absence de toute occupation, ce *far niente* continuel, dans lequel s'écoulent mes journées, atrophie mon intelligence, annihile mon courage. Sur ma parole, je crois que j'engraisse et que je prends du ventre.

— Oh ! vous allez trop loin, dit Olivier en riant.

— Prenez garde ! don Jose, il faut soigner cela, dit Ivon. Si vous preniez médecine ?

— Qu'en pensez-vous, docteur ? demanda le capitaine d'un ton de bonne humeur.

— La médecine est impuissante contre les maladies morales, répondit le médecin avec un sourire mélancolique.

— Bien répondu, docteur ! s'écria don Jose : les maladies morales doivent être traitées moralement.

— Très-bien ! Je vais organiser un bal ; nous danserons à l'orgue de barbarie et au biniou.

— Oh non ! je vous en prie : le remède serait pire que le mal.

— Que puis-je faire alors pour vous délivrer de cette humeur noire ?

— C'est l'influence de l'Angleterre, dit Ivon : don Jose a le spleen ; il sent déjà les brouillards de la joyeuse Angleterre !

— Oh ! je n'en suis pas encore là !

— Voulez-vous, reprit Olivier, que je fasse venir un de nos gabiers ? Nous avons à bord d'excellents conteurs ; ce brave matelot nous racontera des histoires.

— Tiens! tiens! tiens! dit le banquier en se redressant subitement sur son sopha; il y a quelque chose dans ce que vous dites là, Olivier.

— Très-bien; alors j'appelle?

— N'en faites rien, je vous prie.

— Pourquoi donc?

— Parce que c'est inutile.

— Vous ne voulez plus d'histoires?

— Je ne dis pas cela! s'écria-t-il vivement.

— Alors que dites-vous donc, diable d'homme?

— Je dis que nous n'avons pas besoin qu'un de vos matelots nous raconte des histoires.

— Alors, passons à autre chose.

— Non pas; tenons-nous-en aux histoires : chacun de nous, s'il le veut, peut fort bien en raconter, et de très-intéressantes même!

— Ah! ah!

— Vous, par exemple, mon ami.

— Moi? vous plaisantez, mon cher Jose!

— Dieu m'en garde, mon ami!

— Voyons! expliquez-vous; depuis dix minutes, comme un chat qui guette une jatte de lait, vous tournez autour d'une question que vous semblez craindre d'aborder.

— C'est vrai, mon cher Olivier. Je suis un de vos meilleurs amis?

— Je le crois.

— Eh bien! convenez avec moi que, jusqu'à présent, vous ne m'avez témoigné qu'une confiance fort minime.

— Moi, mon ami! Ah! par exemple, voilà une chose dont je ne conviendrai jamais! Ai-je donc des secrets pour vous? s'écria le capitaine avec reproche.

— Non, je dois en convenir ; mais là n'est pas la question.

— Oui, elle me semble considérablement s'égarer, dit Ivon en riant.

— Revenons-y donc, fit vivement le banquier; en deux mots et franchement, mon cher Olivier, de toutes les histoires que j'écouterais avec plaisir, il en est une pour laquelle, j'en suis sûr, j'éprouverais un très-vif intérêt.

— Bah ! laquelle donc, cher Jose?

— La tienne, pardieu ! matelot! s'écria Ivon Lebris en se redressant lui aussi ; la tienne ! que dernièrement encore, à bord du *Formidable*, tu promettais de me raconter si, après notre séparation, le hasard nous réunissait de nouveau... Ne m'as-tu pas dit cela ?

— En effet, je te l'ai dit, matelot, répondit en riant Olivier; mais je ne supposais pas, en te le disant, te fournir ainsi l'occasion de faire un jour un atroce calembour...

— Voilà encore que tu essaies de détourner la question, reprit Ivon.

— Ne crois pas cela, matelot; mais il me semble que le moment est singulièrement choisi pour tenir cette promesse, fit Olivier devenant subitement pensif.

— Si cependant, reprit M. Maraval, ce que nous vous demandons devait vous causer le plus léger chagrin ou le moindre ennui, mon cher Olivier, mettez que je n'ai rien dit et n'en parlons plus.

— Non, fit-il en souriant, après quelques secondes de réflexion, puisque vous tenez absolument à savoir qui je suis, à me connaître tout entier, je ne...

— Pardon, mon ami, interrompit vivement M. Maraval; je désire avant tout que vous sachiez bien que si moi et ce brave Lebris, votre matelot dévoué, nous désirons vous entendre faire ce récit, qui doit vous coûter beaucoup en ravivant en vous de cruelles douleurs, ce désir n'a rien de cette curiosité futile qui pousse les gens désœuvrés à s'immiscer dans des affaires qui ne sauraient avoir d'autre intérêt pour eux que de leur faire tuer assez agréablement le temps pendant un nombre d'heures plus ou moins considérable...

— Je vous connais trop bien tous deux, répondit affectueusement Olivier, pour avoir supposé un seul instant qu'un motif aussi égoïste vous poussât à insister sur cette demande.

— Voilà qui est parler, matelot, s'écria Ivon avec sentiment; je n'ai pas besoin de connaître ton histoire pour savoir combien tu es bon et généreux; je sais ce que tu vaux, cela me suffit pour t'aimer comme un frère; lorsque je saurai cette histoire, je ne t'en aimerais pas davantage, va, matelot : cela me serait impossible !

Olivier serra chaleureusement la main de son matelot.

— Ivon Lebris a raison, repartit M. Maraval; seulement il a oublié d'ajouter que, lorsque nous serons au fait des événements douloureux qui causent votre tristesse incurable et votre amère misanthropie, nous pourrons mieux compatir à vos douleurs, parce que nous les aurons faites nôtres et nous les partagerons avec vous.

— Allons, dit Olivier, vous avez raison tous deux, mes amis, je ne refuserai pas plus longtemps de vous satisfaire ; il n'y a dans ma vie passée rien dont je doive rougir. J'ai beaucoup souffert, j'ai commis peut-être bien des erreurs, bien des fautes, mais il n'y a pas dans toute mon existence une seule action qui soit, je ne dirai pas honteuse, mais seulement équivoque ; et c'est miracle, croyez-le bien, après tous les mauvais exemples que j'ai constamment eus devant les yeux et l'éducation qui m'a été donnée. Mousse ! appela-t-il.

Furet parut aussitôt.

— Fais enlever tout cela ! reprit-il en montrant la table chargée encore des débris du dessert, et dis au cuisinier de préparer un bol de punch.

Le mousse sortit et fut presque aussitôt remplacé par le domestique du capitaine ; celui-ci se hâta de desservir, et, après quelques instants, il revint portant un immense bol de punch enflammé qu'il posa devant les officiers en l'accompagnant de verres, etc., etc.

— C'est bien, dit Olivier ; maintenant retirez-vous, Antoine, je n'ai plus besoin de vous ; vous pouvez vous coucher. Quant à Furet, il s'étendra tout habillé dans son hamac, et se tiendra prêt à répondre si j'appelle ; allez.

Le domestique sortit.

Ce domestique, nommé Antoine Lefort, était un Parisien pur sang, né à Belleville, rue de la Mare.

Il avait à peine vingt-cinq ans ; quelques peccadilles un peu trop fortes l'avaient contraint à s'expatrier ; il avait été valet de chambre dans une grande maison et connaissait bien le service ;

c'était un grand gaillard, assez beau garçon, à la physionomie futée et goguenarde; quant à ses qualités morales, il était hâbleur comme un boursier marron, malin comme un singe, méchant comme un âne rouge, paresseux avec délices, et, comme il le disait lui-même en riant, il *pigeait* avec les lézards, et il gagnait; il faisait, pour vivre, les métiers les plus excentriques, sans fausse honte ni remords.

Quand M. Maraval l'avait ramassé par hasard sur les quais de Cadix, dont il semblait compter les pavés, il y avait plus de huit jours qu'il mourait à peu près de faim.

Avec tout cela, il était susceptible d'attachement et même de dévouement au besoin; en somme c'était un homme de ressources. Olivier avait compris, en quelques jours, ce caractère bizarre: il avait agi en conséquence, et, en fin de compte, il était très-satisfait de son nouveau domestique, dont il ne se serait séparé qu'à son corps défendant.

—Je vous remplis les verres, dit Olivier, lorsque la porte se fut refermée sur Antoine Lefort; donc, messieurs, puisque vous en témoignez le désir, je vais vous raconter l'histoire des vingt-trois ans qui se sont écoulés depuis le moment où j'ai poussé mon premier sanglot, jusqu'au jour où nous sommes; bien des choses que je vous dirai m'ont été, à plusieurs époques, racontées à moi-même.

Mes souvenirs personnels ne remontent pas plus haut que ma cinquième année; la première partie de mon existence demeure donc, pour moi, enveloppée d'un épais brouillard, et ce qui s'y rapporte est rempli de nombreuses lacunes que je ne suis pas encore parvenu à combler complétement, mais que le temps, ce grand découvreur de mystères, dissipera, j'en ai la conviction intime.

Je vous devais cette préface afin de prévenir vos interruptions probables, en me voyant aussi bien instruit de certains détails que je devais ignorer, à cause des précautions minutieuses prises pour empêcher toutes indiscrétions de la part de ceux que l'on avait été obligé de mettre dans la confidence des faits se rapportant à moi. Maintenant, buvons ! A votre santé, mes amis ! et à la vôtre aussi, docteur ! Il n'y a que quelques jours que nous nous connaissons, et déjà nous nous estimons, je dirai presque nous nous aimons, comme si nous avions vécu de longues années ensemble !

— La souffrance rapproche les hommes, capitaine ; elle les attache les uns aux autres par les liens d'une sympathie magnétique qui les fait amis au premier regard ; nous nous sommes reconnus, tout d'abord, comme frères en infortune, et nous nous sommes aimés : cela devait être ainsi.

Les verres furent vidés, et les cigares allumés.

— Messieurs, reprit Olivier après avoir fortement aspiré à deux ou trois reprises la fumée de son puro, tout me porte, non pas à supposer, mais à avoir la certitude que je suis Espagnol et né à Madrid pendant la nuit du 13 au 14 octobre 179., entre dix et onze heures du soir : vous voyez que je précise ; j'ai des raisons pour cela. Mon père et ma mère appartiennent tous deux à la *grandesse ;* ils portent les plus beaux et les plus anciens noms de la monarchie espagnole ; tous deux étaient mariés, mais non pas l'un avec l'autre ; le mari de ma mère était alors ministre ; mon père était ambassadeur: les deux hommes étaient naturellement ennemis irréconciliables.

Mon père quitta son poste et se rendit secrètement à Madrid pour être présent à ma naissance, qui eut lieu *calle de Alcala*, à deux cents pas à peine du palais de mon père, dans la maison et par l'entremise d'un médecin très-habile, mais encore plus pauvre, nommé Jose Legañez, que l'on crut faire disparaître en l'envoyant au Pérou en qualité de médecin en chef de l'hôpital de Lima, mais que j'ai rencontré plus tard, dans des circonstances singulières que je vous dirai.

Je suis donc, non pas un enfant naturel, mais un enfant adultérin; ma naissance ne fut pas déclarée à Madrid; l'intendant de mon père, qui était son frère de lait et avait pour lui un de ces dévouements absolus, inconscients, que rien n'arrête, m'emporta quelques heures seulement après ma naissance, traversa l'Espagne, franchit les Pyrénées et me conduisit à Paris; il me nourrissait pendant le voyage avec du lait de chèvre; comment je ne mourus pas pendant ce long et pénible trajet, fait surtout dans ces conditions exceptionnelles, ceci est une énigme que, depuis que je suis homme, j'ai vainement essayé de comprendre?

Arrivé à Paris, l'intendant s'aboucha avec certaines personnes, sans doute gagnées et prévenues à l'avance, et me porta rue Neuve-du-Luxembourg, n° 14, presque en face de l'église de l'Assomption, chez un médecin nommé le docteur Paul Herbillon; ce médecin ne fit aucune difficulté pour se charger de faire la déclaration de ma naissance, comme si j'étais né chez lui; cette déclaration accomplie, il me porta lui-même rue d'Enfer, à l'hospice des Enfants-Trouvés.

Vous le voyez, les précautions étaient bien prises; rien n'avait été négligé pour détruire toutes les traces du double adultère.

Après un an ou deux peut-être de séjour à l'hospice des Enfants-Trouvés, je le quittai et je fus transporté dans une ferme, aux environs d'Orléans, où je demeurai pendant deux ou trois ans à me rouler dans la poussière et me vautrer dans la fange avec cinq ou six autres misérables, appartenant comme moi à l'hospice; ces deux ou trois années furent sans contredit les plus heureuses de ma vie.

Les braves gens auxquels on m'avait confié étaient bons pour moi; ils m'aimaient à leur manière et me bourraient de pain et de pommes de terre, sans compter les tartines de beurre et de miel.

Un jour, une voiture bourgeoise arriva à la ferme; on m'habilla, on me débarbouilla, et je partis après avoir embrassé en pleurant le fermier et sa femme, qui pleuraient, eux aussi, en me voyant partir. Je regrettais fort cette ferme où j'avais joui d'une liberté si complète. On me conduisit à Paris, tout en haut du faubourg du Roule, dans un pensionnat de demoiselles.

Ce pensionnat était tenu par une certaine Mme Perre, une Flamande de Dunkerque, fort belle encore, qui prétendait descendre de Jean Bart, dont elle conservait la canne, et dont le mari était corsaire et se battait comme un démon contre les Anglais, auxquels il faisait tout le mal possible; mais ils finirent par s'emparer de lui et ils le jetèrent sur les pontons de Portsmouth. En est-il revenu? je l'ignore.

Mme Perre avait une fille, nommée Hyacinthe, toute jeune encore, elle avait à peine dix-neuf ans.

Cette Hyacinthe était une merveille de beauté; elle vit encore; peu de femmes, même aujourd'hui, pourraient lui être comparées, bien qu'elle ait plus de cinquante ans.

Elle était mariée à un employé du ministère des finances, nommé Auguste Lugox, garçon spirituel, sceptique, dont le mariage avait été une affaire, et qui comptait surtout sur la beauté de sa femme pour pousser sa fortune et se faire, grâce à elle, une position *honorable*. Je ne connus que plus tard le ménage Lugox.

J'étais très-heureux dans ce pensionnat de demoiselles; on m'appelait déjà Olivier, comme aujourd'hui; j'étais la coqueluche des pensionnaires, auxquelles je jouais tous les tours imaginables, et qui me choyaient et me bourraient de bonbons à qui mieux mieux. Moi, je me laissais faire. J'étais fort laid; j'avais les cheveux rouges; j'étais jaune comme un Arabe et méchant comme un bouledogue; chacun souffrait mes caprices : aussi cette méchanceté ne faisait-elle que croître dans des proportions extravagantes; mais on me passait tout; pourquoi?

Ce fut longtemps pour moi un mystère; j'appris plus tard que Mme Perre était généreusement rétribuée des soins qu'elle me donnait, par un banquier, ancien fournisseur des armées, très-riche, nommé Hébrard, intermédiaire d'un personnage mystérieux et inconnu; j'ignorais alors tout cela, et je ne m'en préoccupais guère.

Vers l'âge de six ans, je fis une maladie très-grave : j'eus une fièvre cérébrale, compliquée de fièvre putride et de fièvre maligne ; on me rasa complétement la tête, ce qui fut un bonheur pour moi quand je fus guéri ; mes cheveux repoussèrent châtains ; avec les années, ils sont devenus presque noirs.

Mais je n'en étais pas quitte avec les maladies : quelques mois plus tard, je dus souffrir l'ablation des amygdales ; elles s'étaient extraordinairement gonflées et menaçaient de m'étouffer, si l'on ne se hâtait de m'en débarrasser.

Il y eut une consultation de médecins ; l'opération fut résolue ; les opérateurs choisis étaient les docteurs Dupuytren, Dubois et Marjolin. Ces trois noms appartenant à des princes de la science, et qui ont dû se faire payer très-cher, sont restés obstinément dans ma mémoire.

Mais ce n'était pas chose facile d'obtenir de moi que je consentisse à l'opération et que je me prêtasse bénévolement aux exigences des médecins.

Je me souviens qu'on voulut m'attacher pour m'opérer plus à l'aise, et que je me débattis comme un beau diable, *unguibus et rostro* ; je ne consentais, sous aucun prétexte, à me laisser approcher ; je donnais coups de pieds et coups de poings quand on essayait de m'approcher ; tous les raisonnements les plus insinuants étaient en pure perte.

— Voyons, me dit, en désespoir de cause, le docteur Dupuytren, que veux-tu pour te laisser faire ? on te le donnera...

— Je ne veux pas être attaché, répondis-je ; cela m'humilie...

— On ne t'attachera pas, mais tu resteras tranquille ?

— Oui, si l'on me donne une belle pipe, comme celle de Jean Bart.

Le docteur Dupuytren me regarda attentivement pendant une minute ou deux.

— Tu me le promets ? reprit-il enfin.

— Je vous le promets, répondis-je fièrement.

— C'est bien, me dit-il, j'ai ta parole.

— Je la tiendrai.

M. Lugox assistait à cette singulière conversation ; sur un signe du docteur, il sortit et rentra un instant après avec une pipe en terre, dont le tuyau était au moins aussi long que moi.

— Faites, dis-je alors en m'asseyant sur une chaise préparée tout exprès ; faites, je ne bougerai pas.

Et je tins parole : je me laissai opérer sans faire un mouvement ; du reste, l'opération ne dura pas plus d'une minute, et fut faite avec une merveilleuse adresse.

— Ce sera un homme ! dit le docteur Dupuytren en m'embrassant.

Ce mot, sortant d'une telle bouche, me rendit tout fier.

Quelques minutes plus tard, la pipe était en mille morceaux.

Deux mois après cette opération, dont j'étais complétement guéri, un matin, M. et Mme Lugox vinrent déjeuner au pensionnat ; ils me firent beaucoup de caresses, et, après le déjeuner, ils m'emmenèrent avec eux dans une voiture, rue Plumet, où ils demeuraient.

La rue Plumet commence au boulevard des Invalides et finit rue des Brodeurs; de là au faubourg du Roule il n'y a pas très-loin, la route ne fut donc pas longue.

En arrivant dans leurs appartements, les époux m'embrassèrent et me donnèrent des bonbons.

— Tu restes avec nous, me dirent-ils; nous aurons bien soin de toi, nous t'aimerons bien; tu es notre fils Olivier, tu nous appelleras papa et maman : y consens-tu ?

— Je veux bien, répondis-je la bouche pleine de bonbons.

Et il en fut ainsi.

Je me nommais Charles-Olivier Lugox; je me croyais véritablement l'enfant de ce jeune ménage dans lequel j'entrais ainsi à l'improviste.

Du reste, tout concourait à me maintenir dans cette erreur : les parents, les amis et même les simples connaissances de M. et Mme Lugox me traitaient de façon à me le faire croire; la plupart d'entre eux le croyaient : les meilleurs complices sont les complices inconscients, parce qu'ils sont de bonne foi.

Ces amis et amies reprochaient doucement à Mme Lugox de m'avoir laissé si longtemps en nourrice; j'avais les yeux de ma mère, la physionomie de mon père, etc., etc., etc.

La vérité, la voici.

Je ne l'appris que longtemps après, par une vieille tante de Mme Lugox, nommée Mlle Oliveau, qui m'aimait beaucoup; au moment de se séparer de moi, et n'espérant plus me revoir, elle m'avoua tout en sanglotant : M. et Mme Lugox avaient eu un fils qui, s'il avait vécu, aurait eu le même âge que moi ; ce fils avait été mis en nourrice loin de Paris ; un jour, ses parents apprirent sa mort, cette nouvelle les désespéra ; M. Hébrard, le banquier et l'ami intime des deux époux, mais particulièrement de Mme Lugox, vint sur ses entrefaites leur faire une visite.

— A quoi bon vous chagriner ainsi ? leur dit-il ; vous connaissiez à peine votre enfant ; vous ne l'aviez vu que pendant quelques heures ; c'est un bonheur pour vous qu'il soit mort ; etc., etc.

Il continua pendant assez longtemps ces singulières consolations, puis il les termina brusquement, en faisant tout net aux deux époux les propositions suivantes, qui furent acceptées d'emblée :

Me faire passer pour leur fils, que personne ne connaissait, et dont j'avais l'âge ; M. Lugox, serait nommé consul aux États-Unis d'Amérique ; Mme Lugox recevrait, à titre d'indemnité, une somme de dix mille francs chaque année ;

A son départ pour son consulat, M. Lugox toucherait de la main à la main, et sans reçu, une somme de trente mille francs pour ses frais de déplacement.

M. Hébrard connaissait le cœur humain, il savait à qui il s'adressait : les pleurs se séchèrent subitement, et le lendemain, sans plus de retard, je pris la place du mort, et je devins le fils des deux époux.

Le ménage Lugox était loin d'être uni ; je ne tardai pas à m'en apercevoir.

Tous les soirs, après son dîner, monsieur sortait, pour ne plus rentrer qu'à une heure du matin ; une heure après son départ, M. Hébrard arrivait, s'enfermait avec madame dans sa chambre à coucher, et défense expresse était faite de les déranger, sous aucun prétexte.

Quant à moi, on m'envoyait coucher ou on me faisait rester à la cuisine, avec la bonne, le domestique et le cocher du banquier.

Les trois bons domestiques ne se gênaient pas pour dauber à qui mieux mieux sur leur maître, et raconter devant moi, avec une crudité insolente, une foule de choses que je n'aurais pas dû entendre, surtout à l'âge que j'avais alors.

A minuit et demi, M. Hébrard s'en allait.

Le mari rentrait quelques instants plus tard, ivre le plus souvent.

Alors, au lieu de se retirer chez lui — les deux époux avaient chacun un appartement séparé — il se rendait dans la chambre à coucher de sa femme, lui faisait des scènes horribles, enlevait les couvertures et la rouait de coups de cravache, jusqu'à ce qu'elle eût consenti à lui donner l'argent qu'il exigeait d'elle, en l'accablant des plus affreuses injures ; puis il se retirait, en lui disant d'une voix goguenarde qu'il était juste qu'elle partageât avec lui les bénéfices de la position ridicule qu'elle lui avait faite aux yeux de tous ses amis.

Les choses se passaient ainsi presque toutes les nuits ; cela devenait intolérable, il fallait y mettre un terme.

J'étais dans la maison depuis à peu près dix mois, lorsque M. Lugox fut nommé consul à Boston et partit pour se rendre à son poste, dont il ne devait jamais revenir.

— Pauvre enfant ! me dit-il au moment de partir, dans quel milieu infâme t'a-t-on jeté !

Il m'embrassa et s'éloigna.

Plus tard, j'ai compris ces paroles, dont alors je n'avais pu saisir le sens.

Je fus mis en pension à Versailles ; mais j'aimais trop la liberté pour me plaire dans une pension, si bonne qu'elle fût, et celle-là ne l'était que très-médiocrement.

Aussitôt après le départ de son mari, l'existence de Mme Lugox avait complétement changé.

Elle avait quitté son appartement de la rue Plumet pour en habiter un beaucoup plus beau, rue de Ponthieu ; de là elle était passée rue Neuve-de-Berry, dans un magnifique hôtel qu'elle habitait seule.

Sa maison avait été montée sur un très-grand pied ; elle avait chevaux et équipages, recevait nombreuse compagnie, avait un mobilier somptueux et une campagne à Auteuil, où j'arrivais régulièrement tous les mois, après m'être échappé de ma pension de Versailles.

Je ne pouvais me courber sous la discipline de cette pension ; je sautais par une fenêtre et je venais, tout courant, me réfugier à Auteuil ; le lendemain, on me reconduisait à la pension.

Mais c'était toujours à recommencer.

On me changea d'institution ; on me mit chez un certain M. Petit, rue de Jouy, n° 9, dont l'établissement était célèbre à cette époque, et qui passait pour dompter les caractères les plus difficiles.

Là, ce fut encore pis ; je me mis en pleine révolte contre les professeurs et le chef de l'institution ; un jour, poussé à bout, il me frappa ; je lui lançai un encrier de plomb à la tête, je faillis le tuer : ce fut le comble, on me renvoya séance tenante.

L'amitié de Mme Lugox, qui jamais n'avait été bien vive pour moi, s'était depuis bien longtemps éteinte; elle me supportait avec ennui, je ne lui étais plus nécessaire.

Il y eut à mon sujet, entre elle et M. Hébrard, une longue conversation, dont le résultat fut que j'étais un bandit qui finirait mal; qu'il fallait se débarrasser de moi au plus vite, de crainte que je ne fisse quelque mauvais coup, si je restais plus longtemps à Paris.

D'après le conseil de M. Hébrard, Mme Lugox écrivit à Dunkerque à un de ses parents, attaché à la marine et habitant cette ville; la réponse ne se fit pas longtemps attendre.

Huit jours plus tard, je signai mon engagement, au bureau de l'inscription maritime, en qualité de mousse.

Ce fut alors que j'appris mon nom véritable, c'est-à-dire celui écrit sur mon acte de naissance — celui fait à Paris — et que j'appris que je n'étais, ni de près ni de loin, parent de M. et Mme Lugox.

Quatre jours après, je montai en diligence et je partis pour Dunkerque, où j'arrivai sain et sauf.

Un monsieur, dont je n'ai jamais su le nom, m'attendait au bureau de la voiture.

Il produisit une lettre, me réclama, et, sans m'adresser une parole, il me conduisit en me tenant par la main, dans la crainte sans doute que je ne lui échappasse, jusqu'à un chasse-marée assez grand, amarré bord à quai, et dans lequel il me força à monter.

— Voici le mousse en question, maître Cabillaud, dit mon inconnu à un gros homme à mine rébarbative, qui fumait sa pipe, assis sur un rouleau de grelins ; c'est un bandit ; je vous le recommande ; il a tous les vices, et bien d'autres encore.

— Je me charge de lui souquer son amarrage à bloc, répondit d'une voix enrouée le gros homme, sans retirer sa pipe de sa bouche, et en me lançant un regard de travers ; filez votre nœud en douceur ; j'en réponds, foi de Cabillaud ! A vous revoir !

— Vous pouvez en faire ce que vous voudrez, personne ne vous en demandera compte.

Et après avoir prononcé ces atroces paroles, l'inconnu tourna le dos et s'en alla, sans même me jeter un coup d'œil.

Je ne l'ai jamais revu.

— Accoste ici, sardine de malheur ! me dit maître Cabillaud en me donnant brutalement un coup de poing dans la poitrine, qui me renversa sur le pont.

Je me relevai en sanglotant.

— Bon ! tu t'habitueras, moustique ! reprit-il en riant ; sèche tes écubiers et va t'asseoir à l'avant, ajouta-t-il en étendant le bras droit dans la direction du beaupré.

Je me hâtai d'obéir, et je m'assis tristement, songeant avec épouvante à l'avenir affreux qui sans doute m'était réservé avec un pareil sauvage.

J'avais neuf ans moins deux mois ; j'étais très-faible et surtout très-petit pour mon âge.

En ce moment, on appela le quart de minuit ; le capitaine Olivier monta sur le pont, où ses amis le suivirent.

CHAPITRE VI

DANS LEQUEL OLIVIER CONTINUE SON HISTOIRE.

La nuit était belle et lumineuse.

Le ciel, d'un bleu profond, était pailleté d'un semis d'étoiles brillantes ; la lune nageait dans l'éther, et semblait danser sur les flots, piqués au sommet d'une crête d'écume d'une blancheur d'opale ; la brise, assez forte, sifflait avec de mystérieux murmures à travers les cordages du brick-goëlette, qui, gracieusement penché sur tribord, ses voiles pleines, labourait rapidement la mer, dont son étrave coupait impassiblement les lames.

La route était bonne ; le *Hasard*, orienté grand largue, filait onze nœuds, ce qui est une marche supérieure, et que peu de voiliers atteignent.

Le capitaine se promenait à l'arrière, interrogeant du regard tantôt la mer, tantôt la voilure, afin de s'assurer que tout était en ordre.

Ses amis étaient déjà rentrés dans la cabine.

Lui, il restait encore sur le pont, s'abandonnant à ses pensées, et sans doute essayant de remettre le calme dans son esprit, après le monde de souvenirs qu'il avait remué dans son cœur et obligé à monter à ses lèvres.

Enfin, lorsque le bruit et le mouvement qui accompagnent un changement de quart eurent cessé, et que le silence se fut définitivement établi, le jeune homme releva la tête, jusque-là penchée sur sa puissante poitrine, jeta un dernier regard autour de lui, et, cédant à une impulsion subite, il quitta le pont et rentra dans sa cabine.

Olivier remplit les verres, vida le sien d'un trait, alluma un cigare, et, après s'être de nouveau étendu sur un sopha, il reprit la parole.

Depuis leur retour, ses amis étaient demeurés immobiles, silencieux et pensifs, réfléchissant, sans doute, aux choses étranges qu'ils avaient entendues, et se demandant mentalement quelles seraient les suites d'un tel commencement.

— Messieurs, dit Olivier de sa voix vibrante, ici s'ouvre réellement la seconde phase de mon existence ; pendant la première, j'avais eu presque constamment conscience d'une espèce de protection, ou, pour être plus correct, d'une surveillance occulte, suivant mystérieusement toutes mes actions ; mais cette fois il n'en était plus ainsi : j'étais complétement abandonné et livré aux mains d'un homme auquel on avait brutalement donné droit de vie et de mort sur moi. Évidemment, si chétif et si misérable que je fusse, je gênais quelqu'un de puissant : on voulait, n'importe par quels moyens, se débarrasser de moi, tout en respectant cependant soigneusement la légalité ; on laisserait faire le hasard ; on l'aiderait, au besoin on le ferait naître, et on en profiterait, voilà tout.

Ainsi que je vous l'ai dit, j'avais à peine neuf ans ; j'étais petit, frêle et chétif pour mon âge ; j'avais été presque constamment malade pendant ma première enfance, et quelles maladies ! Je n'avais échappé que par miracle ! En apparence, ma vie ne tenait qu'à un fil; le métier qu'on m'imposait aurait facilement raison de moi !

C'était tout au plus une affaire de cinq ou six mois; puis, un jour, je succomberais, tué par la fatigue et les mauvais traitements, et tout serait dit.

Et ne croyez pas, messieurs, que ce soit une simple hypothèse? que je me plais à faire de l'horrible à froid, et à calomnier ceux auxquels je dois si malheureusement l'existence? Non pas! Tels étaient bien leurs hideux calculs, le plan arrêté de longue main par eux : j'en ai eu plus tard la preuve.

Bref, j'étais embarqué en qualité de mousse sur le chasse-marée le *Goëland*, jaugeant soixante-cinq tonneaux, frété pour la pêche aux harengs, dans la mer du Nord et la Baltique, commandé par le patron Cabillaud, maître au cabotage, ayant sous ses ordres six hommes d'équipage, lui compris, et un mousse qui était moi.

Le patron Cabillaud était une brute, dans toute l'acception du mot; grâce à Dieu, la marine n'en compte plus aujourd'hui beaucoup comme lui dans ses rangs.

C'était un brutal, ne parlant jamais sans avoir un bout de filin à la main; traitant tous ceux qui, pour leur malheur, dépendaient de lui, à coups de pied et à coups de poing; mais, en somme, il se faisait beaucoup plus méchant qu'il ne l'était en réalité; au fond, c'était un brave homme.

Son costume était caractéristique; il avait des bottes de mer lui montant jusqu'à moitié des cuisses, un énorme paletot, nommé *nord-ouest*, par dessus une grosse chemise de laine rouge, et sur la tête un *surouest* goudronné; ce surouest ressemble assez par la forme aux chapeaux des déchargeurs de charbon sur les ports.

Allumée ou non, le patron Cabillaud portait constamment au coin de sa bouche une pipe à tuyau microscopique et noire comme de l'encre; je crois qu'il dormait avec.

Il la nommait Gertrude. Pourquoi? je ne sais.

Ses traits étaient presque repoussants; il avait de petits yeux gris profondément enfoncés dans l'orbite; un nez en forme de pomme de terre, violet bubeleté de rubis, des pommettes saillantes, sur lesquelles se croisaient et s'enchevêtraient d'innombrables réseaux de veines violettes; une barbe longue taillée en collier; une bouche grande comme un four, garnie de dents blanches et larges comme des amandes; des oreilles violettes, auxquelles pendaient de larges anneaux d'or à ancres, et, pour compléter cette physionomie peu avenante, l'air toujours de mauvaise humeur;

Enfin, une vraie figure de vent de bout, comme disaient entre eux les matelots de l'équipage.

Ceux-ci ressemblaient, trait pour trait, à leur chef, avec cette différence qu'ils exagéraient encore sa brutalité et sa méchanceté.

Moi, si bien traité, si choyé jusqu'à ce jour, je devins immédiatement le souffre-douleur de ces misérables; ils semblaient, de parti pris, vouloir m'assommer; ils ne me parlaient qu'en me frappant et m'accablant d'injures.

Je ne citerai qu'un fait :

Depuis deux jours nous étions sous voiles; nous remontions vers le nord, bonne route avec forte brise; à la grande surprise de l'équipage, bien que notre chasse-marée dansât comme un bouchon sur les lames, je n'avais pas eu la plus légère atteinte du mal de mer : cela taquinait les matelots.

— Mousse ! me dit le patron en clignant l'œil droit, comme un homme qui se prépare à faire une excellente plaisanterie, tu as le pied marin, mon gars, nages-tu bien ?

— Je ne sais pas, capitaine, lui répondis-je naïvement, je n'ai jamais essayé.

— Bon ! nous allons voir cela tout de suite ; accoste un peu.

Je m'approchai sans défiance aucune.

Alors, me saisissant à l'improviste par le collet de ma chemise de laine, il me lança à la mer.

On était au mois de septembre, le froid était vif ; le patron me laissa me débattre, à la grande joie de l'équipage, qui battait des mains et riait à se tordre.

Le froid m'avait saisi ; je ne voyais et n'entendais plus rien, je me croyais perdu ; cependant, au moment où j'allais couler définitivement, car je me sentais mourir, le patron eut pitié de moi et me repêcha.

— Ce n'est pas mal pour la première fois, me dit-il en riant, lorsque je fus assez revenu à moi pour le comprendre ; avant huit jours, si tu ne te noies pas, tu nageras comme un esturgon ; c'est comme ça que mon père m'a appris à nager, et je m'en trouve bien.

La même cérémonie se renouvela ainsi pendant douze jours, deux et même trois fois par jour ; il y avait de quoi tuer un hippopotame, je n'en mourus pas, au contraire ; soit que le moyen fût bon en réalité, quoique brutal, soit pour toute autre raison que j'ignore, toujours est-il qu'après douze jours de cet exercice, ainsi que l'avait pronostiqué le patron Cabillaud, je nageais comme un esturgeon.

Je restai dix mois dans cet enfer, dont je ne vous raconterai pas les souffrances et les misères ; ce serait trop long, d'ailleurs vous les devinez.

Pendant tout ce temps, je ne m'étais pas laissé abattre ; j'avais pris mon parti : je m'étais résolûment mis à apprendre mon métier, autant du moins que cela était possible sur un aussi petit navire.

J'appris ainsi à faire tous les nœuds, depuis la demi-clé et le nœud de bouline jusqu'aux plus compliqués ; les épissures carrées et longues, les paillets, etc. Les matelots et le patron lui-même, adoucis par mon inaltérable bonne humeur, mon activité et mon désir de me rendre utile, avaient fini par me prendre en affection ; ils ne me brutalisaient presque plus ; ils prenaient plaisir à m'apprendre ce que j'ignorais : faire et raccommoder les filets, les lancer, manœuvrer un aviron, serrer les voiles, prendre les ris, gouverner, gouverner surtout ; on m'apprit la rose des vents, ce qui n'est pas une petite affaire ; comme j'écrivais fort bien, le patron, pour comble d'honneur, me donna à tenir son livre de loch ; enfin, mon existence, sauf quelques bourrasques et quelques grains blancs, était devenue à peu près supportable.

De plus, j'étais devenu grand et vigoureux : je ne me ressemblais plus à moi-même ; en fait de métier, j'étais certes meilleur matelot que bien des hommes faits et ayant bien plus longtemps navigué que moi.

Pendant ces dix mois, nous étions plusieurs fois

revenus en France, mais sans jamais retourner à Dunkerque; nos relâches avaient été Calais, Boulogne et d'autres petits ports de la côte.

Nous avions fait une excellente pêche, et cette fois nous avions mis le cap sur notre port d'armement, c'est-à-dire sur Dunkerque; un matin, je mettais au net le livre de loch.

— Mon pauvre gars, me dit le patron, nous allons nous séparer avant une heure; je ne veux pas que tu rentres à Dunkerque : le pays n'est pas sain pour toi. Ne m'interroge pas, ce serait inutile, je ne te répondrais pas; qu'il te suffise de savoir que j'agis dans ton intérêt et pour ton bien; je vais te mettre à terre, là, sur cette côte; je dirai que tu as déserté, et il n'en sera que cela; fais ton sac et sois prêt. Tiens, voici cent francs : c'est plus que je ne te dois, parce que je t'ai fourni pas mal d'effets; mais c'est égal, ne t'inquiète pas; tu es fin matelot, tu as de l'argent et une langue : avec ça, le monde t'appartient. Dépêche-toi, avant dix minutes tu seras à terre.

Jamais le patron Cabillaud ne m'avait parlé ainsi; il y avait dans sa voix, toujours si rude, une émotion que je ne connaissais pas; je sentais des larmes dans mes yeux.

— Ne pleure pas, reprit-il; ce que je fais, c'est pour ton bien, tu m'en remercieras plus tard; tu es un bon petit gars, je ne veux pas qu'il t'arrive malheur. Allons! patine-toi, il n'est que temps!

J'obéis. Je me hâtai de faire mon sac; il était lourd et rempli de tous les vêtements nécessaires à un matelot.

On mit un canot à la mer; le patron et les matelots m'embrassèrent. Je n'aurais jamais supposé que cela me ferait tant de peine de me séparer d'eux.

Le cuisinier prit deux avirons, moi la barre du gouvernail; on me cria : Adieu! et le canot déborda.

Nous étions à peine à portée de pistolet de la côte; quelques minutes suffirent pour atterrir; je débarquai sur une plage plate et sablonneuse; le cuisinier me passa mon sac, m'embrassa, me serra la main et partit.

Je m'assis sur le sable, et je pleurai en regardant s'éloigner le chasse-marée, qui avait remis le cap en route, et filait comme un alcyon sur le dos des lames.

Ce pauvre petit chasse-marée, où j'avais tant souffert, je le regrettais, je sanglotais en le voyant décroître à l'horizon : c'était encore pour moi la patrie !

Cette fois j'étais seul, bien seul, abandonné sur une côte inconnue, sans ami, sans même comprendre la langue des habitants du pays avec lesquels j'allais vivre!

Plusieurs heures s'écoulèrent ainsi, sans que je fisse un seul mouvement, les yeux obstinément fixés sur la mer, bien que depuis longtemps le chasse-marée eût disparu; et pleurant toujours à chaudes larmes, je ne me sentais plus ni énergie ni courage. Je crois que je serais mort là, sans penser à en bouger, si tout à coup une main ne s'était posée sur mon épaule, en même temps qu'une voix forte me disait, d'un ton de bonne humeur, quelques mots que je ne compris pas.

Je relevai la tête, et je regardai d'un air hébété.

Trois hommes assez bien mis, mais en costume

de marins, se tenaient debout devant moi; ils s'appuyaient sur de longs fusils, et les carniers qu'ils portaient, remplis d'oiseaux de mer, indiquaient que c'étaient des chasseurs.

Je me levai vivement et j'ôtai respectueusement mon bonnet.

Le chasseur qui déjà m'avait adressé la parole répéta sa question, qui fut tout aussi inintelligible pour moi, cette fois, que la première.

— Monsieur, répondis-je en saluant, je ne vous comprends pas.

— Aôh! fit le chasseur; et changeant aussitôt d'idiome, vous êtes Français, mon ami? me demanda-t-il.

— Oui, monsieur, répondis-je.

Bien que ce chasseur parlât fort bien le français, il avait cependant un fort accent étranger; j'appris bientôt qu'il était Anglais.

— Que faites-vous là, tout seul? reprit-il.

— Vous le voyez, monsieur, je pleure.

— Pourquoi pleurez-vous?

— Parce que je suis tout seul et abandonné.

— Vous avez déserté? dit-il d'une voix sévère.

— Non, monsieur, répondis-je vivement; si j'avais déserté, je n'aurais pas près de moi mon sac et mes effets.

— C'est juste, fit-il en hochant la tête. Dites-moi comment vous êtes ici; surtout ne me cachez rien, peut-être pourrai-je vous être utile.

— Dieu le veuille, monsieur! répondis-je.

Et alors, sans rien omettre, je racontai ma vie comme je la savais, jusqu'au moment où le patron Cabillaud m'avait fait mettre à terre.

Le chasseur et ses deux compagnons, qui, eux

aussi, parlaient le français, m'avaient écouté patiemment, sans m'interrompre et avec un visible intérêt.

— Poor boy! murmura le chasseur quand je me tus, vous avez du goût pour la marine? me demanda-t-il.

— Oui, monsieur, répondis-je; c'est un noble métier; mais je ne voudrais pas rester matelot.

— Il faut travailler pour cela?

— Je ne demande pas mieux.

— C'est bien, me dit-il, nous verrons. Je suis le capitaine John Griffiths; je commande le trois-mâts la *Polly* de Glascow; j'ai besoin d'un mousse : je vous prends à mon bord; si je suis satisfait de votre conduite, j'aurai soin de vous; prenez votre sac et suivez-moi.

— Oh! murmurai-je, vous me sauvez la vie; je vous prouverai, je l'espère, que je ne suis pas ingrat! Je prononçai ces mots avec un tel accent de reconnaissance, que le capitaine en fut ému.

— Drôle de petit bonhomme! s'écria-t-il, allons, en route, il se fait tard.

Je ne me laissai pas répéter cet ordre, je chargeai mon sac sur mon dos, et je suivis gaiement mon nouveau capitaine.

Le patron Cabillaud m'avait fait mettre à terre, à une lieue tout au plus d'Elseneur, un des plus beaux ports du Danemark.

Après trois quarts d'heure de marche, j'entrai enfin dans cette ville, dont j'ignorais alors jusqu'à l'existence.

Le port était rempli de navires de toutes nations, de toutes formes et de tous tonnages.

Le capitaine Griffiths s'arrêta devant un hôtel

de belle apparence, situé sur le port même, et dans lequel il me fit entrer avec lui ; puis, après m'avoir recommandé à l'hôtelier, qui s'empressait auprès de lui, il pénétra avec ses deux compagnons dans un salon richement meublé, où le couvert était mis pour trois personnes ; moi, je suivis tout simplement l'hôtelier à la cuisine.

Après m'avoir adressé nombre de questions que je ne compris pas, et auxquelles, par conséquent, il me fut impossible de répondre, le brave aubergiste, qui sans doute avait à cœur de s'acquitter honnêtement du mandat que le capitaine lui avait confié à mon sujet, me fit asseoir devant une table et me servit, pour moi tout seul, un diner plus que suffisant pour quatre personnes douées d'un appétit raisonnable.

Je m'en donnai à cœur joie, mon chagrin était oublié. Les impressions chez les enfants sont peut-être beaucoup plus vives que chez les hommes faits, mais heureusement elles s'effacent très-vite ; l'insouciance est l'essence de l'enfance ou de la jeunesse ; un rien la distrait et lui fait tout oublier. Ce n'est que lorsque l'on a terminé le rude apprentissage de la bataille de la vie, que la douleur creuse de profonds et inaffaçables sillons dans le cœur blessé et meurtri de l'homme ; mais à dix ans il ne saurait en être ainsi, on a pour soi l'avenir ; aussi la perspective d'un bon embarquement m'avait-elle rendu tout mon appétit.

Cependant j'eus beau manger lentement et prolonger mon repas le plus possible, j'avais terminé depuis longtemps déjà, que le capitaine mangeait encore vigoureusement.

Mais comme tout a une fin en ce monde, même

les plus excellents repas, vers dix heures du soir, le capitaine se leva de table, prit congé de ses amis, avec force poignées de mains, et en passant près de moi il me fit signe de le suivre.

J'obéis avec empressement : j'avais hâte d'être à bord ; la curiosité de voir un grand navire m'aiguillonnait.

Depuis mon départ de Dunkerque, et à Dunkerque même, j'avais vu des bricks et des trois-mâts, mais jamais je n'étais monté à bord d'un seul, et je ne me rendais pas compte de ce que pouvait être l'intérieur d'un grand bâtiment.

Il ne nous fallut que quelques minutes pour nous rendre à bord de la *Polly*.

Le navire devait quitter Elseneur le lendemain au lever du soleil ; toutes les embarcations étaient déjà hissées à bord, solidement amarrées sur le pont ou à leurs pistolets.

Un jour plus tard j'aurais manqué cette heureuse occasion que le hasard m'avait si bénévolement procurée ; Dieu sait ce qui serait arrivé de moi si elle m'avait manqué.

La *Polly* était un très-beau navire de huit cents tonneaux ; il avait été construit à Glascow et appartenait pour un tiers au capitaine Griffiths ; il passait pour bon voilier, était presque neuf, et, ce qui était rare dans la marine marchande à cette époque, il était doublé et chevillé en cuivre.

La *Polly* avait trente-cinq hommes d'équipage, y compris trois mousses ; elle avait déchargé ses marchandises à Elseneur, et avait repris aussitôt un autre chargement pour Trieste, un des ports les plus commerçants de l'Illyrie.

Chacun des mousses était spécialement attaché à un mât.

Je fus destiné pour le mât de misaine, ce qui me fit grand plaisir; mes trois autres compagnons furent attachés au beaupré, au grand-mât et au mât d'artimon.

Je me trouvai d'abord assez dépaysé : je ne parlais pas anglais, ce qui me gênait beaucoup; pourtant je ne me décourageai point; au contraire, je redoublai d'efforts; enfin, je fis si bien, que deux mois après notre départ d'Elseneur, je savais assez d'anglais non-seulement pour comprendre ce qu'on disait, mais encore pour répondre presque correctement.

Le capitaine me suivait des yeux, sans rien dire; mais il n'ignorait rien de ce que je faisais, et il applaudissait intérieurement à mes efforts; cependant il semblait m'avoir oublié : jamais il ne m'adressait la parole.

Le voyage se prolongea pendant assez longtemps; nous allions d'un port à un autre; jusqu'à ce que, enfin de retour pour la troisième ou la quatrième fois à Trieste, le capitaine prit un chargement pour Glascow.

Il y avait onze mois accomplis que j'étais à bord de la *Polly*, lorsqu'elle entra dans la Clyde et mouilla devant le nouveau Glascow, fondé en 1668 et servant de port à l'ancienne ville.

J'avais fait d'immenses progrès; je savais à fond mon métier de matelot, et je parlais l'anglais couramment; de plus, ce qui est assez difficile, je le lisais et je l'écrivais.

Du reste, j'ai été à même de reconnaître, dans le cours de ma carrière déjà longue, l'aptitude peu ordinaire dont je suis doué pour apprendre les langues étrangères.

A peine mouillé, le capitaine débarqua et m'ordonna de le suivre à Glascow.

Pendant les six mois que le bâtiment resta dans le port, le capitaine me fit suivre un cours de science nautique et de mathématique appliquées à la marine.

Je logeais chez le capitaine ; j'étais traité par sa femme et ses enfants comme si j'eusse réellement fait partie de sa famille.

C'est au capitaine Griffiths que je dois d'être devenu un homme, dans la juste acception du mot, et un bon marin ; aussi ma reconnaissance pour lui sera-t-elle éternelle.

Enfin, après six mois de séjour à terre, je me rembarquai ; la *Polly* était frétée pour Rio-Janeiro.

J'avais beaucoup grandi ; j'étais devenu très-vigoureux, très-leste et très-adroit ; je paraissais beaucoup plus que mon âge. Cette fois je ne fus plus mousse, mais novice, et attaché à la timonerie en qualité de pilotin.

A deux ou trois exceptions près, l'équipage était le même ; le capitaine Griffiths n'aimait pas les nouveaux visages ; du reste, les matelots préféraient naviguer avec lui qu'avec d'autres capitaines : la nourriture était meilleure, les appointements plus forts, et la discipline du bord, bien que sévère, beaucoup plus douce que sur les autres bâtiments anglais.

Toutes ces raisons étaient plus que suffisantes pour que la *Polly* eût toujours d'excellents matelots.

Excepté le *master*, ou second, qui depuis quinze

ans naviguait avec le capitaine, et ne l'aurait pas quitté pour prendre le commandement d'un vaisseau de haut bord, tous les autres officiers étaient nouveaux.

Enfin, les voiles furent larguées, et la *Polly* descendit la Clyde.

Ce fut pendant ce long voyage que j'appris l'espagnol et le portugais ; pendant notre cabotage dans la Méditerranée, j'avais appris l'italien et la langue franque, qui se parle sur tout le littoral du Levant ; je ne compte pas l'anglais, que j'apprenais presque sans m'en apercevoir.

De Rio-Janeiro, la *Polly* fut frétée pour les Indes orientales.

Je devenais petit à petit polyglotte, ce qui ne m'empêchait pas de continuer assidûment mes études maritimes ; cela me devenait d'autant plus facile, que j'étais maintenant attaché à la timonerie.

Pendant nos trajets multipliés, la *Polly*, sans même s'en apercevoir, fit le tour complet du globe, puisqu'elle relâcha à Simoun's-bay et à Table-bay, après avoir doublé le cap Horn.

Notre navire visita ainsi successivement la Nouvelle-Zélande, Taïti, les îles Pomotou, les îles Marquises, la Polynésie presque tout entière, Sydney dans le Port Jackson, la Nouvelle-Galle du Sud, Hobartown dans la Terre de Van-Diémen, tout en commerçant et pratiquant des échanges ; puis la *Polly* revint sur les côtes américaines.

Les colonies espagnoles commençaient à s'agiter sourdement ; les créoles hispano-américains et les Indiens se préparaient silencieusement à un soulèvement général : nous chargions, dans les ports de la Nouvelle-Hollande, des armes et des munitions de guerre, que nous allions ensuite débarquer en fraude sur les côtes de la mer Vermeille, surtout en Sonora, quelquefois aussi en Basse-Californie. Ces trafics procuraient des bénéfices énormes au capitaine ; je servais d'interprète, à cause de ma connaissance de la langue espagnole.

Ce commerce, fort dangereux parfois, se prolongea pendant assez longtemps ; enfin le capitaine commença à éprouver le désir de retourner en Angleterre et de revoir les rives pittoresques et accidentées de la Clyde; il y avait plus de deux ans que nous avions quitté Glascow ; j'allais avoir treize ans, mais j'en paraissais au moins quinze.

Nous avions quitté la mer de Cortez, et nous remontions vers le nord, afin de trouver une baie dans laquelle il nous fût possible de renouveler notre provision d'eau, presque complétement épuisée. Cela n'était pas facile : les Espagnols surveillaient attentivement leurs côtes, sur lesquelles il était défendu, sous peine de mort, aux étrangers de descendre ; nous craignions d'être contraints de remonter jusqu'au détroit de Sitka, à la Nouvelle-Archangel, colonie russe située au nord des possessions espagnoles.

Un matin, nous longions de fort près les côtes californiennes, lorsqu'à l'entrée de la baie d'*Hierba*, nous vîmes briller un feu, sur la pointe élevée d'un cap; nous aperçûmes, avec la longue-vue, plusieurs cavaliers galopant sur la plage et nous faisant des signaux, que le capitaine crut reconnaître.

Nous étions accoutumés à communiquer de cette façon avec la côte.

Le capitaine connaissait de longue date la baie d'Hierba. Cette baie, fort large et très-profonde, abonde en cours d'eau, où il nous serait facile de remplir nos pièces ; cependant les Espagnols y avaient établi un *presidio*, peu important, à la vérité, construit plutôt pour faire acte de possession que pour toute autre cause, la baie ne renfermant que quelques Espagnols ; la population se composait principalement d'Indiens *têtes plates*, à demi civilisés, à peu près convertis au christianisme, et passant pour être fort doux.

Le capitaine, pendant de précédents voyages, avait trafiqué avec l'alcade commandant le Presidio ; ces pauvres gens isolés sur cette côte éloignée, presque abandonnés à eux-mêmes, étaient heureux lorsque le hasard leur offrait l'occasion de se procurer, à bas prix, quelques marchandises d'Europe, dont ils manquaient complétement.

Le capitaine Griffiths croyait donc n'avoir rien à redouter, d'autant plus que les signaux étaient amicaux ; cependant, par prudence, et avant d'entrer dans la baie, notre commandant résolut de faire uue reconnaissance.

La *Polly* fut mise sur le mât, un canot fut descendu à la mer ; le capitaine voulut monter dans ce canot, afin de juger par lui-même des dispositions amicales des habitants ; quatre matelots et moi, nous prîmes place dans l'embarcation.

Nous étions tous armés de fusils, pistolets et sabres.

Sur l'ordre du capitaine, le canot mit le cap sur la baie.

Tout nous paraissait tranquille sur la plage ;

nous n'apercevions que deux ou trois individus sans armes apparentes, qui nous invitaient à aborder.

Le canot ne pouvait arriver jusqu'à terre ; il nous fallut nous mettre à l'eau pour gagner le rivage ; mais ce n'était pas un grand désagrément, il faisait chaud, et l'eau nous montait à peine jusqu'aux genoux.

Je marchais quelques pas en avant, en explorant la plage.

Je ne sais pourquoi j'avais le cœur serré : cette tranquillité dont nous étions entourés me semblait factice ; j'avais comme le pressentiment d'un malheur.

Tout à coup, je m'arrêtai, et me tournant vers le capitaine, qui marchait immédiatement derrière moi, je lui criai, avec les marques du plus grand effroi :

— En arrière ! en arrière ! au nom de Dieu ! ou nous sommes tous perdus !

Au même instant, une quinzaine de démons à demi nus, peints de plusieurs couleurs, s'élancèrent d'un buisson où ils étaient embusqués, et bondirent sur nous, la hache levée, en poussant des hurlements horribles.

Il y eut un instant de désordre ; des coups de feu furent tirés ; on lutta corps à corps ; enfin je roulai sans connaissance, frappé à la tête, d'un épouvantable coup de crosse.

Quand je revins à moi, j'étais couché sur un monceau de feuilles, près d'un feu qui achevait de s'éteindre.

J'essayai de me soulever.

— Ne bouge pas, nous sommes surveillés de près, me dit une voix que je crus reconnaître.

Je tournai la tête.

Un matelot, nommé Tom Elgin, était étendu près de moi, étroitement garrotté.

— Que s'est-il donc passé, Tom ? lui demandai-je ; qu'est devenu le capitaine ?

— Sauvé, grâce à vous, Sandy, me répondit-il.

On me nommait Sandy à bord de la *Polly*.

— Comment cela ? fis-je avec étonnement.

— Vous l'avez si rudement repoussé, qu'il a reculé jusqu'au canot ; il n'a eu que la peine d'y entrer.

— Et les autres ?

— Sam a eu la tête brisée ; les sauvages lui ont arraché la peau du crâne, il est mort ; les autres se sont sauvés, excepté nous, petit Sandy.

— Nous avons donc affaire à des sauvages ?

— Oui, nous sommes leurs prisonniers ; ce sont des bêtes furieuses, et d'une férocité ! vous verrez ça !

— Quoi donc, Tom ?

— Bon ! vous aurez tout le temps de l'apprendre, Sandy ; j'aime mieux vous laisser le plaisir de la surprise.

En ce moment, plusieurs Indiens s'approchèrent de nous.

Celui qui marchait un peu en avant, et paraissait être le chef des autres, était un homme de haute taille, admirablement bien fait ; il avait une physionomie intelligente, qui eût certainement été très-belle sans les peintures qui la défiguraient.

Ce chef, car c'en était un en effet, je l'appris bientôt, était jeune encore ; il y avait dans son port, sa démarche, et jusque dans ses moindres mouvements, une majesté suprême.

Ses cheveux, fort longs et d'un noir bleu, étaient nattés et relevés sur sa tête en forme de casque ; plusieurs colliers de *wampums*, espèces de petits coquillages, tombaient sur sa poitrine nue, mêlés à d'autres colliers en griffes d'ours gris, et à une lourde chaîne d'or à laquelle pendait un médaillon de même métal, à l'effigie de Washington, le premier président de la République des États-Unis de l'Amérique du Nord, ainsi que je le sus bientôt ; une fine chemise de calicot, ouverte sur la poitrine, couvrait son torse d'Hercule Farnèse, couleur de cuivre rouge, et se perdait dans la ceinture en cuir de daim à demi tanné, serrant aux hanches un *mitasse* en deux parties, taillé dans une peau d'antilope et cousu avec des cheveux ; ce *mitasse* est une espèce de pantalon étroit tombant jusqu'à mi-jambe ; des *mocksens*, ornés de piquants de porc-épic et brodés de perles de toutes couleurs, lui montaient jusqu'aux genoux, garnis de *scalps*, ou chevelures humaines, dans toute leur longueur ; à ses talons étaient attachés plusieurs queues de loups rouges, ornement que seuls les grands *braves* peuvent porter ; le tout était recouvert d'un magnifique manteau en peau de bison blanc, dont le poil était en dehors.

Au-dessus de l'oreille gauche, ce chef, ou ce *sachem*, car tel était son titre, avait une plume d'aigle plantée droite dans sa chevelure ; sa ceinture soutenait à gauche son *tomawhack*, son couteau à scalper, et une corne de bison remplie de poudre ; à droite, son calumet, son sac à balles et un magnifique éventail de plumes ; à son poignet gauche pendait un fouet à manche très-court, dont la longue lanière était en peau d'hippopotame tressée très-serrée ; de la main droite il tenait un fusil de fabrique anglaise, de très-bonne qualité.

Ce sachem, dont je vous ai peut-être décrit un peu trop minutieusement le costume, avait, ainsi vêtu, quelque chose d'imposant et de redoutable qui inspirait le respect.

Il m'adressa la parole en excellent espagnol, et me demanda qui j'étais et de quel droit j'avais osé me hasarder à débarquer en armes sur son territoire.

— Les Visages-Pâles, ajouta-t-il en terminant, n'ont-ils pas assez volé de terre aux Peaux-Rouges ? Prétendent-ils donc porter encore une fois la guerre sur leurs territoires de chasse ?

Je lui répondis, en toute franchise, que le capitaine du bâtiment de l'équipage duquel je faisais partie n'était nullement l'ennemi des Peaux-Rouges ; qu'à plusieurs reprises, il était venu dans cette baie traiter avec ses habitants ; que, cette fois, son intention était de remplir d'eau douce, dont il avait grand besoin, plusieurs barils, dont quelques-uns se trouvaient même dans l'embarcation sur laquelle ses guerriers avaient fait feu.

— Les Visages-Pâles ont la langue fourchue, répondit le chef avec dédain ; le Nuage-Bleu est un chef renommé dans sa nation ; il connaît depuis longtemps les Espagnols ; il sait le cas qu'il doit faire de leurs protestations menteuses. Mon fils et son compagnon seront, au coucher du soleil, attachés au poteau de torture.

— Mais nous ne sommes pas Espagnols ! m'écriai-je avec toute l'énergie de l'épouvante ; nous sommes au contraire les amis des Peaux-Rouges. Je vous répète que plusieurs fois nous sommes venus sur cette côte trafiquer avec les Têtes-Plates, auxquels nous avons vendu de la poudre et des armes.

— Mon fils a un pays ; sa tribu est nombreuse et puissante, sans doute ? reprit-il avec ironie ; il dira au Nuage-Bleu de quel pays il est.

— Oh ! cela me sera facile, répondis-je aussitôt, mon compagnon et moi nous sommes Anglais ; notre navire est anglais ; les Espagnols n'ont pas de plus cruels ennemis que nous ; nous n'avons jamais eu d'intentions hostiles contre les habitants de la baie.

Le chef m'examina un instant avec attention.

— Mon fils est bien jeune, dit-il, pour avoir déjà la langue fourchue ; et il ajouta en anglais : Le Nuage-Bleu parlera au compagnon du jeune prisonnier.

— Faites-lui les mêmes questions que celles que vous m'avez faites, m'écriai-je en anglais : vous verrez que ses réponses seront semblables aux miennes.

Le chef sourit et s'approcha de Tom Elgin, qu'il commença aussitôt à interroger.

Naturellement, les réponses du pauvre matelot prouvèrent que je n'avais pas menti.

Le sachem parut douloureusement impressionné par ces réponses ; il y avait eu un déplorable malentendu : on nous avait crus Espagnols et l'on nous avait traités en conséquence ; malheureusement le mal était irréparable ; notre bâtiment était parti, il nous était impossible de retourner à bord.

Cependant, le Sachem nous fit rendre immédiatement la liberté de nos membres.

— Vous êtes mes hôtes, nous dit-il avec un accent de loyauté qui nous toucha ; les frères du Nuage-Bleu, les Comanches-Bisons, sont des guerriers très-braves et très-justes ; enlevez la peau qui couvre vos cœurs ; quand les guerriers s'approcheront des villages en pierres des faces pâles, mes fils iront rejoindre leurs frères blancs.

Je fis part à Tom Elgin des intentions du chef, ce qui rendit subitement toute sa gaieté au digne matelot.

— Eh bien ! dit-il en battant un entrechat, tout est pour le mieux ; ces sauvages ne sont pas aussi méchants qu'ils en ont l'air, après tout !

Tom était consolé ; moi, au contraire, j'étais fort triste : une fois encore, ma position était brisée et toutes mes relations rompues ; plus que jamais l'avenir m'apparaissait chargé de nuages menaçants ; cependant, peu à peu, cette appréhension, sans disparaître entièrement, se calma ; je repris courage, et je me résignai à cette nouvelle taquinerie du sort, qui semblait prendre à tâche de détruire tous les plans que je formais.

Nous étions aux mains des Comanches-Bisons.

Je ne tardai pas à apprendre les causes du malheureux malentendu dont mon compagnon et moi nous étions les victimes innocentes, sans compter le pauvre Sam, si déplorablement scalpé.

Voici ce qui s'était passé :

Deux jours avant notre arrivée dans la baie, les Comanches-Bisons, irréconciliables ennemis des Espagnols, avaient surpris le Presidio ; ils l'avaient pillé de fond en comble et en avaient massacré les habitants, sans distinction d'âge ni de sexe ; personne n'avait échappé.

Le lendemain de cette horrible boucherie, la *Polly* était apparue ; les Comanches, tout naturellement, l'avaient prise pour un bâtiment espagnol ; leur fureur, à peine assoupie, s'était réveillée plus terrible : de là le piége qui nous avait été tendu, et le guet-apens dans lequel nous avions failli périr.

Les naturels de l'Amérique du Sud, les Peaux-Rouges, ainsi qu'on les nomme, nous parlons ici des grandes nations, ne sont pas des sauvages, ainsi qu'on le prétend généralement.

Ce sont des hommes d'une race différente de la nôtre, aigris par les mauvais traitements qu'on leur a fait subir, les vols et les trahisons dont on les a rendus victimes pendant des siècles : spoliés indignement, traités comme des bêtes sauvages, privés de tout ce qui pouvait leur rendre la vie supportable ; condamnés par le *vœ victis* et la loi du plus fort, ils sont devenus les ennemis implacables des blancs, cause de tous leurs malheurs.

Ils ont tout abandonné pour rester libres ; conservant précieusement leurs langues, leurs traditions, leurs usages, leurs mœurs et leurs costumes, et rejetant avec mépris cette civilisation et cette religion des blancs, au nom desquelles ceux-ci, depuis la découverte de l'Amérique, les dépouillent et les traquent comme des fauves. Il est absurde de traiter les Peaux-Rouges de bêtes farouches et de sauvages : ils possèdent des vertus que nous n'avons pas et ils ont une civilisation qui ne ressemble pas à la nôtre, il est vrai, mais n'en est pas plus mauvaise pour cela et suffit amplement à leur état de société.

Les Comanches nous traitaient fort bien.

Nous les accompagnions partout où les conduisait leur caprice ; le Nuage-Bleu m'avait adopté, il me traitait comme si j'eusse été son fils ; on m'avait, à cause de ma légèreté et de mon adresse, nommé la Panthère-Bondissante. J'avoue que cette existence aventureuse était pour moi remplie de charmes.

Cette vie en plein air, émaillée de péripéties émouvantes, me séduisait plus que je ne saurais dire ; bien des fois encore, il m'arrive de la regretter. Je suivais assidûment tous les exercices des jeunes Comanches ; j'appris ainsi à monter les chevaux les plus difficiles, à suivre une piste, à me diriger dans le désert, sans craindre de m'égarer, à me servir d'un fusil avec une adresse remarquable ; enfin, ce qui est très-apprécié dans les tribus, je devins un bon danseur.

Cent fois il m'aurait été facile, si je l'avais voulu, de quitter la Prairie et de rentrer dans la vie civilisée. Tom Elgin avait profité depuis longtemps déjà de la liberté dont nous jouissions pour demander à passer aux États-Unis, ce qui lui avait été accordé aussitôt. Moi, je me trouvais heureux au désert ; les Comanches me traitaient comme si j'étais un des leurs ; j'avais subi avec succès les épreuves exigées pour prendre rang parmi les guerriers de la nation. Du fond du cœur, j'avais renoncé pour toujours à rentrer dans la société civilisée ; j'avais trouvé des amis, des frères, une famille nouvelle et dévouée, tout enfin ce que notre société m'avait constamment refusé ;

je m'étais fait sauvage de parti pris, je me trouvais bien de cette conversion.

Sept années, les plus belles et les plus heureuses de ma vie, s'écoulèrent ainsi à parcourir le désert dans tous les sens, sans apercevoir un seul homme de ma couleur ; je ne regrettais rien, j'étais heureux ; je me laissais vivre au jour le jour, sans me soucier de l'avenir ; tout me souriait, je défiais le malheur de jamais m'atteindre.

J'allais accomplir ma vingtième année ; j'étais très-robuste, très-adroit, je passais pour brave, et j'étais, si jeune encore, un des premiers guerriers et un des plus renommés chasseurs de ma tribu.

CHAPITRE VII

DANS LEQUEL OLIVIER TERMINE ENFIN SON RÉCIT.

Depuis que les colonies anglaises du Nord-Amérique ont si vaillamment conquis leur indépendance, et formé une république fédérale dont la richesse, l'importance politique grandissent chaque jour, les nouveaux affranchis, hommes pratiques par excellence, comprenant que la prospérité des États repose principalement sur l'agriculture et l'industrie, source de tous biens, se sont voués résolûment à la culture de leur vaste territoire demeuré improductif, de parti pris, pendant toute la durée de la domination anglaise. Ces immenses forêts vierges, dont la végétation est si puissante, devaient être en effet pour les Américains une source d'inépuisables richesses.

Malheureusement, la population des anciennes colonies anglaises est loin de se trouver en rapport avec l'étendue des contrées qu'elles possèdent; les bras leur font défaut. Les côtes seules sont habitées, l'intérieur est couvert d'impénétrables forêts, où jamais n'a retenti la hache du pionnier, et dont seuls quelques hardis chasseurs, entraînés à la poursuite du gibier, ont foulé, en hésitant, les routes ignorées, tracées par le passage des bêtes fauves. Il importait de porter au plus vite un remède efficace à cet état de choses. Alors ils ont fait appel à l'émigration européenne, à laquelle ils ont offert de très-grands avantages, et qui bientôt afflua chez eux.

Mais, il faut l'avouer, les Anglo-Américains ne se sont pas toujours conduits envers les aborigènes, seuls et véritables propriétaires du sol, avec cette équité, cette justice et cette loyauté auxquelles ceux-ci étaient en droit de s'attendre dans leurs relations communes.

Les aborigènes de l'Amérique du Nord n'ont jamais été conquis.

Les premiers Européens qui débarquèrent sur leurs côtes se présentèrent en suppliants ; c'étaient des proscrits, à la recherche d'un asile ; ils furent reçus à bras ouverts et accueillis en frères par les Indiens, émus de pitié et attendris par le spectacle touchant de leur misère. Les pèlerins de Plymouth, ainsi qu'ils se nommaient eux-mêmes, achetèrent des Peaux-Rouges les terres que leur intention était de défricher, sur le bord de la mer, derrière l'immensité de laquelle, avec les yeux du cœur, ils apercevaient encore la patrie aimée, qu'ils avaient été contraints de fuir.

Un commerce d'échanges fut régulièrement établi entre les Indiens et les Européens, commerce fonctionnant d'abord avec une grande loyauté, et de façon que les intérêts des contractants fussent sauvegardés d'un côté comme de l'autre.

Malheureusement, les institutions humaines portent toutes en elles un germe de corruption qui finit toujours, quoi qu'on fasse, par les vicier et les fausser. La simplicité des uns, l'avarice des autres, devaient, à un moment donné, amener une catastrophe ; ce fut ce qui ne tarda pas à arriver. La plupart des nombreux émigrants que l'espoir d'un gain facile poussait en Amérique ne comprirent pas, ou, ce qui est plus vrai, ne voulurent pas comprendre les droits, cependant indiscutables et sacrés, des Indiens. Venus en mendiants en Amérique, et mourant presque de faim, ne pouvant rien acheter, puisqu'ils manquaient de tout, ils prétendirent dicter des lois, s'emparer de vive force des terres qu'ils convoitaient et s'y maintenir, envers et contre tous, le fusil à la main.

Les Indiens, poussés à bout par ces injustes prétentions que rien ne justifiait à leurs yeux, résistèrent. Cette mauvaise foi calculée les indignait. Ils opposèrent la force à la force. Alors une guerre de ruses, d'embûches et de trahisons commença entre les Indiens iniquement dépossédés et les blancs qui prétendaient les dépouiller.

Cette guerre se continue encore aujourd'hui, aussi furieuse et aussi acharnée des deux parts ; elle durera jusqu'à l'extinction complète de cette race rouge, si généreuse et si noble, et que l'on prétend faire disparaître complétement du territoire des États-Unis ; triste remerciement des innombrables services rendus par les Indiens aux pèlerins de Plymouth.

Ces émigrants, flétris du nom générique de *squatters*, sont pour la plupart d'origine tudesque, race qui ne reconnaît d'autre droit que la force et prétend que la possession vaut tous les titres les mieux libellés.

Or, depuis deux ans, un de ces misérables squatters, homme féroce et d'une moralité plus que suspecte, s'était établi de vive force, et sans aucuns droits, sur le territoire de chasse d'une puissante tribu de la grande nation des *Kenn'as*, ou Indiens du sang, et prétendait s'y maintenir malgré tous.

Les Kenn'as avaient le droit et la justice pour eux ; ils protestèrent et portèrent leurs plaintes jusqu'à Washington ; le gouvernement reconnut leur droit incontestable et fit tout ce qu'il put pour que justice leur fût rendue ; en un mot, il leur donna complétement raison. Mais ce fut en vain que le gouvernement s'interposa, il ne disposait pas de forces suffisantes pour se faire obéir. Le squatter refusa brutalement de traiter avec les Indiens, et, certain de n'avoir rien à redouter de l'autorité légale de la République, il jura que personne ne parviendrait à le déposséder des terres sur lesquelles il s'était établi de son autorité privée.

Les Kenn'as feignirent de se soumettre, mais ils se résolurent à agir de ruse, puisqu'il ne leur restait pas d'autre moyen d'obtenir justice ; ils s'allièrent à d'autres tribus, et bientôt ils disposèrent de forces considérables, résolues et bien armées.

Notre tribu faisait partie de cette confédération nouvelle, formée dans l'intérêt commun, dans le but de faire respecter des droits imprescriptibles. Au jour dit, les guerriers rejoignirent le rendez-vous commun ; je faisais naturellement partie de ces guerriers.

Quelques mois s'étaient écoulés depuis les dernières discussions des Kenn'as avec les squatters ;

les Indiens n'avaient plus donné signe de vie. Les Américains supposaient ne plus avoir rien à redouter de leurs ennemis, et leur avoir inspiré une salutaire terreur par la façon barbare dont ils avaient traité quelques pauvres diables d'Indiens tombés malheureusement entre leurs mains.

On était à l'époque de la récolte des céréales, d'immenses meules de paille et de foin étaient disséminées dans les prairies ; le squatter avait bâti des bâtiments considérables, et comme il s'était établi en plein territoire indien, et très-loin des autres concessions, il avait élevé, au milieu de son défrichement, une espèce de citadelle construite en troncs d'arbres, où il se retirait avec sa famille et ses serviteurs les plus dévoués, à la moindre alarme.

Mais toutes ces précautions furent en pure perte : par une nuit sans lune, deux mille guerriers enveloppèrent le défrichement ; tous les bestiaux, et ils étaient nombreux, furent enlevés d'un seul coup, les bâtiments incendiés, et les blancs, surpris dans leur sommeil, implacablement massacrés et scalpés ; puis on mit le feu à toutes les meules et aux énormes amas de bois préparés pour construire d'autres bâtiments.

Le squatter s'était réfugié dans sa citadelle avec sa famille, les enfants des colons et quelques malheureux serviteurs échappés par miracle à la première attaque.

La lutte fut longue, terrible, acharnée ; les blancs se défendaient avec l'énergie du désespoir de gens qui savent n'avoir pas de merci à attendre.

Pendant sept jours et sept nuits, le combat se

continua sans trêve et sans découragement d'un côté ni de l'autre ; vers la fin de la nuit du septième jour, la forteresse, minée par le feu, s'écroula sur la tête de ses défenseurs ; alors il y eut une lutte inouïe, insensée, corps à corps, un carnage horrible, une boucherie indescriptible ; tous les blancs, hommes, femmes, enfants, furent impitoyablement massacrés et hideusement scalpés ; pas un seul n'échappa à cette épouvantable vengeance ; mais la victoire coûta cher aux confédérés : plus de deux cents guerriers succombèrent.

Vers la fin de la bataille, j'avais été frappé par une poutre brûlante et j'étais tombé évanoui au milieu des ruines ; bientôt je disparus sous les cadavres et les débris de toutes sortes qui s'amoncelèrent sur moi.

Leur œuvre de vengeance accomplie, les Peaux-Rouges s'éloignèrent avec cette rapidité qui caractérise tous leurs mouvements ; ils emportèrent tous ceux de leurs morts et de leurs blessés qu'ils réussirent à découvrir dans les décombres. J'échappai, je ne sais comment, à leurs recherches.

J'ai toujours ignoré pendant combien de temps je demeurai sans connaissance. Quand j'ouvris les yeux, un silence de plomb régnait autour de moi.

Vous dire ce que j'éprouvai en ce moment, les pensées confuses qui tourbillonnaient dans mon cerveau affaibli, me serait impossible ; aux souffrances physiques venaient s'ajouter les souffrances morales ; la douleur de mon abandon me dompta : je m'affaissai, sans forces, sans courage ; mais cette prostration dura peu, la réaction se fit; la volonté, sinon l'espoir, rentra dans mon cœur.

J'essayai alors de me débarrasser des cadavres sous lesquels j'étais enfoui et des décombres qui me recouvraient; plusieurs fois il me sembla, mais c'était probablement une illusion, entendre soupirer près de moi, prononcer des paroles entrecoupées; je percevais ces bruits comme dans un rêve; étaient-ils réels, ou n'existaient-ils que dans mon imagination surexcitée? je ne saurais le dire.

Quand, après des efforts obstinés, continus, avec toute l'énergie du désespoir, pendant plusieurs heures, je réussis enfin à émerger vivant de cette horrible tombe anticipée, je jetai un regard atone autour de moi : je ne vis que du sang, des ruines et des cadavres affreusement défigurés, sur lesquels les oiseaux de proie commençaient à s'abattre avec des cris rauques de joyeuse convoitise; un soupir navrant souleva péniblement ma poitrine et je roulai évanoui sur le sol encore humide de sang.

Combien de temps se prolongea ce second évanouissement? je l'ignore. J'en sortis par une si vive impression de froid, que je frissonnai des pieds à la tête.

J'ouvris des yeux hagards; je n'avais pas, pour ainsi dire, conscience de mon être; je ne savais si je renaissais à la vie ou si j'allais mourir; je voyais sans rien distinguer clairement; un voile sanglant s'étendait devant mes yeux; j'entendais vaguement, comme dans un rêve, des gens parler avec animation, sans comprendre ce qui se disait autour de moi; je croyais entrevoir plusieurs personnes penchées sur mon corps, mais je n'en avais pas la certitude ; je n'étais pas rentré en possession de mon *moi*; je m'imaginais que cela était réel, ou peut-être même étais-je en proie à une hallucination étrange, résultant des épouvantables souffrances qui, depuis si longtemps, me torturaient.

A un certain moment, il me sembla qu'on me soulevait et que j'étais emporté par une course rapide; mais, malgré moi, mes yeux se refermèrent brusquement, et tout s'effaça ; je retombai dans un anéantissement complet, semblable à la mort.

Lorsque je rouvris les yeux et regardai autour de moi, ma surprise fut extrême ; j'étais couché dans un immense lit enveloppé de rideaux, dans une chambre assez vaste, meublée avec ce goût étriqué, correct, mais pourtant confortable, bien que simple, qui caractérise la secte puritaine.

J'éprouvai une faiblesse et une prostration infinies ; à peine avais-je assez de force pour soulever les paupières ; mon cerveau était vide. J'essayai en vain de réfléchir, cela m'était impossible, les pensées ne s'éveillaient pas dans mon esprit; ce travail intellectuel, au-dessus de mes forces, me fatiguait ; mes yeux se refermaient malgré moi ; je cédai et me rendormis.

Quelques heures plus tard, un bruit de voix m'éveilla ; plusieurs personnes étaient groupées autour de mon lit, dont les rideaux avaient été ouverts ; ces personnes causaient à voix basse, j'entendais et je comprenais clairement tout ce qu'elles disaient.

— Ne vous avais-je pas assuré que je le sauverais ? disait la première voix, appartenant à un homme.

— C'est miraculeux ! répondit une voix plus douce ; vous êtes certain, docteur, qu'il a repris connaissance et que la fièvre l'a définitivement quitté ?

— Certes, la crise a eu lieu, elle a été favorable ; avant quinze jours ce gaillard-là sera sur ses pieds, et aussi fort et aussi dispos que si, pendant trois mois, il n'était pas resté entre la vie et la mort ; c'est une admirable organisation ; il est bâti à chaux et à sable.

— Et vous le connaissez ? demanda une troisième voix que je n'avais pas entendue encore.

— Son délire m'a tout appris, reprit le docteur ; je sais mieux que lui-même qui il est et où il est né : c'est moi qui l'ai mis au monde ; il est vrai que le lendemain on me l'a enlevé, et que depuis je ne l'ai plus revu.

— C'est étrange !

— Non pas : c'est l'éternelle histoire de la vie humaine ; le hasard se plaît constamment à dérouter les combinaisons les plus ingénieuses. Dans un instant, monsieur le consul, il s'éveillera ; interrogez-le, vous verrez.

En ce moment j'ouvris les yeux et je regardai.

Deux hommes et une femme étaient debout auprès de mon lit, et me regardaient avec intérêt ; les deux hommes avaient depuis longtemps dépassé le milieu de la vie ; leurs cheveux étaient presque blancs.

Je poussai un cri de surprise à l'aspect de l'un des deux.

— Monsieur Lugox ! m'écriai-je en proie au plus grand étonnement.

— Hein ? s'écria en tressaillant M. Lugox, car

en effet c'était lui ; vous me connaissez, mon ami ?

— Vous m'avez oublié, monsieur, répondis-je d'une voix faible ; je comprends cela ; j'étais bien jeune, j'avais un peu plus de sept ans lorsque je vous ai vu pour la dernière fois, il y a treize ans de cela ; mais moi, j'ai toujours conservé précieusement votre souvenir dans mon cœur.

— Je ne vous comprends pas, mon ami, dit-il avec agitation ; expliquez-vous, je vous en conjure.

— Avez-vous donc oublié votre fils adoptif? murmurai-je avec une poignante tristesse.

— Olivier! tu serais Olivier! s'écria-t-il avec explosion.

— En doutez-vous, monsieur? Vous avez été si bon pour moi au faubourg du Roule et rue Plumet.

— Non, non, je n'en doute pas, cher enfant! s'écria-t-il en m'embrassant et me comblant de caresses ; je suis heureux! oh! bien heureux de te revoir!

— Pas plus que moi, monsieur, répondis-je les yeux pleins de larmes.

— Appelle-moi ton père, garçon, reprit-il, riant et pleurant à la fois ; si je ne le suis pas en réalité, tout au moins j'en ai joué le rôle, et je t'aime comme un fils !

— Assez! dit le docteur en s'interposant, ces émotions sont trop fortes : vous me tueriez mon malade, et je veux qu'il vive. Cristo santo! ajouta-t-il en souriant, je le connais depuis plus longtemps que vous! Madame Leclerc, écoutez bien ceci : Je défends les visites, jusqu'à nouvel ordre ; il faut laisser à notre ex-moribond le temps de reprendre ses forces, ce qui ne sera pas long, si l'on m'obéit.

— Je vous obéirai, señor Legañez, répondit la vieille dame avec empressement : n'est-ce pas vous qui l'avez sauvé ?

— C'est précisément pour cela que je ne veux pas que l'on me gâte une cure si bien commencée ; retirons-nous.

Le docteur me serra amicalement la main, la vieille dame sourit, M. Lugox m'embrassa, et tous trois ils quittèrent la chambre, dont la porte se referma derrière eux.

Cette scène, si courte qu'elle eût été, m'avait causé une émotion trop vive, dans l'état de faiblesse où j'étais encore ; j'étais anéanti. Quelques moments plus tard, je cédai au sommeil et je m'endormis profondément.

Trois semaines après, j'étais sur pied, fort et bien portant.

J'appris seulement alors où j'étais, et ce qui s'était passé pendant tout le temps que j'étais resté sans connaissance.

Le surlendemain de la destruction de la plantation du squatter, une nombreuse troupe de voyageurs avait, par hasard, traversé les ruines encore fumantes.

Les voyageurs avaient été saisis d'horreur à la vue de cet effroyable champ de bataille ; ils avaient fait halte aux environs et s'étaient dispersés, cherchant, parmi les cadavres gisants de tous les côtés, s'il n'y aurait pas quelqu'un à secourir : seul, de tous, je n'étais pas mort ; il me restait encore une étincelle de vie ; ce fut cette étincelle que le docteur Legañez, qui faisait partie de cette caravane, essaya de raviver ; il me prodigua les soins les plus assidus. Les médecins se passionnent quand ils se trouvent en face de cures réputées presque impossibles : ce fut ce qui advint au docteur Legañez ; il était habile, fanatique de son art ; il employa toutes les ressources que la science mettait à sa disposition ; pour me sauver, il lutta opiniâtrément et sans jamais se décourager, avec la maladie ; bref, il fit si bien, qu'il triompha de tous les obstacles, et que la victoire lui resta, ainsi qu'il se l'était promis à lui-même ; je fus sauvé, contre toutes prévisions.

Le premier soin du docteur avait été de me faire transporter à Boston ; je fis ce long trajet sans m'en apercevoir. En me déshabillant, on avait reconnu que je n'étais pas Indien, à la couleur de ma peau ; d'ailleurs, je ne portais, à part quelques tatouages sur les bras, de peintures ni sur le visage ni sur le corps ; mes cheveux étaient très-longs, à la vérité, mais ils étaient noués simplement par derrière avec une peau de serpent, à la mode des coureurs des bois canadiens. Pendant mon délire, j'avais beaucoup parlé, tantôt dans une langue, tantôt dans une autre ; j'avais surtout parlé en français et prononcé certains noms ; la curiosité du docteur s'était éveillée ; il avait vu là un problème qu'il voulait résoudre. En arrivant à Boston, où il faisait sa résidence habituelle depuis quelques années, il parla de moi à plusieurs personnes, entre autres à M. I--çox, le consul français, son ami, comme me soupçonnant d'être son compatriote ; M. Lugox prit aussitôt à sa charge les frais de ma maladie et s'intéressa à moi, sans savoir encore qui j'étais.

Quant au docteur Legañez, jamais il ne voulut me faire connaître pour quels motifs et comment il avait quitté le Pérou, où sa position était en réalité magnifique, pour venir s'établir aux États-Unis, dans une ville comme Boston, où ses bénéfices étaient assez médiocres, en comparaison de ceux qu'il avait délaissés ; sur le reste, il me donna, avec la plus entière franchise, tous les renseignements qu'il possédait sur ma naissance, renseignements complétés par M. Lugox, qui, par M. Hébrard le banquier, avait appris toute mon histoire dans ses moindres détails ; peut-être dans le but de se venger de sa femme, ne fit-il plus tard aucune difficulté de m'instruire de tout ce que j'ignorais et que j'avais tant d'intérêt à connaître, et compléta sa révélation en me nommant mon père et ma mère.

M. Lugox ne se faisait pas d'illusions : il savait que jamais il ne reverrait la France, où son retour causerait tant d'ennuis de toutes sortes à sa femme et à M. Hébrard. Il avait bravement pris son parti de cet exil tacitement résolu contre lui ; il s'était arrangé en conséquence en se créant une nouvelle famille, préférable, sous tous les rapports, à la première ; il avait femme et enfants, sans mariage à la vérité, mais cette formalité ne lui importait guère. La maison était fort agréable ; j'y passais la plus grande partie de mes journées.

M. Lugox m'avait fait ses confidences et avait exigé les miennes ; le récit de mes aventures l'avait fort intéressé ; mon goût pour la marine lui plaisait ; il m'encouragea à persévérer dans cette voie, la seule qui m'offrît véritablement de l'avenir. J'étais décidé à suivre son conseil, d'autant plus qu'il m'était presque impossible de me rejeter dans la vie sauvage, pour laquelle je conservais un faible prononcé et que, secrètement, je regrettais beaucoup.

Il y avait alors sur rade, à Boston, cinq ou six bâtiments français, tous corsaires et négriers. Les capitaines de ces bâtiments venaient assez souvent passer la soirée chez le consul.

La traite se faisait alors au grand jour, et était considérée comme tous les autres commerces ; l'époque était loin encore où on regardait les négriers comme des pirates et où on les traitait comme tels ; le commerce du *bois d'ébène*, ainsi qu'on le nommait, était libre en Europe et très-encouragé aux colonies, où l'on avait besoin de noirs.

Parmi les capitaines avec lesquels je m'étais lié, il y en avait un pour lequel j'éprouvais une sympathie ou, pour mieux dire, une affection toute particulière ; c'était un homme jeune encore, de petite taille, mais *rablé*, comme disent les matelots, aux traits intelligents, réjouis et empreints d'une excessive bonhomie, bien qu'un peu railleuse, mais d'une grande bonté.

On le nommait, ou plutôt il se nommait, car son nom devait être un pseudonyme, le capitaine Galhaubans, et était excellent marin ; on racontait de lui des traits d'audace et de présence d'esprit véritablement extraordinaires.

Il commandait un grand diable de brick-goëlette qu'il avait acheté à Cuba ; ce bâtiment se nommait la *Fortune* ; il ressemblait beaucoup à notre *Hasard* pour la forme et les qualités, et me tirait l'œil chaque fois que j'allais flâner sur le port, ce qui arrivait souvent.

Un jour en causant et fumant des cigares, le consul s'étonna que le capitaine Galhaubans n'eût pas encore repris la mer.

— C'est bien contre mon gré, répondit celui-ci, je devrais être parti depuis longtemps déjà.

— Qui vous en empêche ?

— Le guignon qui me poursuit ; mon second, maître Brûlot, qui est rageur comme un cachalot, s'est pris de querelle, je ne sais où, avec un Danois, aussi rageur que lui ; mes deux enragés en sont tout de suite venus aux gros mots ; maître Brûlot a éventré le Danois, mais celui-ci, avant de tomber, lui a planté si raide son couteau entre les deux épaules, que j'ai été contraint de le faire porter à l'hôpital : le diable sait s'il en échappera.

— Voilà qui est fâcheux ; n'avez-vous pas essayé de le remplacer ?

— Avec cela que c'est commode ! vous en parlez bien à votre aise, monsieur Lugox. D'abord je ne veux pas d'Américains, ils sont tous ivrognes et indisciplinés : les Yankees sont une peste sur un navire ; un seul suffit pour mettre le diable au corps de tout un équipage et le chambarder.

— C'est la vérité exacte, dit un capitaine corsaire avec un geste d'assentiment ; les Yankees ne sont bons à rien.

— Je ne veux que des Français avec moi, reprit le capitaine Galhaubans ; mais où en trouver un qui me convienne ?

— Vous cherchez mal, dit M. Lugox en souriant.

— Je ne cherche même plus du tout ; j'attends que la veine change et que le hasard m'offre ce que je ne réussis pas à trouver.

— Voilà un singulier raisonnement !

— Dame ! on raisonne comme on peut !

— Il ne tient cependant qu'à vous de changer cette mauvaise veine ?

— Pardieu ! si vous me prouvez cela, monsieur le consul, je consens à perdre vingt-cinq caisses de purs havanes !

— Est-ce tenu ?

— Pardieu ! puisque je le dis !

— Avez-vous demandé à Olivier ? reprit M. Lugox en me regardant avec intention.

— Ma foi, non ! La pensée ne m'en était pas venue ; je ne supposais pas qu'il consentirait à naviguer à la traite ?

— Pourquoi donc cela, capitaine ? demandai-je en riant.

— Dame ! je ne saurais vous le dire ; mais, vous le savez, certaines gens ont des préjugés ?

— Bon ! repris-je en riant ; je suis un sauvage, moi, capitaine ; les préjugés des gens civilisés me sont inconnus.

— Ainsi vous consentiriez ?

— Cela dépend de vous.

— Alors, c'est une affaire faite ; tope ! vous êtes mon second.

— Tope ! j'accepte, dis-je.

— Ah ! nous allons rire, fit-il en se frottant les mains ; vous recevrez vos cigares demain matin, monsieur le consul. Sacré mâtin ! je ne regrette pas de les avoir perdus. Buvez-vous beaucoup, monsieur Olivier ?

— Capitaine, j'ai été élevé par les Comanches, qui sont des Indiens sobres; je ne bois que de l'eau.

— Alors, c'est parfait! Je sens qu'avant deux jours nous serons bons amis.

Voici de quelle façon je fus nommé, au moment où je m'y attendais le moins, second du brick-goëlette négrier la *Fortune*, capitaine Galhaubans.

M. Lugox m'obligea à accepter une somme de deux mille francs pour m'acheter tout ce qui me manquait; véritablement je n'avais rien; les vêtements que je portais n'étaient pas même à moi.

Second d'un navire à vingt ans, cela est fort beau; aussi étais-je tout fier de mon nouveau grade.

Quatre jours plus tard, la *Fortune* appareilla.

Je n'ai jamais revu M. Lugox ni le docteur Legañez, mais je conserve de tous deux un reconnaissant souvenir.

Pendant les premiers jours qui suivirent le départ, le capitaine me tâta; mais il ne tarda pas à reconnaître qu'il pouvait se fier à moi, et dès lors il me laissa agir à ma guise.

Le capitaine Galhaubans cumulait: il était à la fois corsaire et négrier. Quand il sortait d'un port sur lest pour se rendre à la côte, il faisait monter de la cale une douzaine de caronades, les mettait en batterie et il s'amusait *à flâner*, pendant un mois ou deux, sous les tropiques, aux environs des débouquements; alors il était corsaire, et malheur aux bâtiments espagnols que leur mauvaise chance plaçait par son travers: il s'en emparait la hache au poing et massacrait tous les pauvres diables qu'il trouvait à bord; puis, après avoir pillé le chargement du navire dont il s'était ainsi emparé, il faisait amarrer sur le pont les blessés ou les valides échappés au combat, sabordait le malheureux navire qui coulait à pic, et tout était dit.

Le capitaine Galhaubans nourrissait une haine implacable contre les Espagnols, je n'ai jamais su pourquoi.

Après s'être emparée ainsi de quelques bâtiments, la *Fortune* redevenait négrier, enlevait ses canons et se rendait à la côte d'Afrique pour y prendre un chargement de noirs; le brick-goëlette était du reste parfaitement aménagé pour ce double service.

En quittant Boston, la *Fortune* était devenue corsaire.

Ce fut ainsi, mon cher Maraval, que, par le travers de Tristan-d'Acunha, j'eus l'heureux hasard de vous rendre service, ainsi qu'à votre charmante femme et à vos enfants, en vous sauvant des mains d'un pirate anglais, qui, après avoir brûlé le navire que vous montiez, se préparait, m'avez-vous dit, à vous faire un assez mauvais parti.

— C'est-à-dire, interrompit énergiquement M. Maraval, que vous m'avez sauvé de la mort, du déshonneur et de la misère; le capitaine Galhaubans m'a juré lui-même qu'il ne se souciait nullement d'attaquer ce pirate, avec lequel, selon son expression, il n'avait que des coups à gagner; qu'il n'avait fait que céder à vos instantes prières: il est bon de bien établir ces faits; c'est aussi cette fois que vous avez rencontré la famille Quiros, embarquée sur le même bâtiment que moi, et qu'elle aussi vous doit son salut.

— C'est vrai, mon ami ; mais ce que je faisais était tout simple.

— Tout simple, en effet, répondit M. Maraval en riant ; vous avez même poussé cette simplicité jusqu'à persuader à votre capitaine de changer de route et de nous débarquer en lieu sûr, après nous avoir restitué tout ce que le pirate nous avait pris ; ce qui, entre parenthèse, semblait fort peu plaire au brave capitaine Galhaubans, lequel faisait une mine de dogue auquel on arrache un os à moelle.

— Allons ! dit le jeune homme en plaisantant, je vois que c'est une résolution arrêtée : je n'aurai pas le dernier mot avec vous ; je passe condamnation et je continue mon récit.

Chacun profita de cette interruption pour allumer son cigare et vider son verre.

Olivier reprit après avoir posé son verre vide sur la table.

— L'existence d'un négrier est en dehors de toutes les conditions habituelles. Depuis un temps immémorial, des philanthropes, complétement ignorants des conditions dans lesquelles vivent les populations africaines, se sont plu à s'apitoyer sur les souffrances intolérables des nègres et la barbarie des négriers, leurs bourreaux ; ces malheureux noirs enlevés si cruellement à leur patrie, à leurs affections de famille, soumis aux plus affreuses tortures par les féroces marchands de chair humaine, etc., etc., et un million de phrases toutes faites et aussi peu concluantes, ont causé un émoi général en Europe. Je ne défends pas la traite, bien loin de là, ce trafic immoral me répugne, et j'espère qu'il disparaîtra tôt ou tard ; mais si elle a toujours existé, c'est que toujours elle a été reconnue nécessaire dans certains pays ; qu'on la remplace par autre chose de plus humain, j'y applaudirai des deux mains.

En attendant, mettant de côté toute exagération, laissez-moi vous expliquer quel est ce trafic, dans quelles conditions il se pratique et la part de blâme qui appartient aux négriers.

L'esclave en Afrique est la monnaie courante, on n'en connaît pas d'autre ; les rois vendent leurs sujets, et eux-mêmes les conduisent à la côte ; esclaves-nés des despotes qui les gouvernent, les pauvres diables passent sur les plantations américaines une existence mille fois préférable à celle qu'ils ont dans leur pays: eux-mêmes en conviennent, et le code noir est là pour le prouver. Les capitaines négriers, bien loin de maltraiter leur cargaison humaine, la traitent au contraire avec une grande douceur et la soignent avec la plus minutieuse attention ; non pas peut-être par philanthropie, mais par une raison beaucoup plus sérieuse à leur point de vue, leur intérêt, afin de conserver les esclaves bien portants et d'en tirer un bon prix sur les marchés américains.

Quel marchand serait assez stupide pour détériorer sa marchandise? ceci n'est pas sérieux et ne saurait être discuté.

Souvent, au *Rio-Pongo*, nos *baracouns* regorgeaient d'esclaves riant et chantant du matin au soir, et n'ayant qu'un désir, s'embarquer au plus vite, tant ils craignaient de retomber entre les mains de leurs premiers maîtres.

Le capitaine Galhaubans possédait une riche *factorerie* au Rio-Pongo ; les rois du pays avaient pour lui une grande considération, et lui donnaient le titre de *Mongo*, c'est-à-dire Roi. Le capitaine les laissait faire. Sa factorerie était montée sur un grand pied; il était véritablement souverain sur ses domaines; il recevait avec une hospitalité princière les caravanes arrivant de l'intérieur.

Dès notre arrivée à la côte, le capitaine me laissa le commandement du navire et s'installa à terre; je fis pour son compte quatre voyages à Cuba, avec, chaque fois, plein chargement de noirs, Foulahs et Mandingos. Nos bénéfices furent énormes. Le capitaine résolut alors de fonder une nouvelle factorerie dans la baie de Gallinas et de m'en donner la direction. Je me trouvai donc complétement embarqué dans la traite, un peu contre mon gré, je l'avoue, ce métier répugnait à mes instincts de liberté; mais je dus obéir à mon chef. Je passerai rapidement sur mes opérations de facteur; je mentionnerai seulement un voyage que je fis dans l'intérieur pour me procurer des esclaves.

Je partis pour Timbo avec une escorte de noirs bien armés; je traversai Kya, ville mandingue; de là je passai à Tamisso, puis à Jullien, et j'arrivai enfin à Timbo, après vingt et un jours de voyage; nous avions fait quatre-vingts lieues, sans nous fatiguer outre mesure, à travers des paysages charmants et pittoresquement accidentés.

L'intérieur de l'Afrique est d'une beauté incomparable : la terre partout très-féconde, la végétation dépasse en puissance tout ce que j'ai vu, même en Amérique, dans les régions tropicales.

Malheureusement, les chemins n'existent nulle part; le voyageur est contraint de se frayer passage la hache à la main : de là des lenteurs désespérantes et des fatigues inouïes pour les hommes et les animaux. Partout je fus reçu avec les plus grands honneurs; la civilisation, toutes proportions gardées, est assez avancée, bien que ne ressemblant nullement à la nôtre; d'ailleurs, la religion mahométane fait de très-grands progrès en Afrique : tous les rois, les princes et les chefs avec lesquels j'ai eu des rapports étaient musulmans et suivaient strictement leur religion, ce qui ne les empêchait nullement de vendre leurs sujets le plus cher qu'ils pouvaient. J'ajouterai que, dans l'intérieur des terres, les noirs éprouvent un dégoût invincible pour les blancs, dont ils ont une peur affreuse. Sur la côte, c'est tout le contraire. Je séjournai pendant un mois à Timbo, et je revins à ma factorerie, conduisant avec moi cinq cents esclaves choisis.

C'est surtout sur la côte que la force prime le droit, et que le commerce se fait à coups de fusil; en voici un exemple entre autres :

La *Fortune* était mouillée à Gallinas, attendant un chargement de deux cent vingt noirs que le capitaine avait promis de nous envoyer de Bangalang. Sur rade et mouillé à une demi-encâblure de la goëlette, se trouvait un grand brick allemand, dont le capitaine avait traité avec un facteur espagnol; le chargement de ce brick n'était pas complet; il n'avançait que lentement, j'ignore pour quels motifs. Ce capitaine apprit, je ne sais comment, l'arrivée de mes nègres : il résolut de compléter son chargement en me les enlevant, ce qu'il fit en s'emparant audacieusement des embarcations sur lesquelles les esclaves étaient entassés tant bien que mal.

Je fus presque aussitôt prévenu de cet acte de piraterie. Je me rendis immédiatement à bord de la goëlette. Le brick virait au guindeau pour lever l'ancre; sans perdre de temps, je filai du câble, puis je fis hisser le grand foc et la grande voile, afin que le bâtiment pût évoluer et prendre le brick en enfilade; et sans autre forme de procès, je commençai à faire pleuvoir à l'improviste la mitraille sur son pont; le brick riposta aussitôt; la canonnade continua ainsi pendant environ un quart d'heure; la nuit venait, il fallait en finir; je coupai mon câble, et je tombai en grand sur le brick, qui, loin de s'attendre à tant d'audace, n'était nullement préparé à un combat corps à corps; les grappins furent lancés et mon équipage se lança à l'abordage.

En nous voyant apparaître au-dessus des lisses, l'équipage du brick, fort peu nombreux, jeta ses armes et se rendit à discrétion. Mon premier soin fut d'enclouer les canons; puis j'ordonnai le transbordement immédiat des nègres volés; cet ordre fut aussitôt exécuté : mes matelots mirent tant d'entrain à m'obéir, que non-seulement ils emmenèrent mes nègres, mais encore ils s'emparèrent de cent quatre-vingts autres appartenant au capitaine du brick, les seuls lui appartenant qu'il eût à bord.

Il voulut réclamer, je lui ris au nez; et, en lui disant qu'il devait se trouver fort heureux que je ne m'emparasse pas de son bâtiment comme pirate, je l'engageai à mettre immédiatement sous voiles et à ne plus reparaître sur la côte, s'il ne voulait pas qu'il lui arrivât malheur. L'Allemand n'était pas le plus fort, il baissa la tête et obéit en grognant ; de cette façon je complétai, sans bourse délier, le chargement de la *Fortune*.

Je rendis compte de cette singulière aventure au capitaine. Il m'approuva fort, et en rit beaucoup ; lui-même, dans une circonstance à peu près semblable, avait, quelque temps auparavant, agi de même avec un capitaine danois.

Ce dernier événement acheva de me dégoûter du métier de négrier, et, malgré la vive amitié que je professais pour le capitaine Galbaubans, je lui fis part de mes scrupules et de mon intention bien arrêtée de renoncer pour toujours à la traite.

Le capitaine fut très-chagriné de ma détermination ; mais il me connaissait, il n'essaya pas de la changer ; il me pria seulement de conduire la goëlette à Cuba, ce à quoi je consentis ; puis il régla mes comptes très-largement, me souhaita un bon voyage, m'embrassa, et je le quittai pour ne plus le revoir.

Le surlendemain de mon retour à Gallinas, au lever du soleil, je levai l'ancre et, disant adieu à la côte d'Afrique, je mis le cap sur l'île de Cuba.

J'étais resté deux ans et quatre mois avec le capitaine Galhaubans. Pendant ces deux ans, il m'était arrivé les aventures les plus extravagantes et les plus extraordinaires ; mais je me bornerai à ce que je vous en ai dit, pour ne pas allonger un récit déjà trop long ; je me bornerai à constater que ce fut à bord de la *Fortune* que je connus Ivon Lebris, mon matelot et mon second aujourd'hui ; je contractai avec lui une de ces franches et sincères amitiés de marin, que la mort elle-même ne saurait rompre entièrement.

— Merci, matelot, dit Ivon en tendant sa main à Olivier, qui la pressa affectueusement dans la sienne.

— La *Fortune* atteignit Cuba après une rapide et excellente traversée, sans avoir perdu un seul noir, ce qui est rare dans ces sortes de voyages.

Je débarquai et je remis le navire au consignataire associé du capitaine Galhaubans.

La vente de mon chargement de bois d'ébène me produisit pour ma part un très-beau bénéfice.

J'étais riche : on gagne beaucoup à la traite quand on réussit; toutes mes expéditions avaient été heureuses; j'avais économisé, faute d'occasions de dépense, une fort jolie somme, sans compter celle que mon matelot avait en poche, et comme nous faisions bourse commune, ce que nous faisons encore, rien ne nous pressait, et nous avions le temps de voir de quel côté soufflerait le vent.

Cuba ne me plaisait que médiocrement, à cause des Espagnols qui l'habitent; c'est d'ailleurs un magnifique pays. Je pris avec Ivon passage sur une goëlette américaine, qui nous transporta à la Nouvelle-Orléans.

A cette époque, la Nouvelle-Orléans était encore presque une ville française; il n'y avait que quelques années seulement qu'elle avait été cédée par la France aux États-Unis; la langue française y dominait.

J'y retrouvai, par le plus grand hasard, don Diego Quiros et sa famille. Il était venu à la Nouvelle-Orléans dans l'intention d'acheter, ce qu'il fit du reste, des machines plus commodes et plus avantageuses que celles dont on se servait, dans les colonies espagnoles, pour l'extraction du minerai dans les mines.

Bien que trois ans se fussent écoulés depuis notre rencontre, je reçus cependant le plus charmant accueil de toute cette bien chère famille ; cette adorable petite Dolorès fut merveilleuse d'attention et de câlineries pour son grand ami, ainsi qu'elle me nommait si gentiment dans son charmant babil. C'était déjà presque une jeune fille ; mais elle ne semblait pas s'en douter le moins du monde.

J'appris que plusieurs corsaires Colombiens étaient en armement à Londres ; ne trouvant pas à la Nouvelle-Orléans ce que je cherchais, je m'embarquai, avec mon matelot, sur un navire américain en partance pour l'Angleterre.

J'avais hâte de quitter la Nouvelle-Orléans et de me séparer de la famille Quiros, à laquelle je sentais que trop de liens commençaient à m'attacher.

Le navire était frété pour Liverpool. A peine arrivé, je descendis à terre ; après avoir expédié Ivon à Londres pour prendre langue, je partis pour Glascow, et je me rendis tout droit à la maison du capitaine Griffiths.

Je fus reçus à bras ouverts par toute la famille.

Onze ans s'étaient écoulés depuis notre brusque séparation dans la baie d'Hierba ; un changement presque complet s'était opéré dans mon individu ; et pourtant, aux premiers mots que je prononçai, je fus reconnu : cette chère et patriarcale famille m'avait conservé toute son affection, malgré ce long temps écoulé; les enfants étaient devenus des hommes, les filles étaient mariées; le capitaine ne naviguait plus; il parlait souvent de moi; il avait la conviction que je n'étais pas mort, et que je reviendrais.

Il me fit raconter toutes mes aventures, qu'il écouta avec le plus vif intérêt; je passai dans cette chère famille, à laquelle je devais tant, les quinze plus heureux jours de ma vie. Enfin il fallut nous séparer; au moment de mon départ, le capitaine voulut régler ce qu'il appelait son compte avec moi. Je ne sais quel compte d'apothicaire il me fit; ce qui est certain, c'est que, bon gré mal gré, il me contraignit à recevoir une somme énorme, 775 livres sterling (environ 19,475 francs) dont il prétendait être mon débiteur. Je revins à Londres littéralement bourré de banknotes; ma fortune m'effrayait.

Ivon n'avait pas perdu son temps à Londres. Grâce à lui, trois jours après mon arrivée, je m'embarquai en qualité de second sur un corsaire Colombien, où Ivon était engagé comme premier lieutenant.

Un soir, au moment où je tournais le coin d'une de ces hideuses rues qui déshonorent le West-End, je reçus en pleine poitrine un coup de poignard, en même temps qu'une voix rauque me disait en espagnol :

— Tu ne veux donc pas mourir, maudit!

Le coup avait été si vigoureusement porté, que je reculai en trébuchant jusqu'à la muraille, contre laquelle je m'appuyai pour ne pas tomber: j'étais à demi évanoui. Mon agresseur, croyant probablement m'avoir tué, s'était hâté de s'esquiver.

Je n'étais même pas blessé : par un heureux hasard, je portais, dans la poche de côté de mon uniforme, un énorme portefeuille en cuir de Russie, gonflé de papiers de toutes sortes ; la lame du poignard s'était émoussée sur cette dure carapace.

Cependant je demeurai pendant près de dix minutes avant de reprendre complétement mes sens.

Je cherchai vainement à m'expliquer cette tentative de meurtre ; car il était évident que je n'avais pas eu affaire à un voleur, puisque l'inconnu n'avait pas essayé de s'emparer de mon portefeuille.

C'était une vengeance ! Les paroles mêmes prononcées par l'assassin, en me frappant, le prouvaient.

Mais qui pouvait avoir contre moi des motifs de haine assez graves pour en venir à cette extrémité ? C'était la première fois que je mettais le pied à Londres, où je ne connaissais et n'étais connu de personne !

Ce n'est que plus tard, bien plus tard, il y a quelques jours seulement, que j'ai eu l'explication de cette énigme, à Puerto-Santa-Maria, pendant les courses, lors de mon duel avec le comte de Salviat.

Ceux que je gêne voulaient et veulent encore se débarrasser de moi.

Leur haine veille toujours à mon côté ; elle ne sera assouvie que par ma mort.

Je me rendis à bord du corsaire ; pendant les quelques jours qu'il resta encore en Tamise, je m'abstins de descendre à terre, et fis, je crois, bien.

L'assassinat, manqué une première fois, aurait certainement réussi une seconde.

Enfin le navire leva l'ancre, descendit le fleuve et déboucha dans la mer.

Pendant plusieurs mois, notre bâtiment croisa sur les côtes d'Espagne.

La croisière fut heureuse, elle commença presque aussitôt.

Plusieurs navires, se rendant dans l'Amérique espagnole, furent surpris et enlevés par nous.

La croisière terminée, le corsaire ne rentra pas dans les eaux anglaises ; ses prises étaient expédiées dans les ports de France.

Un beau jour, le navire enfila le détroit de Gibraltar et établit sa croisière dans le golfe de Lion.

Cette seconde croisière ne fut pas heureuse comme prise ; en revanche, nous fûmes assaillis à l'improviste par un épouvantable ouragan, qui nous contraignit à nous réfugier, à demi désemparés, dans le port de Marseille.

Je tremblai en me voyant dans un port français ; j'étais en proie à de sombres pressentiments : ils ne me trompaient pas. Quatre jours après notre entrée dans le port, sur un ordre télégraphique arrivé de Paris, la police se rendit à bord.

Ivon et moi nous fûmes arrêtés comme matelots déserteurs de la marine marchande française ; nous fûmes conduits les menottes aux mains, à pied, entre quatre gendarmes, à Toulon, et embarqués d'urgence sur le vaisseau le *Formidable*.

Était-ce encore une vengeance ? Oui.

Le reste, vous le savez, messieurs, je n'ai donc rien à ajouter, si ce n'est que maintenant vous me connaissez aussi bien que je me connais moi-même ; l'avenir seul demeure enveloppé de mystères ; nous verrons ce qu'il me réserve encore.

CHAPITRE VIII.

COMMENT LE HASARD RENCONTRA LA CHIMÈRE, ET CE QUI EN ADVINT.

Le capitaine Olivier Madray se taisait.

Son long récit était enfin terminé.

Ses auditeurs, encore sous le charme de sa parole vibrante, demeuraient muets et pensifs.

Ils songeaient à cette fatalité étrange qui, depuis le berceau, s'était acharnée après cet homme ; aux péripéties bizarres de cette existence singulière, si courte d'années et si longue de douleurs et de souffrances imméritées ; ils frémissaient en songeant au dénouement, terrible probablement, de cette lutte d'un homme seul et désarmé, contre des ennemis puissants et implacables.

Et comme malgré eux, ils se sentaient émus d'une vive sympathie, et pris d'une immense pitié pour ce déshérité de la société, pour qui le bonheur n'avait jamais été qu'un mot vide de sens ; et qui, pour obtenir une faible part de ces jours de soleil que Dieu prodigue à tous les autres, avait été contraint de se séparer de cette société marâtre qui le repoussait et de se réfugier dans la vie sauvage.

Ils se sentaient saisis d'admiration devant sa

calme résignation, son énergique bonté et sa stoïque indifférence pour cette société, dont il se vengeait, comme tous les grands cœurs, en lui rendant le bien pour le mal; s'obstinant, non-seulement à ne pas la haïr, mais encore à la servir dans la mesure de ses forces.

Et soudain, par un élan spontané, toutes les mains se tendirent vers lui, et cherchèrent les siennes pour les serrer dans une chaleureuse étreinte.

Au dehors régnait un calme profond.

On n'entendait d'autres bruits que cette harmonie mystérieuse produite par les sifflements monotones du vent à travers les cordages, se fondant avec le grondement sourd de la mer filant aux flancs du navire; et les piétinements monotones de l'officier de quart, accomplissant son éternelle promenade de la coupée à l'habitacle.

Les auditeurs d'Olivier restaient sous le coup d'une émotion profonde.

Ce récit, clair, rapide, sans phrases et sans recherche, fait sous le poids de poignants souvenirs, bourré comme à plaisir de faits étranges et extraordinaires, sur lesquels le capitaine avait passé, sans appuyer jamais, négligeant le côté pittoresque de sa narration, pour rester vrai toujours, dépassait par sa bizarrerie toutes les prévisions des trois hommes.

Quel roman, si habilement conçu et si mouvementé que l'eût écrit un auteur en renom, aurait pu soutenir la comparaison avec cette histoire navrante dans toutes ses parties, et dont les péripéties effrayantes par leur simplicité même, avaient été si fièrement subies par cet homme au cœur de lion, qui, loin de se plaindre, de récriminer et de se poser en victime, dédaignait la pitié, et, toujours assailli, ne cédait en apparence sous les coups dont il était frappé sans relâche, que pour se relever aussitôt, plus fort et plus résolu dans cette lutte dont il savait à l'avance devoir être fatalement la victime.

Il est un roman que l'on ne fera jamais, qui défiera constamment les efforts de l'imagination la plus riche en conceptions étranges et extraordinaires : ce roman, c'est l'histoire réelle, vraie, qui court les rues, que nous coudoyons à chaque pas, sans en avoir conscience. L'infamie humaine a des replis tellement nombreux, des abimes si profonds, des voies tellement mystérieuses, que, quoi qu'on fasse, le roman en apparence le plus effrayant et même le plus insensé que puisse rêver une imagination malade, restera toujours à cent piques au-dessous de l'histoire vraie de chaque jour, qui s'accomplit mystérieusement dans l'ombre, avec des raffinements incroyables de froide cruauté et de scélératesse.

La nuit tout entière s'était écoulée, il était sept heures du matin ; la toilette du navire était terminée.

Nos quatre personnages, après une veille aussi prolongée, éprouvaient l'impérieux besoin de respirer un peu d'air frais et pur.

On alluma les cigares et on monta sur le pont.

Il ventait bon frais de l'est-nord-est ; le navire filait grand largue, bondissant comme en se jouant par dessus les lames un peu grosses et frangées d'écume ; le ciel était couvert, un brouillard épais empêchait la vue de s'étendre au delà d'une encablure autour du bâtiment.

— Faites appuyer un peu les bras du vent partout, monsieur Kernock, dit le capitaine à l'officier de quart.

— Oui, monsieur, répondit l'officier, qui fit immédiatement exécuter cette manœuvre.

— Comment allons-nous, monsieur? reprit le capitaine en se penchant légèrement au-dessus des lisses; pas tout à fait dix nœuds, n'est-ce pas?

— Le loch a été jeté il y a quelques minutes, capitaine; nous filons neuf nœuds deux tiers; on pourrait ajouter...

— C'est bien ainsi, interrompit Olivier, rien ne nous presse; et il ajouta en souriant : Avez-vous placé les vigies?

— Oui, capitaine.

— Si l'on apercevait quelque chose, vous me feriez aussitôt prévenir, je vous prie; nous sommes véritablement dans un sac; avec ce brouillard, il importe de redoubler de vigilance.

L'officier s'inclina, le capitaine alla rejoindre ses amis occupés à examiner la mer.

Ivon Lebris était en grande conversation avec maître Legoff dit Caïman.

— Bonjour, maître Legoff, dit le capitaine en s'approchant.

— Pour vous servir, capitaine; beau temps, hein?

— Oui, mais ce diable de brouillard me chiffonne; nous naviguons à l'aveuglette.

— Sans compter que nous sommes sur le passage des navires qui essaient d'emmancher ou de sortir;

c'est vrai, capitaine ; mais, sauf votre respect, capitaine, nous sommes des oiseaux de nuit, nous autres, nous avons nos yeux au bout des nageoires.

— Et les meilleures pêches se font en eau trouble, n'est-ce pas, maître Caïman? dit Ivon en riant.

— Tout de même, monsieur, répondit le maître d'équipage sur le même ton.

— Oui, mais malheureusement il n'y a pas de gibier pour nous dans ces parages, maître Legoff.

— Qui sait? capitaine, répondit-il en hochant la tête et en clignant l'œil droit.

— Bah! Est-ce que vous auriez vu quelque chose? demanda le capitaine d'un ton de bonne humeur.

— Ça se pourrait bien, capitaine ; au cas toutefois où vous seriez dans l'intention de compléter la douzaine.

— Eh! eh! je ne dis pas non ; nous en avons déjà sept qui nous attendent à Southampton

— C'est cela même, capitaine.

— Mais il serait bon de savoir si la chose en vaut la peine. Quand avez-vous aperçu les navires en question ?

— Ce matin, à cinq heures, pendant une éclaircie, capitaine. J'étais monté dans la hune, à l'effet de visiter certain capelage qui ne me semblait pas dans des conditions correctes, lorsque, jetant par hasard les yeux autour de moi, j'ai aperçu les *Dons*, marchant de compagnie, deux ris pris dans les huniers et les basses voiles carguées, sans perroquets, assez loin par l'avant à nous, et lofant censément en douceur, comme pour nous passer sous le beaupré.

— Hum! fit le capitaine; vous les avez bien examinés, maître Legoff?

— Très-bien, capitaine, pendant plus de cinq minutes, tout à mon aise.

— Alors, vous êtes sûr qu'ils sont espagnols?

— Sûr et certain pour l'un, tandis que l'autre m'a semblé s'être déguisé en hidalgo.

— Bon! Cette fois, je ne vous comprends plus du tout, maître Legoff.

— Voilà : le premier m'a fait l'effet d'avoir amariné le second et de s'être déguisé afin de le tromper plus facilement.

— A moins que ce déguisement n'ait été fait que pour donner le change aux autres navires qu'il pourrait rencontrer? dit Ivon Lebris.

— Cela se pourrait bien tout de même, monsieur...

— Quelle apparence avait le navire que vous suspectez, maître Legoff?

— Vilaine apparence! capitaine : un grand polisson de brick, les mâts outrageusement rejetés en arrière, la coque peinte en noir, et ayant sous le beaupré une figure de femme les cheveux ébouriffés, la bouche ouverte et tenant une torche de la main droite.

— N'avez-vous rien reconnu d'insolite dans sa nature? demanda M. Maraval qui s'était rapproché et écoutait attentivement.

— Si bien, monsieur, répondit le contre-maître en saluant et faisant jouer sa chique de gauche à droite, j'allais y arriver: j'ai remarqué non-seulement que son gréement était dans le plus grand désordre, mais encore que son grand mât était jumelé grossièrement un peu au-dessous des gambes, autrement dit échelles de revers, presque à toucher le trélingage.

— C'est cela même, dit M. Maraval en hochant la tête.

— Hein ? fit le maître d'équipage.

— Que voulez-vous dire, mon cher Jose? demanda le capitaine.

— Tout simplement ceci, mon ami, reprit M. Maraval : ce brick se nomme la *Chimère*, c'est un pirate.

— Un pirate !

— Oui ! Il y a sept mois que, pour la première fois, il a été signalé ; il rôde sur les côtes d'Angleterre, de France et de Portugal, et s'empare de tous les bâtiments qu'il rencontre, sans distinction de pavillon.

— Êtes-vous bien certain de ce que vous me dites là, mon ami ?

— Positivement, mon cher Olivier. Ce pirate a été signalé à toutes les chancelleries ; c'est ce qui me l'a fait reconnaître ; il porte seize canons de trente, a un équipage formidable composé de bandits de toutes les nations, mais principalement d'Allemands et de Norvégiens ; son capitaine est, dit-on, un Français, ancien officier dans la marine impériale, dégradé pour viol et assassinat, un crime hideux. Les excès auxquels il se livre sont épouvantables ; c'est un monstre dans toute l'acception du mot ; non-seulement il est pirate, mais encore négrier ; tout lui est bon ; seulement il n'achète pas ses noirs à la côte, il les vole sur les négriers dont il s'empare. Ce serait un immense service rendu au commerce de tous les pays que de mettre un terme aux rapines de ce misérable.

— Je vous remercie de ces renseignements, mon cher Jose, répondit en riant le capitaine ; si vous n'êtes pas trop pressé de débarquer, peut-être vous procurerai-je la satisfaction d'assister à un joli combat naval entre un loyal corsaire et un pirate.

— Pardieu ! mon ami, devrais-je ne débarquer que dans un mois, sur l'honneur ! je serais charmé d'assister à pareille fête !

— Eh bien ! soyez tranquille ! j'espère qu'avant peu vos souhaits seront accomplis.

Le capitaine Olivier convoqua alors ses officiers, ainsi que le maître d'équipage, dans la chambre du conseil ; la délibération fut courte, elle ne se prolongea pas au delà de dix minutes.

Puis, d'après ce qui avait été résolu, on s'occupa activement à faire la toilette du navire.

Ceci demande explication.

Le capitaine, ainsi que nous l'avons dit, tenait le *Hasard* comme le sont tous les bâtiments de guerre : les manœuvres s'exécutaient avec un ensemble et une célérité admirables ; son gréement, ses voiles étaient tenus avec une propreté méticuleuse qui lui donnait une allure militaire ; il battait flamme à la pomme de son grand mât, comme les navires de guerre, et, jusqu'à un certain point, il en était un. Il s'agissait de déguiser le bâtiment et de le faire extérieurement ressembler, autant que possible, à un navire charbonnier ou à l'un de ces nombreux côtiers qui rôdent de port en port, en faisant un commerce plus ou moins interlope.

Ce n'était pas chose facile à réussir.

Cependant l'équipage, averti par maître Caïman et comptant sur de magnifiques parts de prises, se mit à l'œuvre avec une ardeur décuplée par l'espoir de la réussite de ce hardi coup de main.

Toutes les voiles furent déverguées et remplacées par d'autres, sales et rapiécées; le petit mât de hune fut calé à demi-mât; on donna du mou aux galhaubans et à certains haubans, les bras ne furent pas aussi bien appuyés; des prélarts furent étendus sur les pièces de la batterie, afin de les cacher aux vigies du pirate, ainsi que la pièce à pivot de l'avant; on amarra des paillets après les étais et les manœuvres dormantes; on laissa pendre quelques bouts de filin et des fauberts le long du bord; les hommes de l'équipage reçurent l'ordre de se blottir sous les prélarts et sous le gaillard d'avant; les officiers eux-mêmes quittèrent leurs uniformes colombiens pour endosser des jaquettes et se couvrir la tête de bonnets de laine; une douzaine d'hommes seulement restèrent en vue sur le pont; bref, on prit toutes les précautions usitées en pareil cas; la besogne fut si rudement menée, qu'en moins de trois quarts d'heure le *Hasard* fut si bien déguisé, que son capitaine lui-même, s'il l'avait vu du dehors, ne l'aurait pas reconnu.

Il était, du reste, temps que cette singulière toilette se terminât : dix minutes plus tard, le brouillard se leva comme un rideau de théâtre, démasquant un horizon immense.

Le navire marchait lentement, avec une nonchalance apparente; il faisait de fréquentes embardées de tribord sur bâbord, et *vice versa*, comme un bâtiment peu surveillé et monté par un équipage paresseux ou incapable.

Un matelot était occupé à *fourrer* un des haubans de hune et à rétablir des enfléchures démarrées tout exprès; ce matelot était Ivon Lebris, le second du corsaire, qui, tout en paraissant occupé d'une besogne imaginaire, interrogeait attentivement l'horizon dans toutes les directions.

Il va sans dire que le branle-bas de combat avait été fait en sourdine et que tout était prêt à bord du *Hasard*, pour l'attaque comme pour la défense.

Plusieurs voiles, différemment orientées, selon la direction qu'elles suivaient, étaient en vue.

La terre n'apparaissait nulle part.

Le ciel était bleu, le soleil chaud, la brise assez forte, mais très-maniable; il faisait un temps comme les aiment les marins, temps avec lesquels les matelots n'ont presque jamais à toucher les manœuvres, où le navire, bien appuyé, suit tranquillement sa route sans fatigue.

Parmi toutes ces voiles, dont la plupart s'enfonçaient de plus en plus sous les dernières lignes de l'horizon, Ivon Lebris, toujours dans la mâture, en aperçut enfin deux : un brick-goëlette et un trois-mâts pieu, d'environ sept cents tonneaux, semblant marcher de conserve, à demi-portée de canon l'un de l'autre.

La goëlette avait le trois-mâts sous le vent et semblait attentivement le surveiller.

Il suffit d'un coup d'œil à Ivon Lebris pour reconnaître le pirate signalé par maître Caïman et si complétement décrit par M. Maraval.

Les deux bâtiments, ainsi que l'avait annoncé le maître d'équipage, avaient le cap en avant du *Hasard* et gouvernaient de façon à passer sous son beaupré.

Ivon prévint aussitôt le capitaine de sa découverte.

Les deux bâtiments étaient encore beaucoup trop éloignés pour que du pont du navire on les distinguât nettement.

Le capitaine prit une longue-vue en bandoulière et s'élança dans les haubans; deux minutes plus tard, il était auprès de son matelot.

Les deux navires étaient loin, cependant ils se rapprochaient assez rapidement; on voyait leurs gréements se découper comme des toiles d'araignées gigantesques sur l'azur du ciel.

Le capitaine, après avoir pendant quelques instants examiné les deux navires avec la plus sérieuse attention, et s'être bien rendu compte de leurs mouvements, redescendit sur le pont, laissant le second seul en vigie.

Pendant plus d'une heure encore, les choses demeurèrent en cet état, sauf que les trois bâtiments continuaient à se rapprocher les uns des autres.

Cependant, à un certain moment, il y eut un échange rapide de signaux entre la goëlette et le trois-mâts, signaux à la suite desquels le trois-mâts mit en panne, tandis que la goëlette, au contraire, se couvrit de toile en quelques secondes et continua à s'avancer, résolûment le cap sur le *Hasard*.

— Attention! dit Olivier d'une voix haute et fièrement accentuée.

Ce seul mot, dont la signification fut aussitôt comprise, fit courir un frisson d'impatience parmi tout l'équipage; il signifiait que le moment définitif n'allait pas tarder à arriver.

Lorsque la goëlette fut enfin venue à portée de voix, elle lofa légèrement, et hissa le pavillon anglais en l'appuyant d'un coup de canon tiré à poudre, du côté du large.

Olivier fit signe au chef de timonerie de hisser à la corne un pavillon espagnol préparé à l'avance.

La distance diminuait rapidement entre les deux navires.

Un homme parut sur l'arrière de la goëlette, et, portant à ses lèvres un porte-voix qu'il tenait à la main, il cria d'une voix rauque :

— Oh! du navire, oh?

— Holà? répondit aussitôt le capitaine.

— Quel est ce navire? reprit l'inconnu.

— Le *Hasard*.

— D'où vient-il?

— De Cadix.

— Quel est le nom du capitaine?

— Don Carlos del Castillo.

— De quoi est rempli ce navire? Où va-t-il?

— Il est chargé d'oranges et de vins! il se rend à Southampton. Et la goëlette?

— Je n'entends pas, dit l'inconnu d'une voix railleuse; mettez une embarcation à la mer, avec le capitaine dedans.

— Vous dites? répondit Olivier d'un ton goguenard.

— Je vous dis d'envoyer une embarcation à bord, avec le capitaine dedans!

— Hein? faites attention, vous allez engager votre beaupré dans mes sous-gardes.

— Il n'y a pas de danger, reprit l'inconnu de plus en plus railleur.

Les deux bâtiments n'étaient plus qu'à demi-portée de pistolet, au plus, l'un de l'autre.

Tout en hélant le *Hasard*, le capitaine de la goëlette était arrivé de deux quarts, de sorte que sa marche était devenue perpendiculaire à celle du brick-goëlette.

— Prenez garde! cria une seconde fois le capitaine.

— Bon! laissez faire! répondit en riant le capitaine de la goëlette, et s'adressant à son équipage, encore invisible : Soyez parés, garçons! ajouta-t-il.

— Laisse arriver! cria Olivier d'une voix de stentor.

Le brick-goëlette décrivit aussitôt une courbe gracieuse.

— Mille démons! s'écria le pirate avec fureur; amène cette loque, timonier, et, jetant son porte-voix loin de lui, montre notre pavillon à ce gavacho! ajouta-t-il.

Le pavillon anglais fut aussitôt amené, et remplacé par un pavillon rouge, timbré d'un croissant blanc au milieu; le pirate arborait audacieusement ses couleurs.

— Tous aux pièces! des hommes en haut avec des grenades et des fusils! rugit le pirate.

— Ah! brigand! ajouta-t-il après un instant en grinçant des dents avec rage, il m'a joué comme un enfant! C'est un marchand de boulets! Alerte! alerte! feu partout! feu!

Mais il était trop tard!

Le pirate, trompé par les allures pacifiques du brick-goëlette, s'était cru assuré de l'enlever sans coup férir et simplement en l'effrayant; ses pièces n'étaient pas en état de faire feu, bien que chargées; elles étaient amarrées en *vache*, un peu en arrière, et les sabords étaient fermés : il fallait au moins dix minutes pour que tout fût prêt pour le combat!

Ces dix minutes, le pirate ne les eut pas!

Le *Hasard* avait fait son abatée, et se trouvait marcher bord à bord avec la *Chimère*. Le pavillon espagnol disparut, remplacé par le pavillon colombien à l'arrière, et la flamme à la pomme du grand mât.

— Attention! cria Olivier.

La bande qui couvrait la batterie tomba comme par enchantement.

— Feu! cria le capitaine.

Les sept caronades, chargées à mitraille, partirent à la fois, ainsi que le canon à pivot chargé d'un boulet ramé.

L'effet de cette décharge faite à bout portant fut effroyable!

— Lofez! ordonna le capitaine en courant sur l'avant; lancez les grapins! le pirate est à nous!

Et armé d'une hache d'abordage, le capitaine se rua sur le pont de la goëlette, suivi d'une centaine de démons qui bondissaient derrière lui, en hurlant et brandissant leurs armes.

La goëlette avait été rasée comme un ponton par la décharge du *Hasard*; le pont était couvert de cadavres et inondé de sang; le capitaine et les matelots encore en état de combattre s'étaient réfugiés à l'arrière, résolus à vendre chèrement leur vie.

On voyait les pirates, dont les traits étaient horriblement contractés par la rage, noirs de poudre et couverts de sang, brandissant leurs armes et défiant leurs ennemis avec d'horribles blasphèmes et d'ignobles injures, groupés derrière l'habitacle avec leur capitaine au milieu d'eux.

Olivier ne se souciait que très-médiocrement de risquer la vie de ses braves matelots contre ces brutes, ivres de sang et de vin.

Il fit couper les amarres de deux pièces de canon, et, s'assurant qu'elles étaient chargées à mitraille, il les fit braquer sur l'arrière.

Cela fait, il s'avança d'un pas hors des rangs de son équipage, et, s'adressant aux pirates :

— Rendez-vous, dit-il, toute résistance est inutile ; rendez-vous, par pitié pour vous-mêmes !

— Tiens ! voici ma réponse ! hurla le capitaine de la *Chimère*.

Et arrachant un pistolet de sa ceinture, il lâcha la détente.

La balle, mal dirigée, manqua son but, mais elle blessa légèrement à l'épaule un matelot du *Hasard* derrière son capitaine.

— En avant ! cria le pirate.

— En avant ! répétèrent les bandits en s'élançant les armes hautes.

— Feu ! commanda froidement Olivier !

La double décharge éclata.

Quinze ou vingt pas à peine séparaient les deux troupes ennemies. L'effet de la mitraille fut horrible.

— En avant et pas de quartier ! cria Olivier exaspéré.

Et, le premier de tous, il s'élança.

— En avant et pas de quartier ! répétèrent les corsaires en se précipitant à sa suite.

Un silence funèbre avait subitement suivi les bruits de la double explosion ; la fumée, en se dissipant, démasqua le champ de bataille ; de tant d'hommes pleins de vie un instant auparavant, il ne restait plus que des cadavres affreusement mutilés, gisants dans un lac de sang, entassés pêle-mêle dans un effroyable désordre.

Les dalots de la *Chimère* avaient été bouchés, selon la coutume, avant le combat : le sang n'avait par conséquent pas pu s'écouler à la mer ; les corsaires avaient donc combattu dans le sang jusqu'à mi-jambe, ce qui ajoutait encore à l'horreur indicible de ce hideux spectacle.

— Que leur sang retombe sur leurs têtes ! dit Olivier : ils ont refusé quartier. Fouillez le navire, mais que personne ne frappe un coup de plus ! Le navire est à nous, le combat terminé ! Range à parer la *Chimère !*

Chacun se partagea alors le travail.

Tandis qu'une partie de l'équipage rentrait à bord du *Hasard* et s'occupait à dégager le corsaire — ce qui ne fut pas difficile — les autres, sous les ordres du premier lieutenant nommé capitaine de la prise, se mettaient, avec cette fiévreuse activité particulière aux marins, à débarrasser le pont des agrès qui l'encombraient et à gréer des mâts de fortune. En même temps que quelques hommes jetaient à la mer les cadavres des pirates et lavaient le pont, entre temps un quartier-maître, accompagné de cinq ou six matelots bien armés, visitait minutieusement l'intérieur de la *Chimère*.

Cette recherche, habilement conduite, amena

la découverte d'une quinzaine d'hommes blottis dans la cale et dans les soutes, où ils s'étaient réfugiés à demi morts de peur.

Ils furent immédiatement mis aux fers par les deux pieds et placés sous la garde d'une sentinelle.

Ces quinze misérables appartenaient à toutes les nationalités du globe ; c'était tout ce qui survivait d'un équipage de deux cent quarante hommes !

Les pertes de l'équipage du *Hasard* avaient été insignifiantes, en comparaison : il y avait eu trois hommes tués et seize légèrement blessés.

Ce qui prouvait que, bien que surpris, les pirates s'étaient vigoureusement défendus ; le combat, de la première bordée à la dernière, n'avait pas duré plus de dix minutes.

Le pavillon colombien fut hissé au dessus du pavillon renversé du pirate.

Le trois-mâts, demeuré en panne à deux ou trois encablures, comme nous l'avons dit, avait suivi attentivement les péripéties du combat. Dès qu'il s'était aperçu de la prise de la *Chimère*, il avait orienté ses voiles et avait pris chasse.

Mais le capitaine du *Hasard* n'était pas homme à le laisser échapper ; abandonnant aussitôt sa prise au premier lieutenant, il avait couvert son navire de toile et avait mis le cap sur le trois-mâts.

Celui-ci reconnut tout de suite qu'il avait affaire à un trop fin voilier pour que la fuite lui fût possible ; bientôt une certaine hésitation se fit voir dans ses manœuvres.

— Les pirates abandonnent le trois-mâts ! s'écria Lebris : ils ont mis une embarcation à la mer.

En effet, on reconnut bientôt que Lebris ne se

trompait pas ; on aperçut un canot chargé de monde et faisant force de rames pour s'éloigner du bâtiment chassé.

Olivier ordonna aussitôt de brasser carré le grand hunier et de carguer la grand'voile, afin de mettre en panne ; puis deux baleinières furent descendues à l'eau avec chacune son équipage de quinze hommes, bien armés, placés sous le commandement du deuxième lieutenant. Sur l'ordre du capitaine, les deux baleinières se dirigèrent vers le navire abandonné.

Le *Hasard* reprit alors sa route, mais en mettant le cap sur le canot étranger.

Sur l'ordre d'Olivier, Ivon Lebris pointa lui-même le canon à pivot, et un boulet passant par-dessus les fugitifs vint tomber à deux brasses en avant d'eux.

Ceux-ci comprirent alors qu'un second boulet les coulerait, et comme, en somme, si misérables qu'ils fussent, ils tenaient à la vie, ils laissèrent arriver, et, dix minutes plus tard, ils se trouvèrent sous la hanche de tribord du corsaire.

Ils saisirent l'amarre qu'on leur jeta, et ils montèrent à bord la tête basse.

Ils étaient au nombre de vingt.

Après avoir été minutieusement visité, le canot fut amarré à l'arrière du corsaire.

Les vingt pirates allèrent rejoindre aux fers ceux de leurs camarades arrêtés avant eux.

CHAPITRE IX.

COMMENT ON RENCONTRE SES AMIS AU MOMENT OU ON Y SONGE LE MOINS

Ces vingt hommes, parmi lesquels se trouvaient deux officiers, composaient l'équipage de prise mis par le pirate sur le trois-mâts, après s'en être emparé.

Maître Caïman ne s'était trompé qu'à demi en supposant ce navire espagnol; en effet, il avait été construit sur les chantiers si longtemps célèbres du Ferrol, le premier port de construction de l'Espagne; après avoir fait deux ou trois voyages aux Indes orientales, le trois-mâts avait été acheté par un armateur de la ville hanséatique de Hambourg, et dénationalisé pour naviguer sous le pavillon de la *Hanse*.

La *Chimère*, depuis douze jours qu'elle avait audacieusement établi sa croisière à l'entrée de la Manche, s'était emparée de huit bâtiments, anglais, français, danois et russes. Ces navires, après avoir été pillés, avaient été sabordés et coulés.

Les équipages de ces navires avaient été, depuis deux ou trois heures, transportés à bord du trois-mâts que la *Chimère* avait enlevé par surprise, un peu avant le lever du soleil, ce jour même; les prisonniers avaient été mis aux fers, ainsi que l'équipage de la nouvelle prise, en attendant que le capitaine pirate eût décidé de leur sort.

D'après les aveux du capitaine de prise capturé par le corsaire pendant qu'il essayait de fuir dans un canot, il ne fallait pas attribuer à un sentiment quelconque d'humanité l'apparente clémence du capitaine pirate envers ses prisonniers. Ce pirate n'était pas seulement un scélérat complet, c'était encore et surtout un homme pratique. Voici comment il procédait :

Lorsque ses déprédations lui avaient produit un nombre assez considérable de prisonniers, et que ces prisonniers commençaient à le gêner, il les réunissait tous sur un même navire ; et après les avoir solidement garrottés, afin d'éviter toute velléité de révolte, il mettait le cap sur la côte d'Afrique, et, arrivé à Fez ou dans tout autre port barbaresque, il vendait lesdits prisonniers comme esclaves aux Arabes, ce qui lui rapportait un bien autre bénéfice que de les tuer ; puis il recommençait une nouvelle croisière.

Le pirate avait donc fait transporter ses prisonniers sur le trois-mâts, tout simplement parce que le soir même il comptait partir avec eux pour l'Afrique, où il espérait les vendre.

Ce projet était d'autant plus odieux, que parmi ces malheureux se trouvaient des femmes et des enfants, passagers sur les bâtiments capturés.

Ces renseignements obtenus, le capitaine Olivier mit aussitôt le cap sur la *Yung-Frau,* tel était le nom du trois-mâts.

Les matelots du *Hasard* étaient radieux : l'enlèvement mains sur mains du pirate, comme ils disaient, était pour eux une excellente aubaine ;

si cela continuait ainsi, ils étaient en passe de devenir tous millionnaires ; aussi ils élevaient aux nues l'habileté et surtout le courage de leur capitaine ; ils le connaissaient maintenant ; ils savaient ce dont il était capable, et ils étaient heureux de servir sous un tel chef.

Le premier soin du capitaine, après avoir fait ensevelir et déposer les morts dans une chapelle ardente, en attendant leur inhumation dans le cimetière catholique de Southampton, fut de rendre visite aux blessés couchés à l'avant, dans l'hôpital.

Là, il fut reçu par le major Arrault, son aide, et ses infirmiers. Olivier s'assura que les blessures de ces braves gens étaient légères, que dans quelques jours ils seraient en état de reprendre leur service ; puis il se retira après leur avoir adressé quelques mots de consolation, ce qui porta au comble la joie des dignes marins, Bretons pour la plupart, fort religieux, et que la pensée de faire reposer en terre sainte leurs camarades morts avait remplis de reconnaissance pour leur capitaine.

Ce devoir accompli, tandis que Lebris et maître Caïman faisaient tout rétablir à bord dans son état primitif, Olivier se retira dans sa cabine, afin de faire disparaître, en changeant de vêtements, les traces sanglantes laissées par le combat sur sa personne.

Dix minutes plus tard, il remonta sur le pont, où il rencontra M. Maraval, causant, le cigare aux lèvres, avec notre ami Ivon Lebris.

Les deux hommes se frottaient joyeusement les mains.

— Eh bien! quoi de nouveau? leur demanda Olivier d'un ton de bonne humeur.

— Ah! ah! vous voilà, grand vainqueur? lui dit en riant M. Maraval. Caramba! comme vous en décousez! c'est affaire à vous, mon ami; vous nagez dans le feu comme une salamandre, vous semblez avoir une vocation toute particulière pour tuer des pirates.

— Mais, répondit Olivier sur le même ton, il me semble que vous allez pas mal, vous aussi, mon ami, pour quelqu'un qui n'en fait pas son métier?

— Oh! moi, j'étais là simplement en amateur, répondit-il toujours riant; je faisais de mon mieux.

— Vous alliez très-bien, sur ma foi! Je vous ai constamment vu à mes côtés pendant la bataille.

— Dame! vous savez, une fois qu'on y est, on finit par faire comme les autres.

— Vous pouvez vous flatter maintenant d'avoir vu un combat naval.

— Je suis très-content d'avoir vu cela; c'est fort intéressant, fort pittoresque; mais maintenant que ma curiosité est satisfaite, je m'en tiendrai là: on ne doit abuser de rien, même des meilleures choses.

Les trois hommes se mirent à rire.

— Nous n'avons pas d'avaries, Ivon? demanda le capitaine.

— Non, matelot; quelques manœuvres courantes coupées, voilà tout; l'attaque a été trop brusque, et l'affaire trop vivement menée, pour que les bandits aient eu le temps de nous faire du mal.

— Quelles sont vos intentions à propos des misérables dont vous vous êtes emparé ?

— Nous sommes trop près des côtes pour qu'il me soit permis de leur infliger moi-même le châtiment qu'ils ont si bien mérité, quoique je n'encourrais aucuns reproches si je jugeais à propos de disposer d'eux : je suis maître à mon bord, et je les ai pris en flagrant délit ; mais je préfère ne pas assumer sur moi une responsabilité toujours pénible. Tuer ses ennemis en combattant, rien de plus simple : on se défend, on tue pour ne pas être tué ; mais tuer de sang-froid, tranquillement, c'est ce dont je ne me sens pas capable, cela me répugne.

— A la bonne heure ! mon ami, je vous approuve ; mais alors...

— A notre arrivée à Southampton, je mettrai ces misérables entre les mains de la justice anglaise.

— Fort bien ; à quoi supposez-vous qu'ils seront condamnés ?

— Oh ! leur affaire est claire : ils seront jugés, condamnés et pendus dans les vingt-quatre heures.

— Comment ! pendus ainsi, dans les vingt-quatre heures ?

— Mon Dieu oui, mon ami. John Bull ne plaisante pas avec les pirates ; il se prétend le seul maître sur l'Océan ; il ne souffre aucune concurrence, d'où qu'elle vienne, ajouta-t-il en riant.

— Voici la goëlette ! s'écria Ivon ; pardieu ! maître Lebègue n'a pas perdu de temps, sur ma foi ! Pourtant il y avait une rude besogne pour la remettre en état.

— Maître Lebègue est un vrai matelot, dit Olivier tout en examinant la goëlette, il n'y a rien à critiquer ; les mâts de fortune sont installés selon toutes les règles. Le diable m'emporte si la goëlette ainsi gréée n'est pas en état de traverser tout l'Atlantique !

— C'est admirablement établi, dit Ivon ; marche-t-elle la gaillarde ! elle est presque dans notre sillage ; c'est un joli morceau de bois : ces démons de pirates savent choisir ce qu'il leur faut !

— Ils ressemblent en cela aux corsaires, dit en riant M. Maraval : le *Hasard* est un assez beau bâtiment, lui aussi !

— C'est un véritable joyau ! ce qui n'empêche pas cette goëlette d'être très-bien accastillée.

— Mettez sur le mât, monsieur ! dit le capitaine à l'officier de quart.

Le sifflet de maître Caïman appela aussitôt les hommes de quart à la manœuvre.

Le *Hasard* devint aussitôt immobile.

Le capitaine se promenait sur le pont d'un air pensif.

Vingt minutes s'écoulèrent, après lesquelles on aperçut, à une courte distance, la goëlette qui s'avançait majestueusement.

Arrivée à portée de voix, elle mit en panne.

— Capitaine, la goëlette est sous le vent ; elle attend les ordres ? dit maître Caïman.

— C'est bien, répondit Olivier.

Il se dirigea vers son banc de quart, sur lequel il monta.

— Ohé ! de la *Chimère !* cria-t-il.

— Holà ! répondit maître Lebègue en saluant respectueusement son chef.

— Avez-vous de grosses avaries à bord ?

— Les lisses et les préceintes ont beaucoup souffert par notre première décharge, capitaine ; le gaillard d'arrière est très-maltraité ; mais tout cela n'est rien ; la coque est intacte ; le gréement est haché ; j'ai dû installer la mâture en *pagaie*, comme vous le voyez.

— Votre installation est un chef-d'œuvre, maître Lebègue ; vous vous êtes très-bien tiré de ce travail difficile. Ainsi le navire est bon et peut atteindre le port ?

— Même par un gros temps, capitaine, j'en ferais mon affaire ; ce serait un meurtre de l'abandonner.

— Très-bien. Je compte sur vous ; d'ailleurs, nous naviguerons de conserve et la côte est proche ; nous n'avons donc rien à redouter. Avez-vous trouvé des pirates vivants à bord ?

— Une quinzaine, capitaine, à demi morts de peur ; ils sont aux fers dans la cale.

— Tenez-les prêts à embarquer, je vais les envoyer prendre ; et, se tournant vers l'officier de quart : Vous avez entendu, monsieur ? lui dit-il.

— Oui, capitaine, répondit l'officier en saluant.

Une baleinière fut aussitôt mise à la mer et dirigea vers la goëlette.

Le capitaine Olivier continua :

— Avez-vous trouvé des papiers ?

— Je n'ai pas voulu, sans votre autorisation, capitaine, visiter la cabine du capitaine pirate ; j'ai fermé à clé les meubles et la porte.

— Vous avez eu raison d'agir ainsi ; le navire est-il richement chargé ?

— C'est une mine d'or, capitaine ! s'écria-t-il avec enthousiasme.

Un frisson de joie parcourut les rangs des matelots rassemblés sur les passavants, et qui écoutaient attentivement cette conversation, faite à travers l'espace.

— C'est bien, maître, répondit Olivier ; continuez à vous tenir dans mon sillage.

— Oui, capitaine.

La baleinière revenait à bord, amenant les prisonniers ; ceux-ci furent mis aux fers auprès de leurs anciens compagnons ; puis, l'embarcation hissée sur ses pistolets, le *Hasard* éventa ses voiles et reprit sa marche, suivi à demi-portée de canon par la *Chimère*.

Nous avons dit que le capitaine Olivier avait expédié deux baleinières portant trente hommes armés, commandés par M. Mauclère, le deuxième lieutenant du *Hasard*, avec ordre de s'assurer du trois-mâts la *Yung-Frau*.

Cet ordre avait été ponctuellement exécuté ; M. Mauclère, bien que jeune d'âge, était déjà un vieux marin, sachant sur le bout du doigt ce qu'il avait à faire.

Il s'approcha avec prudence du navire suspect, gouvernant de façon à ne s'exposer que le moins possible aux boulets et aux balles qu'on tenterait de lui adresser : le trois-mâts portait six petits canons, dont on voyait les gueules s'avancer menaçantes en dehors des sabords percés sur la lisse du pont.

Les deux baleinières se séparèrent et manœuvrèrent de manière à accoster le navire à la fois par tribord et par bâbord.

Mais bientôt M. Mauclère s'aperçut que le trois-mâts embardait considérablement d'un bord sur l'autre, puis roulait sur lui-même, ses voiles faséiaient ; en somme, il semblait ne pas gouverner du tout, car parfois toutes ses voiles étaient masquées.

La situation du navire devenait critique ; sa mâture menaçait de se rompre, dans un coup de tangage qui ferait masquer en grand toute la voilure : il fallait monter à bord au plus vite, afin d'éviter un irréparable malheur, car il était évident que le navire était abandonné, ou que, pour des raisons inconnues, on le laissait sans direction.

Les baleinières firent le tour du navire ; elles hélèrent l'équipage, sans qu'il leur fût répondu, et elles s'assurèrent avec dépit qu'il ne pendait aucun bout de corde auquel on pût s'accrocher pour se ranger le long des flancs du navire et monter à bord.

M. Mauclère se mordait les lèvres avec une colère sourde, et se demandait comment il parviendrait à s'élancer sur le pont de cet inabordable bâtiment, lorsque tout à coup il se frappa joyeusement le front en s'écriant :

— J'ai trouvé !

Le digne marin, comme tous les frères de la côte de cette époque, avait eu une existence assez aventureuse, et avait fait à peu près toutes les navigations, même les plus excentriques; entre autres, il avait été baleinier et pêcheur de veaux marins ; le moyen qui lui revint subitement à la pensée, et qu'il mit aussitôt à exécution, se rattachait à ces deux derniers métiers : il s'agissait simplement, pour lui, de harponner le trois-mâts, comme jadis il harponnait les baleines.

A la vérité, le harpon manquait, mais il y avait

une gaffe; le lieutenant Mauclère s'en empara, l'amarra solidement à un bout de filin gros comme le petit doigt, tordu en neuf, serré et d'environ vingt brasses, servant à amarrer la pirogue à terre; cela fait, il passa à l'avant de la légère embarcation, se laissa dériver jusqu'à ce que le navire l'eût laissé en arrière, puis, brandissant sa gaffe, il la lança avec force dans les porte-haubans du mât d'artimon.

Le coup fut bien mesuré et dirigé avec une précision telle, que la gaffe fila tout droit entre les porte-haubans et la muraille du navire, et vint au delà retomber à la mer, où elle fut facilement saisie et ramenée à bord de la baleinière, au moyen d'un long croc; le reste ne fut plus qu'un jeu d'enfants; la gaffe démarrée, quatre ou cinq matelots se *pomoyèrent* sur le bout du filin, grimpèrent dans les porte-haubans, et de là sautèrent sur le pont, qu'ils trouvèrent complétement désert.

Le premier soin du lieutenant fut de mettre un homme à la barre, puis des amarres furent lancées aux deux baleinières, dont les équipages furent à bord en un instant.

Bien que le pont de la *Yung-Frau* fût désert, tout y était dans un ordre parfait; on n'apercevait aucune trace de lutte; cependant les panneaux étaient fermés; quand on essaya de les ouvrir, on s'aperçut qu'ils étaient cloués.

Les matelots s'armèrent de pinces et de leviers; en quelques minutes les clous furent arrachés et les panneaux ouverts.

Le lieutenant se pencha aussitôt sur le *longis* du panneau de l'arrière, un pistolet armé dans chaque main, et il cria d'une voix forte:

— Holà! y a-t-il quelqu'un en bas? Nous sommes en force ; répondez, ou nous faisons feu!

Des cris confus, ressemblant à des lamentations et à des prières, s'élevèrent alors des profondeurs du navire.

— Ah! dit le lieutenant en se grattant la tête, qu'avons-nous donc là ? il faut voir!

Et, après avoir donné la route au timonier, et laissé sept ou huit hommes sur le pont, afin de veiller à la manœuvre en cas de besoin, le lieutenant se mit résolûment à la tête des autres et descendit dans l'entrepont.

Là un spectacle étrange et véritablement navrant s'offrit à ses regards: à tribord et à bâbord, étendus sur le plancher, les uns auprès des autres, se trouvaient une centaine d'hommes, étroitement garrottés et bâillonnés ; sur l'avant et sur l'arrière, plusieurs femmes et enfants étaient étendus dans des conditions aussi barbares; seuls quelques enfants, de sept à huit ans, n'avaient pas été bâillonnés, bien qu'ils fussent aussi cruellement garrottés : peut-être leurs bourreaux, pressés de s'échapper, n'avaient-ils pas eu le temps de leur appliquer les bâillons ; tous les prisonniers, sans exception, avaient en sus les fers aux pieds.

C'étaient les enfants qui avaient crié et appelé au secours !

Le lieutenant se hâta de rendre la liberté à ces malheureux ; la plupart, surtout les femmes, avaient perdu connaissance faute d'air ; deux femmes et un homme étaient presque étouffés ; on eut beaucoup de peine à les rappeler à la vie.

Les liens avaient été si cruellement serrés, qu'il s'écoula un laps de temps considérable avant que ces infortunés pussent reprendre complétement possession d'eux-mêmes, ou seulement se remettre et se tenir debout.

Cependant, grâce aux soins intelligents et affectueux de l'officier corsaire, ils reprirent enfin assez de forces pour exprimer leur reconnaissance à leurs généreux libérateurs.

Ceux-ci éprouvaient une joie sincère de voir les bons résultats de leurs soins.

— Messieurs, dit le lieutenant lorsque les ex-prisonniers furent en état de le comprendre, vous êtes libres ; grâce à Dieu, nous nous sommes emparés du bâtiment du pirate ; je prie le capitaine de ce navire de se faire connaître.

— C'est moi, monsieur, répondit un homme d'une cinquantaine d'années et aux traits affables, en saluant.

— Veuillez, je vous prie, monsieur, reprendre avec votre équipage la direction de votre navire. Nous nous rendons à Southampton, où probablement vos dépositions seront nécessaires. Je prie les capitaines ici présents de prêter leur concours à leur collègue. Du reste, mon capitaine ne tardera pas à venir à bord de ce navire ; il vous fera connaître lui-même ses intentions amicales. En attendant, j'engage les dames à se retirer dans les cabines, qui toutes sont à leur disposition, pour se reposer de si cruelles souffrances et reprendre des forces. Capitaine, ajouta-t-il en s'adressant au commandant du trois-mâts, ces soins hospitaliers vous regardent.

— Les rafraîchissements, dont nous avons tous besoin, vont être immédiatement servis dans la grand'chambre, répondit le capitaine.

Cet officier, fort digne homme et excellent marin, se nommait Pierre Jeansens.

Le lieutenant Mauclère remonta sur le pont, où, excepté les dames et les enfants, presque tous les marins et les passagers s'empressèrent de le suivre.

Le capitaine Jeansens ne se sentait pas de joie d'avoir si providentiellement recouvré son navire, quand il s'attendait à chaque instant à être mis à mort par les pirates par lesquels il s'était si malencontreusement laissé prendre.

Les matelots de la *Yung-Frau* avaient gaiement repris leur service ; l'équipage se composait de trente-cinq hommes, tout compris. Les rafraichissements promis furent préparés en un instant, et les prisonniers, à demi mourants de faim pour la plupart, se mirent activement à réparer leurs forces.

Le capitaine Jeansens, laissant à son second le soin de faire les honneurs de la grand'chambre, était resté près du lieutenant du corsaire, qu'il accablait de questions, auxquelles celui-ci satisfaisait avec la plus grande obligeance.

Ainsi que nous l'avons dit plus haut, le trois-mâts avait été surpris par les pirates un peu avant le lever du soleil, pendant le sommeil de l'équipage ; celui-ci, supposant n'avoir rien à redouter dans des parages aussi fréquentés, se gardait mal, ou, pour être vrai, ne se gardait pas du tout.

Aussitôt le bâtiment capturé, équipage et passagers garrottés, bâillonnés et mis aux fers, les pirates avaient fait transporter à bord soixante-dix ou quatre-vingts prisonniers qui encombraient son navire et le gênaient fort. Ces prisonniers avaient été étendus dans le faux-pont, puis, quelques heures plus tard, il y avait eu un grand remue-ménage à bord ; on avait entendu des coups de canon, puis les panneaux avaient été cloués ; tout bruit avait cessé à bord, et les malheureux prisonniers étaient demeurés abandonnés, en proie à la plus horrible anxiété et sans avoir même la faculté de se communiquer leurs craintes ou leurs espérances.

Quand ils avaient entendu déclouer les panneaux, ils s'étaient sentis saisis de peur, supposant que leurs bourreaux, mettant leurs menaces à exécution, venaient les massacrer.

La situation des dames surtout était affreuse : par quelques mots échappés aux pirates, et les regards que ces misérables jetaient sur elles, les infortunées se voyaient destinées à devenir la proie des bandits, et ainsi menacées d'un supplice cent fois plus affreux que la mort.

En ce moment un signal apparut à la pomme du grand mât du *Hasard*.

— Faites mettre sur le mât, dit M. Mauclère au capitaine Jeansens, mon capitaine se propose de venir à votre bord.

Le capitaine fit aussitôt carguer la grand'voile, brasser le grand hunier au vent en mettant la barre dessous et carguant la misaine.

Cette manœuvre exécutée, on attendit ; bientôt on vit une baleinière se détacher du brick-goëlette et se diriger vers le trois-mâts.

Le capitaine Jeansens se hâta de donner les ordres nécessaires pour que le commandant du corsaire fût reçu à bord avec tous les honneurs dus à son grade.

Aussitôt que les prisonniers, si miraculeusement sauvés, apprirent l'arrivée prochaine du capitaine corsaire à bord du trois-mâts, ils se hâtèrent de monter sur le pont; les dames surtout s'empressèrent d'accourir: parmi ces dames, il y en avait deux, la mère et la fille, que nous présenterons au lecteur.

La mère était une femme de trente-trois ans au plus, mais elle en paraissait à peine vingt-cinq; elle était de taille moyenne, admirablement faite, belle de cette beauté suave, pour ainsi dire éthérée, particulière aux Limeniennes, qui passent avec raison pour être à la fois les femmes les plus adorablement belles, les plus séduisantes, les plus spirituelles et en même temps les plus coquettes du monde entier; ce sont, en un mot, les Parisiennes de l'Amérique.

Sa fille avait à peine quinze ans; c'était le portrait vivant de sa mère, mais plus jeune, et par conséquent plus merveilleusement beau et séduisant; les mots nous manquent pour exprimer cette morbidezza enchanteresse qui s'exhalait de toute son adorable personne : c'était une de ces créations féeriques, défiant toute description, comme en enfantent parfois les songes radieux du hachich et de l'opium et qui semblent ne pouvoir appartenir à la terre.

Près de ces deux dames se tenait un homme d'une quarantaine d'années, très-beau, lui aussi, mais dont les traits intelligents, tout en ayant une expression essentiellement sympathique, étaient légèrement froids et même hautains.

Ce personnage était le mari de la plus âgée des deux dames, et le père de la plus jeune.

Ces trois personnes se tenaient un peu en arrière des autres passagers ; elles formaient un groupe charmant, séparé des autres par une distance de trois ou quatre pas au plus.

Au moment où la baleinière débordait du *Hasard*, la jeune fille, gracieusement appuyée sur le bras de sa mère, lui disait d'une voix douce et harmonieuse, dont l'accent semblait une caresse :

— Tu verras, *mamita* chérie, que je t'ai dit vrai, et que mes pressentiments ne m'ont pas trompée.

— Chère folle ! répondit la mère en la baisant au front, il est bien loin en ce moment, sans doute ! Tu ne penses qu'à lui !

— Parce qu'il est notre ange gardien, que chaque fois qu'il nous apparaît, c'est pour nous préserver d'un malheur.

— Je suis fâchée, Dolorès, de te voir des idées aussi exaltées ; calme-toi, ma chérie. Tu n'es plus une enfant.

— C'est vrai ; je suis une jeune fille, répondit-elle en faisant une moue charmante ; j'étais bien plus heureuse quand j'étais une enfant.

— Quelle singulière idée ! Pourquoi regrettes-tu d'être une jeune fille, ma chérie ?

— Dame ! mamita, parce que je ne puis plus parler comme je le faisais, et te dire tout ce qui me passe par la tête. Je suis obligée d'être bien sérieuse, bien posée, de mesurer mes paroles, de baisser les yeux, que sais-je encore ? Cela n'est pas amusant du tout, mamita ; sans compter que maintenant tu m'empêches toujours de parler de lui ?

— Avec l'exaltation que tu y mets, chérie ? parce que cette exaltation n'est pas convenable de la part d'une jeune fille, même quand elle parle du meilleur ami de sa famille.

— Je ne connais rien à ces distinctions, mamita ; j'aime notre ami, parce que deux fois il nous a sauvés, et que, j'en ai la conviction intime, c'est à lui, à lui seul, entends-tu, mamita, que nous devrons d'avoir échappé à ces affreux pirates !

— Tu es folle, enfant, je te le répète.

— Ah ! s'écria-t-elle en battant des mains et poussant un cri de joie ; ah ! je suis folle, dis-tu, mamita ! Eh bien ! regarde !

— Don Carlos ! s'écria la dame avec stupéfaction.

— Vive Dios ! Dolorès n'en a pas le démenti : c'est lui, en effet ! Ah çà ! les pressentiments sont-ils donc vrais ? Je commence à le croire, s'écria le père au comble de l'étonnement.

Doña Dolorès s'était échappée du bras de sa mère et élancée vers la coupée comme une antilope effarouchée.

Au moment où il mettait le pied sur le trois-mâts, Olivier se sentit enlacé par deux bras charmants, tandis qu'une voix harmonieuse qui fit bondir son cœur lui disait avec une expression d'exquise reconnaissance :

— Ah ! vous voilà donc, mon grand ami ? Je le savais que, cette fois encore, nous vous devrions notre salut ! Mon cœur me l'avait dit, et le cœur ne trompe jamais !

— Dolorès ! s'écria Olivier avec une surprise ressemblant à de l'effarement ; vous ici ? est-ce possible ?

Il chancela, une pâleur livide couvrit son visage ; malgré lui sa main droite se posa sur son cœur dont les battements précipités semblaient vouloir rompre sa poitrine.

— Mon Dieu ! qu'avez-vous ? s'écria la jeune fille effrayée.

— Rien ! répondit-il d'une voix brisée en essayant de sourire ; rien, Dolorès ; la joie, le bonheur de vous revoir, quand j'étais si loin... Mais c'est fini, grâce à Dieu ! je me sens bien maintenant !

— Oh ! vous me faites peur, mon ami ! Si j'avais pensé vous causer une telle émotion..., fit-elle les yeux pleins de larmes.

— Rassurez-vous, chère enfant, je vous l'assure, je me sens très-bien. Mais votre mère ? votre père ?

— Ils sont ici avec moi. Tenez, les voilà.

En effet, en ce moment, don Diego Quiros et sa femme, que sans nul doute le lecteur a déjà reconnus, ayant réussi à se frayer un passage à travers la foule, arrivaient près du jeune homme. Il est inutile de constater que la reconnaissance fut des plus cordiales des deux parts.

Olivier, grâce à sa puissance sur lui-même, le premier moment de surprise passé, avait repris tout son sang-froid et sa liberté d'esprit ; après un échange mutuel de compliments :

— Mon cher don Diego, dit le jeune homme, nous sommes bien mal ici pour causer à notre aise ; nous avons une foule de choses à nous dire : venez passer cette journée avec moi, à mon bord, ainsi que ces dames ; vous rencontrerez, sur le *Hasard*, un ami que vous serez heureux de revoir. Est-ce entendu ?

— Pour ma part, j'accepte avec joie, dit don Diego.

— Et nous aussi! s'écria vivement doña Dolorès.

— Voilà qui est dit. Lieutenant Mauclère!

— Capitaine! répondit l'officier en s'approchant.

— Vous voudrez bien rentrer à bord, avec tout votre monde, aussitôt que ces personnes, que j'ai l'honneur de vous présenter, seront prêtes à vous accompagner sur le *Hasard*. Et se tournant vers les deux dames :

— Vous avez entendu, señoras, et vous aussi, señor don Diego Quiros? On vous attend?

— Dans cinq minutes nous serons prêtes, répondit Dolorès en riant.

Et elle s'envola légère comme un oiseau, entraînant sa mère avec elle ; Don Diego les suivit d'un pas plus calme.

Le lieutenant Mauclère fit alors son rapport au capitaine; puis il présenta le capitaine Jeansens à son chef.

Olivier assura le capitaine Jeansens que son navire lui était rendu, que désormais seul il était maître à son bord; que cependant il était indispensable qu'il le suivît à Southampton, dans son propre intérêt et dans celui des autres capitaines, si indignement dépouillés par les pirates.

Le capitaine Jeansens accueillit avec la meilleure grâce les observations du capitaine Olivier, promit de s'y conformer de tous points et regretta vivement de ne pouvoir faire davantage pour lui prouver sa reconnaissance.

Olivier se rendit ensuite dans la grand'chambre, où tous les capitaines et leurs passagers avaient été convoqués; mais, avant de descendre, il recommanda au lieutenant Mauclère de traiter la famille Quiros avec les plus grands égards, et de l'installer dans sa propre cabine.

Les capitaines étaient réunis, ils étaient au nombre de huit; les équipages assistaient à la réunion, ainsi que les passagers des huit navires capturés; les passagers et l'équipage de la *Yung-Frau* n'avaient pas été appelés à assister à cette réunion, qui, pour eux, était sans intérêt d'aucune sorte.

Olivier prit la parole; il exposa aux capitaines que leurs papiers de bord n'avaient pas été détruits; que probablement le capitaine de la *Chimère* n'avait pas encore, pressé par les circonstances, eu le temps de songer à procéder au partage de ce qui leur avait été volé.

Il termina en disant :

— Depuis qu'il a capturé vos bâtiments, le pirate n'a relâché dans aucun port, ce qui lui aurait été très-difficile de faire sur cette côte. Tout ce qui vous a été pris est donc à bord de la *Chimère*, sauf, bien entendu, vos navires, qui ont été immédiatement coulés, et d'ailleurs, fit-il en souriant, auraient été très-difficilement arrimés dans la cale du pirate. Faites chacun un état exact de ce dont vous avez été dépouillés : argent, linge, vêtements, joyaux; je vous donne ma parole d'honneur d'honnête homme que, sauf les bâtiments que je ne puis vous rendre, autant que cela dépendra de moi, et sans exiger le droit de reprise, que nul ne peut cependant me contester, je vous ferai restituer tout, ou du moins la majeure partie de ce qui vous a été si odieusement enlevé.

Cette dernière promesse, à laquelle ils étaient si loin de s'attendre, combla de joie ces pauvres gens, qui se croyaient complétement ruinés; ils prodiguèrent au capitaine du corsaire les bénédictions et les assurances de leur reconnaissance éternelle.

Olivier était assez sceptique en fait de reconnaissance : il avait de nombreuses raisons pour cela; il sourit, et, après un long et chaleureux échange de poignées de mains :

— Oubliez donc votre tristesse, messieurs, leur dit-il; tout se terminera sous deux jours à Southampton, si le temps continue à nous favoriser; jusque-là, au revoir!

Olivier remonta sur le pont, et, après avoir pris congé du capitaine Jeansens, il descendit dans sa baleinière et mit le cap sur le *Hasard*, où depuis longtemps déjà l'avait précédé la famille Quiros de Ayala.

CHAPITRE X.

COMMENT DOÑA DOLORÈS CONTRAIGNIT OLIVIER A RECONNAITRE SES TORTS.

M. Maraval se promenait sur le pont du *Hasard*; il fumait son cigare, tout en causant à bâtons rompus avec Ivon Lebris, lorsqu'en jetant machinalement un regard par dessus la lisse, il aperçut les deux baleinières commandées par M. Mauclère, et qui faisaient force de rames pour regagner le navire.

— Dieu me pardonne, s'écria-t-il riant, voici votre deuxième lieutenant qui revient à bord avec tout un chargement de cotillons !

— C'est ma foi vrai ! dit Ivon après avoir regardé à son tour; qu'est-ce que cela signifie ?

— Hum ! reprit le banquier toujours riant, M. Mauclère aura fait une prise d'une nouvelle espèce à bord du trois-mâts; prise agréable sans doute, et, de peur qu'on ne la lui enlève, il a jugé convenable de la conduire ici afin de la mieux surveiller.

— Bon ! vous plaisantez. Mon matelot est à bord du trois-mâts, il n'aurait pas souffert une telle infraction à la discipline; il y a quelque chose que nous ignorons, mais que nous saurons bientôt; il est évident, pour moi, que ces femmes, quelles qu'elles soient, sont amenées ici par l'ordre d'Olivier lui-même.

— Je pense comme vous, mon cher Ivon; du reste nous ne tarderons pas à savoir à quoi nous en tenir, car dans quelques instants elles seront à bord.

M. Maraval et Ivon Lebris s'approchèrent alors de la coupée.

En ce moment la baleinière accosta, et M. Mauclère, ôtant son chapeau, offrit respectueusement la main à l'une des dames pour l'aider à monter sur le navire.

Grande fut la surprise de M. Maraval lorsque, dans les trois personnes arrivant si à l'improviste à bord du *Hasard*, il reconnut don Diego Quiros de Ayala, doña Maria Quiros, sa femme, et doña Dolorès Quiros, leur fille.

Dans le premier moment, il se crut dupe d'une de ces ressemblances fortuites, comme parfois le hasard se plaît à en produire; mais bientôt force lui fut de se rendre à l'évidence, de s'avouer à lui-même qu'il ne se trompait pas, et que c'étaient bien ses amis qui arrivaient.

— Pardieu! murmura-t-il à part lui, voilà une singulière rencontre, et qui va désagréablement compliquer la situation de mon pauvre ami! Pourquoi diable aussi est-il si malencontreusement amoureux d'elle? N'a-t-il pas déjà assez de soucis? Le ciel confonde l'amour et les amoureux!

Tout en grommelant ainsi entre ses dents, M. Maraval s'était approché avec empressement des nouveaux venus et leur avait adressé les plus sincères compliments.

Ivon Lebris, lui aussi, avait reconnu la famille Quiros ; il l'avait accueillie avec la plus grande courtoisie, et l'avait tout d'abord installée dans l'appartement même du capitaine, où il avait fait aussitôt servir des rafraîchissements.

Puis, ce devoir hospitalier rempli, le jeune officier laissa les amis de son matelot en compagnie de M. Maraval et retourna sur le pont, où sa présence était indispensable.

Nos quatre personnages eurent alors entre eux une conversation fort intéressante. Tout d'abord, ils se félicitèrent du hasard qui les réunissait une fois encore avant une séparation fort longue, selon toutes probabilités, sinon éternelle.

Bientôt, au balancement régulier du navire, M. Maraval reconnut que le corsaire avait éventé ses voiles et remis le cap en route ; en effet, presqu'au même instant, Olivier entra dans la cabine.

— Maintenant, me voici tout à vous, dit le jeune marin en tendant la main au señor Quiros ; laissez-moi vous répéter une fois encore combien je suis heureux de vous revoir après une aussi longue séparation.

— Que vous n'avez rien fait pour abréger, monsieur, mon grand ami, dit doña Dolorès en le menaçant de son doigt rose, avec une de ces moues mutines qui la rendaient si ravissante.

— Ne me grondez pas, *niña*, reprit Olivier en souriant, c'est bien contre mon gré que je suis resté si longtemps sans vous donner de mes nouvelles.

Don Diego sourit avec bonhomie.

— A quoi bon vous excuser, mon ami, et vous préoccuper de ce qu'il plaît à cette taquine enfant.

de vous reprocher? dit-il en souriant; elle veut vous tourmenter; nous vous aimons tous, et elle plus que nous encore, peut-être; elle a une singulière affection pour vous; sans cesse elle nous parlait de son grand ami, ainsi qu'elle vous nomme.

— Oui, ajouta doña Maria en baisant tendrement le front de sa fille, cette folle enfant a une confiance si absolue en vous, mon cher don Carlos, que ce matin, lorsque les pirates se sont emparés de notre bâtiment, et que tous nous étions en proie à la plus vive terreur, elle seule à bord restait calme et souriante : elle comptait sur vous, elle vous attendait.

— Et cela à tel point, ajouta don Diego, que, lorsqu'on nous a annoncé l'arrivée à bord du trois-mâts du capitaine à qui, après Dieu, nous devions notre délivrance, elle s'est écriée : « Ce capitaine ne peut être que don Carlos; c'est lui qui nous a sauvés, j'en suis certaine, mon cœur me l'a dit! »

— Eh bien! me suis-je trompée? s'écria-t-elle en riant pour cacher la vive émotion intérieure qui la poignait; reconnaissez-vous maintenant que j'avais raison?

— Il serait possible! s'écria Olivier en pâlissant.

— C'est rigoureusement vrai, dit don Diego.

— C'est étrange ! murmura le jeune homme d'un air pensif.

— Doña Dolorès est sorcière, tout simplement, dit en riant M. Maraval; il n'y a pas à prétendre le contraire!

— Non, señor, je ne suis pas sorcière. Fi! le vilain nom que vous me donnez là!

— Mais cette prévision singulière, pour ne pas

l'appeler seconde vue, prouve..., dit M. Maraval pour la taquiner.

— Elle prouve, interrompit-elle vivement, que lorsque tout le monde oublie mon grand ami, moi je pense à lui et je me souviens : est-ce clair, cela, señor ?

— C'est limpide, señorita, répondit M. Maraval en s'inclinant avec un bon sourire. Ainsi, ajouta-t-il pour changer la conversation, qui menaçait de se mettre sur un terrain brûlant, comment se fait-il, cher don Diego, que vous vous trouviez au nombre des passagers de la *Yung-Frau?*

— En effet, dit Olivier, je vous croyais parti depuis longtemps sur un bâtiment français, d'après ce que m'avait rapporté don Jose, notre ami commun ?

— Votre dernière lettre me l'avait fait supposer, reprit celui-ci; est-ce que vous ne vous rendez pas au Callao ?

— Au contraire, c'est précisément parce que je me rends au Callao, que j'ai pris passage sur la *Yung-Frau*.

— Je n'y suis plus du tout.

— Voici l'histoire en quelques mots, c'est simple comme deux et deux font quatre. M'étant, en qualité d'Andorran, placé sous la protection française, c'eût été de ma part une grande faute de m'embarquer sur un bâtiment espagnol, qui peut-être n'aurait pas réussi à me conduire à bon port, et du premier coup m'aurait rendu suspect à peine débarqué au Callao; j'entrai donc en France; mais, excepté les contrebandiers et les corsaires, aucun bâtiment ne prend de fret pour ces parages lointains, où les questions commerciales ne sont pas encore nettement tranchées ; dans aucun port français je n'ai trouvé de bâtiment destiné soit pour le Chili, soit pour le Pérou, soit même pour Buénos-Ayres. Ce fut en lisant un journal qui traînait sur une table dans l'hôtel où j'étais descendu à Bordeaux, que je lus l'annonce alléchante suivante : « Le beau trois-mâts la *Yung-Frau*, de sept cents tonneaux, capitaine Jeansens, partira le 10 juin prochain de Hambourg pour le Callao, mers du Sud, avec escales à Rio-Janeiro, Buénos-Ayres et Valparaiso. Pour fret et passage, s'adresser à Hambourg à MM. Palmer, Belcomb et Cie, banquiers. » Nous étions au 16 mai : il me fallait traverser presque toute la France ; je n'avais pas un instant à perdre. Je mis le bienheureux journal dans ma poche, je fis mes préparatifs en toute hâte, et je partis pour Hambourg, où j'arrivai deux jours seulement avant celui désigné pour le départ ; il était temps : deux heures plus tard, je montais victorieusement sur le beau trois-mâts la *Yung-Frau*.

— Je vois que le hasard a joué un grand rôle dans toute cette affaire, dit Olivier.

— Le hasard est le pseudonyme de la Providence, mon grand ami ! c'est elle qui a tout fait, répondit en riant doña Dolorès.

— Je préfère cette intervention à celle du hasard, dit doña Maria.

— Et vous avez mille fois raison, señora, dit gaiement M. Maraval ; c'est une consolante et sainte croyance que celle qui nous place ainsi sous la surveillance immédiate de la Providence.

— Il n'en est pas moins vrai, s'écria Yvon Lebris qui était entré sur ces entrefaites, que cette fois le *Hasard* a joué le plus grand rôle dans toute cette affaire, puisque la question a été décidée par notre navire ! Sortez-vous de là, don Jose!

A cette singulière boutade du jeune homme, tous les assistants éclatèrent franchement de rire.

— Puisque vous êtes en train, cher don Diego, dit Olivier lorsque la gaieté fut un peu calmée, terminez-nous, je vous prie, le récit de vos aventures.

— Je ne demande pas mieux ; d'ailleurs, le récit que vous demandez sera court. Le trois-mâts partit au jour dit. Il y avait à bord trente-cinq hommes d'équipage et douze passagers, tous d'excellentes familles, avec lesquels nous fîmes presque aussitôt connaissance ; nous étions, nous, sept personnes, trois maîtres et quatre domestiques, vieux serviteurs de notre maison, et que vous connaissez. Notre colonie flottante se composait donc de cinquante-quatre personnes, enfants et domestiques compris. Le capitaine Jeansens est un très-bon homme, peut-être l'est-il trop ; excellent marin et fort homme du meilleur monde, nous passions le temps fort agréablement à bord ; le vent était bon, le temps magnifique ; tout enfin nous présageait une excellente traversée. La seule ombre du tableau était le relâchement de la discipline : le capitaine Jeansens est trop faible ; il ne sait pas se faire obéir par son équipage. Les quarts se font un peu à la grâce de Dieu, surtout la nuit ; souvent il m'est arrivé de monter sur le pont vers une heure du matin : excepté l'homme à demi endormi à la barre et gouvernant Dieu sait comme, le pont était désert ; tous les hommes de quart dormaient étendus sous le gaillard d'avant et dans la chaloupe. Plusieurs fois, je me permis de faire, à ce sujet, des observations au capitaine, mais ce fut toujours en pure perte; il m'écoutait, me promettait de remédier au mal, mais il ne prenait aucune mesure pour cela.

Ce matin, un peu avant le lever du soleil, nous fûmes abordés par le pirate; la surprise fut complète : déjà nous étions tous prisonniers, que nous ne nous rendions pas compte encore de ce qui se passait à bord; le navire fut si lestement enlevé, que personne n'essaya de se défendre, et qu'il n'y eut ni morts ni blessés. Les pirates nous traitèrent avec une grande barbarie; tout nous autorise à supposer qu'ils nous réservaient un sort plus affreux encore, si Dieu ne vous avait pas, mon cher capitaine, conduit si heureusement sur notre route, et permis que le pirate, complétement abusé par votre déguisement, n'eût si étourdiment donné tête baissée dans le piége tendu par vous.

— A trompeur, trompeur et demi! dit en riant doña Dolorès; je ne vous croyais pas capable d'inventer de telles ruses, mon grand ami !

— Probablement vous avez été dépouillés de tout? demanda M. Maraval.

— Ils n'ont pas eu le temps de piller le navire ; ils se sont contentés, provisoirement, de nous garrotter et de nous bâillonner de la façon la plus cruelle; mais d'après ce qu'ils se disaient entre eux, en ricanant, ils n'attendaient que la prise de votre navire pour se livrer à un pillage qui se serait terminé par une orgie horrible. Le capitaine de la *Chimère* avait l'intention de transporter ses richesses et son équipage sur le *Hasard*, son bâtiment commençant à être trop connu, et son signalement étant donné dans toutes les chancelleries ; ce changement opéré, la *Chimère* et la *Yung-Frau* se seraient rendues sur la côte d'Afrique ; les équipages et les passagers de tous les bâtiments capturés, réunis sur ces deux navires, vendus aux Bédouins, puis on aurait sabordé et coulé les deux navires ; quant aux femmes prisonnières, elles seraient devenues les victimes de ces misérables. Tels étaient, au dire des matelots, les projets atroces du capitaine des pirates, projets dont seul vous avez empêché l'exécution.

— Dieu lui fasse miséricorde ! dit Olivier ; c'était un atroce bandit, mais il a reçu le châtiment de ses crimes, et s'est fait tuer bravement sur le pont de son navire, plutôt que de se rendre. De tout son équipage il ne reste plus que trente et quelques hommes, que je remettrai aux mains de la justice anglaise ; un compte sévère de leur conduite leur sera demandé ; que Dieu ait pitié de ceux-là, car les lois anglaises contre la piraterie sont impitoyables.

— Amen, de tout mon cœur! dit don Diego, ils méditaient de nous soumettre à d'horribles tortures morales et physiques ; mais à présent que je suis à l'abri de leur férocité, je ne demande pas leur mort.

— Quand arriverons-nous à Southampton ? demanda doña Maria.

— Demain peut-être, si le vent se maintient où il est ; après-demain certainement, à moins d'événements imprévus. J'ose espérer que vous accepterez l'hospitalité à mon bord, jusqu'à notre arrivée en Angleterre?

— C'est le moins que nous puissions faire pour vous prouver notre reconnaissance, señor don Carlos, dit doña Dolorès en riant et devenant rose comme une grenade.

— Nous serons heureux, mon mari, ma fille et moi, de passer ces quelques heures en votre compagnie, ajouta doña Maria avec un charmant sourire.

— Voilà qui est convenu, dit gaiement Olivier; je mets dès ce moment cet appartement à votre disposition : vous êtes chez vous, señoras.

— Mais cet appartement est le vôtre ? objecta don Diego.

— Pardieu ! fit M. Maraval, c'est précisément pour cela qu'il vous l'offre.

— Je sais où me loger, dit Olivier; ne vous occupez pas de moi.

La conversation se prolongea pendant quelques instants encore, puis le capitaine se leva et se rendit sur le pont, laissant à M. Maraval le soin d'entretenir la compagnie.

La journée s'écoula ainsi, sans incidents dignes de remarque.

Les trois bâtiments marchaient de conserve, à portée de fusil les uns des autres.

Vers dix heures du soir, après une charmante causerie, Olivier prit congé de ses hôtes pour la nuit, et les laissa libres de se livrer au repos ; lui et M. Maraval s'étaient fait pendre des cadres dans la cabine d'Ivon Lebris, et, comme cette cabine était grande et bien aménagée, ils s'y trouvaient assez à leur aise.

Vers une heure du matin, selon son habitude de chaque nuit, le capitaine monta sur le pont.

Il faisait une de ces magnifiques nuits qui font du mois de juin l'un des plus beaux mois de nos climats du Nord; la lune descendait à l'horizon, mais ses rayons obliques imprimaient, par leur teinte d'un blanc bleuâtre, un charme indicible au paysage et mettaient un diamant à la pointe de chaque frange d'écume; la brise était forte, mais très-maniable; l'atmosphère, imprégnée des senteurs de la terre, était comme parfumée et dilatait vigoureusement les poumons.

Les personnes qui trouvent la mer monotone et l'accusent de manquer de pittoresque ne la connaissent ou ne la comprennent pas : la mer n'a point pendant dix minutes le même aspect; il y a en elle quelque chose de puissant, de grandiose et d'incompréhensible qui saisit l'âme et, malgré soi, la porte à la rêverie; elle possède un charme irrésistible, qui attire, séduit, enchaîne et la fait passionnément aimer, même dans sa fureur; elle vit, elle sent, elle entend, elle souffre et se plaint; elle parle au cœur du marin un langage que celui-ci comprend et qui l'unit à elle par un lien indissoluble. Un marin ne vit que sur la mer; loin d'elle, il souffre; s'il est contraint de la quitter, il ne s'en console pas, la nostalgie de la mer s'empare de lui et il ne tarde pas à mourir en la regrettant.

Tout était dans un ordre parfait à bord du *Hasard*; il y avait deux gabiers à la barre; l'officier de quart se tenait debout sur son banc et interrogeait l'horizon avec une lunette de nuit; un contre-maître se promenait près du grand panneau; deux pilotins étaient debout derrière l'habitacle.

Il y avait un factionnaire à l'arrière, un autre devant aux bossoirs; les hommes de quart se promenaient à l'avant du grand mât, fumant leurs pipes et causant entre eux à voix basse.

Lorsque le capitaine parut sur le pont, l'officier de quart abandonna le banc sur lequel il était et passa sous le vent, cédant ainsi la place d'honneur à son chef; les matelots firent de même, sans en avoir reçu l'ordre; Olivier eût pu se croire seul, s'il n'eût aperçu dans l'obscurité devenue plus grande les énergiques silhouettes de ses braves matelots.

Olivier alluma un cigare et, tout en fumant, il commença à se promener lentement, la tête basse et les bras derrière le dos, plongé en apparence dans de sérieuses réflexions.

Cette promenade se prolongea pendant dix minutes ou un quart d'heure; puis, tout à coup, le jeune homme s'arrêta sur le couronnement, jeta son cigare à la mer et, s'appuyant sur la lisse du couronnement, il se pencha en dehors et suivit d'un regard pensif, et probablement sans la voir, la *houache* du sillage creusé par le passage du navire.

Depuis quelques minutes, le capitaine demeurait dans cette position, peut-être sans en avoir conscience lui-même, lorsqu'un léger bruit se fit entendre, et une ombre blanche et svelte, glissant sur le pont comme un sylphe, vint s'appuyer près de lui, presque à le toucher...

Le capitaine était si complétement absorbé par ses pensées, qu'il ne s'aperçut pas de ce voisinage charmant; mais cette inattention ou cette indifférence ne faisaient sans doute pas le compte de la blanche apparition, car une main mignonne se posa légèrement sur l'épaule du jeune homme, en même temps qu'une douce voix murmurait à son oreille, avec une fine pointe de raillerie :

— Est-ce que vous dormez, don Carlos ?

Le jeune homme tressaillit comme s'il avait reçu un choc électrique, et, se redressant subitement :

— Vous, Dolorès, vous ici à cette heure ? s'écria-t-il avec surprise.

— Oui, répondit-elle en souriant, moi ici, et à cette heure ! que trouvez-vous donc de surprenant à cela, mon grand ami ?

— Qui a pu vous faire sortir ainsi de votre chambre, *niña* ? Seriez-vous indisposée ?

— En effet, je souffre, répondit-elle ; mais rassurez-vous, cette souffrance est toute morale, et peut-être ne suis-je pas seule à souffrir, ajouta-t-elle en fixant sur le jeune homme un regard si acéré, qu'il se sentit brûlé au cœur.

— Mais pourquoi êtes-vous venue ainsi ?...

— Seule, me promener sur le pont de ce navire, interrompit-elle avec amertume, parce que la fièvre me dévore, que je ne pouvais plus tenir dans cette chambre étroite et si hermétiquement close, que j'éprouvais le besoin de respirer l'air frais de la nuit, et que je savais vous trouver ici.

— Vous saviez me trouver ici ? s'écria-t-il ; comment pouviez-vous savoir une chose qu'il y a une demi-heure à peine j'ignorais moi-même ?

La jeune fille eut un sourire angélique.

— Je savais vous rencontrer ici, reprit-elle avec mélancolie ; oui, don Carlos, parce qu'il existe entre vous et moi une affinité étrange, un lien mystérieux, une prescience inexplicable qui nous attache l'un à l'autre et fait que rien de ce qui vous arrive à vous, soit en bien, soit en mal, ne peut m'être inconnu ou étranger. Comment, lorsque les pirates surprirent notre navire, savais-je que ce serait à vous que nous devrions notre délivrance, et que vous étiez là, tout près de nous, pour nous sauver?

— C'est vrai! murmura-t-il.

— Vous en convenez, Carlos; vous reconnaissez donc comme moi l'existence de cette mystérieuse attraction? Je suis venue franchement et résolûment à vous, parce que, dans quelques heures peut-être, nous nous séparerons, et qu'une explication entre nous est indispensable.

— Dolorès! s'écria-t-il en joignant les mains avec prière.

— Je sais tout ce que cette démarche a d'insolite et même d'inconvenant, aux yeux du monde, faite par une jeune fille de mon âge; mais je ne suis pas dans une situation ordinaire vis-à-vis de vous, Carlos; nous nous connaissons depuis longtemps déjà, quoique je sois encore bien jeune, et toujours nous nous sommes rencontrés dans des situations exceptionnelles; aujourd'hui notre position à tous deux doit enfin s'éclaircir, être nettement posée. Je sais tout, Carlos; dès la première seconde, lorsque la première fois votre regard s'est choqué avec le mien, j'ai deviné l'amour profond, irrésistible que je vous inspirais, et la passion qui gonflait votre cœur; j'étais une enfant alors, je m'ignorais moi-même, et pourtant tout mon être s'élança vers vous, parce que tout le vôtre s'élançait vers moi; cela eut la durée d'un éclair, nos âmes se fondirent en une seule; tout fut dit; je vous appartenais comme vous m'apparteniez déjà; je vous aimais sans le savoir ni le comprendre; j'étais tout pour vous, comme vous étiez tout pour moi; votre pensée ne me quitta plus, comme la mienne demeura dès lors constamment avec vous !

— Dolorès! Dolorès! murmura le jeune homme d'une voix brisée, vos paroles m'entrent dans le cœur comme un fer rouge! Vous me faites horriblement souffrir! vous me réduisez au désespoir. Pourquoi me parler ainsi? pourquoi exciter encore ce feu qui me dévore, et, quand depuis si longtemps je combats contre moi-même, me prouver si cruellement que tous mes efforts sont vains, hélas! et que cet amour fatal, que j'essaie d'arracher de mon cœur, ne finira qu'avec ma vie !

—Ah! vous l'avouez enfin, Carlos! vous m'aimez comme je vous aime! Croyez-vous que j'aie été un seul instant dupe de votre feinte froideur? J'ai suivi toutes vos luttes, j'ai souffert de toutes vos douleurs; j'ai compris ces combats que vous livriez à vous-même, et je vous admirais! Mon amour pour vous aurait grandi encore, si cela eût été possible! Votre conduite envers moi n'a pas cessé un seul jour d'être celle d'un homme d'honneur et de cœur; placés si loin l'un de l'autre sur les échelons de l'échelle sociale, moi si riche, si belle, si enviée; vous si pauvre, si petit, si isolé dans ce monde qui vous rejette, et auquel vous vous imposez quand même par la puissance de votre volonté et la grandeur de votre caractère. Vous avez essayé d'être mon ange gardien, désespérant d'atteindre jamais jusqu'à moi! Vous m'avez aimée comme aiment les âmes d'élite, avec abnégation et sans espoir !

— Hélas ! murmura le jeune homme avec un frémissement douloureux.

— Vous n'osiez pas, vous ne vouliez pas venir vers moi; chaque fois que la Providence nous mettait en présence, votre première pensée était de fuir, non pas pour m'oublier, cela vous est impossible, mais pour me cacher votre amour; souffrir en silence, et me laisser libre de donner, si je le voulais, mon cœur à un autre !

— Mon Dieu ! tout cela n'est que trop vrai !... j'avais peur !... peur de moi-même, hélas !

Elle sourit doucement, et, lui posant la main sur l'épaule :

— Je savais tout cela, dit-elle de sa voix douce et harmonieuse comme un chant d'oiseau ; ne vous ai-je pas dit que je lisais dans votre cœur comme dans un livre ? que toutes vos pensées m'étaient connues; ce que vous ne vouliez ni n'osiez faire, c'était à moi de le tenter ; cette distance qui nous sépare, c'était à moi de la franchir ! Voilà pourquoi, Carlos, je suis près de vous en ce moment; voilà pourquoi je vous répète : Plus d'équivoque, plus d'hésitations ni de craintes entre nous !

— Oui, vous avez raison, Dolorès, je vous aime plus que tout au monde, répondit-il d'une voix tremblante ; vous êtes mon premier et vous serez mon dernier amour : on n'aime pas deux fois dans la vie avec cette force et cette puissance; tous les autres amours viennent de la tête, le premier sort du cœur. Ce que vous faites pour moi est noble et grand, Dolorès, et me relève à mes propres yeux, en me prouvant que je suis véritablement digne de vous ; mais, hélas ! dois-je, puis-je accepter cet immense dévouement? Le malheur rend défiant, Dolorès, et j'ai beaucoup souffert ; je souffre beaucoup en vous parlant ainsi, car c'est ma vie, plus que ma vie que je brise à jamais ! Mais, vous l'avez dit vous-même, vous êtes jeune, vous êtes belle, trop belle peut-être ! vous êtes riche ! m'est-il permis de vous laisser accomplir un si grand sacrifice, de vous condamner au malheur ?

— Pas un mot de plus, Carlos ; le malheur serait pour moi de ne pas être comprise par vous ; de vous voir vous obstiner plus longtemps dans une abnégation au-dessus de vos forces et de votre courage. M'aimez-vous ?

— Ah ! fit-il avec un accent navré, vous en doutez donc ?

— Non, reprit-elle avec passion, non, je n'en doute pas, et comme preuve, voici ma main ; dès ce moment nous sommes fiancés, Carlos ; quoi qu'il advienne, rien désormais ne nous séparera. Dans un an, venez à Lima, je vous attendrai ; vous me retrouverez telle que vous me voyez aujourd'hui.

— Oh ! ce serait trop de bonheur ! s'écria-t-il en se laissant enfin aller à la joie dont son cœur était inondé.

— Vous demanderez hardiment ma main à mon père, il vous l'accordera.

Elle se pencha alors vers lui et posa chastement ses lèvres sur son front.

— Voici mon premier baiser, c'est celui de nos fiançailles, dit-elle en lui tendant son front charmant, sur lequel il appuya ses lèvres; rien ne pourra nous désunir; prenez ce reliquaire, il me fut passé au cou par ma mère le jour de ma naissance; il vous parlera de moi quand je ne serai plus là!

— Merci, ma Dolorès chérie, voici mon anneau de fiançailles, il est humble comme moi, murmura-t-il en lui présentant un simple anneau d'or qu'il portait au petit doigt de la main gauche.

— Il n'en aura que plus de prix à mes yeux, répondit-elle lorsque le jeune homme lui eut mis l'anneau à l'un des doigts de sa main mignonne; et maintenant, au revoir, dans un an!

— Dans un an, jour pour jour, je serai à Lima, je vous le jure! dit-il avec énergie.

— Je retiens votre parole! Bonne nuit, Carlos; nous sommes heureux, nous emportons chacun l'espoir dans notre cœur. Carlos, je serai à vous ou à Dieu!

Après avoir prononcé ces derniers mots, la jeune fille s'envola légère comme un oiseau, laissant Olivier à demi fou de joie et de bonheur.

Au lever du soleil, la vigie signala la terre; deux heures plus tard, après avoir doublé l'île de Wight, le *Hasard* entra dans la rivière de Southampton, donna dans le port, et vint mouiller en face de la douane; la *Chimère* et la *Yung-Frau* avaient mouillé à sa droite et à sa gauche.

Aussitôt après la visite de la douane, le capitaine Olivier descendit à terre, et, après s'être fait indiquer la demeure du consul colombien, il se rendit tout droit chez lui. Le consul reçut fort bien le capitaine, écouta son rapport avec une joie évidente, et, le faisant monter dans sa voiture, il le conduisit tout droit chez le lord lieutenant du comté.

Deux heures plus tard, les faits étaient connus dans toute la ville, les pirates débarqués et livrés à la justice anglaise; le capitaine Olivier Madray devenait le lion de la riche cité.

L'enthousiasme était au comble, le courage et la loyauté du jeune capitaine portés aux nues; les autorités de la ville l'avaient chaleureusement remercié et félicité de sa conduite et du service éminent qu'il avait rendu au commerce anglais en délivrant les mers du Nord du bandit qui depuis longtemps en était la terreur et que personne n'avait réussi à vaincre.

Il n'aurait tenu qu'à Olivier de passer son temps en fêtes continuelles; de toutes parts il lui arrivait des invitations, l'engouement était général; mais le capitaine préféra faire ses affaires.

Une commission fut nommée; les capitaines et les passagers dépouillés par le pirate retrouvèrent, à peu de chose près, la totalité de ce qui leur avait été volé; le reste du chargement de la *Chimère*, et le bâtiment lui-même, demeurèrent la propriété du corsaire et de son équipage : cela était de droit.

Le surlendemain de l'arrivée du *Hasard* eut lieu une cérémonie imposante : les trois corsaires tués pendant le combat contre la *Chimère* furent enterrés dans le cimetière catholique.

Les autorités anglaises se firent représenter à cette cérémonie, où elles envoyèrent un détachement de soldats de marine. La ville presque tout entière tint à honneur de se joindre au convoi des trois pauvres matelots, qui furent ainsi accompagnés à leur dernière demeure par plusieurs milliers de personnes.

Deux jours plus tard, la *Yung-Frau* mit à la voile pour continuer son voyage; les adieux de la famille Quiros et d'Olivier furent touchants.

Depuis leur explication décisive pendant la nuit qui avait précédé l'arrivée à Southampton, Olivier et Dolorès s'étaient peu vus et n'avaient échangé que quelques paroles banales.

Au moment de leur séparation, doña Dolorès porta sa main à sa bouche, baisa l'anneau que lui avait donné Olivier, et, lui tendant ensuite cette main toute frémissante encore :

— A Lima, dans un an, murmura-t-elle.

— Dans un an, répondit Olivier en touchant la main mignonne de ses lèvres.

Ce fut tout.

Le navire partit.

Au moment où il allait disparaître à l'horizon, Olivier aperçut avec sa lorgnette un mouchoir blanc flottant légèrement à l'arrière du trois-mâts : c'était l'adieu suprême de la jeune fille.

Le jeune capitaine soupira et se retira dans sa cabine, où il demeura enfermé pendant plusieurs heures.

Il était seul désormais; M. Maraval, appelé à Londres par ses affaires, l'avait quitté la veille au soir.

Les prises et leurs chargements s'étaient vendus dans d'excellentes conditions; il en fut de même pour la *Chimère* et son contenu; les corsaires eurent à toucher des parts de prises qui, pour chacun d'eux, étaient une véritable fortune.

Chose extraordinaire, ces braves matelots, d'après les conseils d'Olivier, au lieu de gaspiller leur argent en orgies, chargèrent le consul de le faire passer en France à leurs familles, avec ordre d'acheter des terres.

Le *Hasard* ne demeura que trois semaines à Southampton; après avoir pris congé des autorités anglaises et s'être chargé de dépêches pour le gouvernement colombien, le capitaine Olivier appareilla un beau matin et mit le cap sur Buénos-Ayres.

Olivier allait croiser sur les côtes américaines.

Nous ajouterons, pour mémoire, que les trente-cinq pirates faits prisonniers par le *Hasard* et livrés à la justice anglaise avaient été immédiatement jugés, condamnés et pendus, tout cela dans l'espace de quarante-huit heures.

Dans certains cas, pas toujours, la justice anglaise est la plus expéditive du monde entier.

CHAPITRE XI.

POURQUOI OLIVIER ET SON MATELOT IVON LEBRIS AVAIENT QUITTÉ LE HASARD ET CAMPAIENT DANS UNE CLAIRIÈRE ENTRE TALCA ET CONCEPCION.

La puissance espagnole croulait avec un horrible fracas de batailles, d'hécatombes humaines, d'incendies de villes mises à sac et d'horribles supplices dans toute l'Amérique.

Il était loin, le temps où Charles-Quint reconstituait, presque à son profit, l'empire grandiose de Charlemagne, et conduisait prisonnier à Madrid le roi de France François Ier ; bien loin le temps où Philippe II, de sinistre mémoire, créait contre l'Angleterre l'invincible Armada, qu'un coup de vent providentiel détruisait en quelques heures, et où le souverain de toutes les Espagnes, des Flandres et des Indes, pouvait dire avec un orgueil superbe : « Le soleil ne se couche jamais dans mes États ! »

L'or du Nouveau-Monde avait accompli son œuvre destructive, aidé par le fanatisme odieux de l'inquisition, qui s'était peu à peu, dans l'ombre, substituée au pouvoir royal.

L'Espagne, amoindrie, abêtie, ruinée, dépeuplée, sans commerce, sans industrie ; livrée tout entière aux mains crasseuses de moines ignares ;

ayant perdu jusqu'au sens moral, et jusqu'à l'instinct de sa propre conservation, devenait la proie de soldats ambitieux et sans pudeur; elle préludait ainsi à l'ère fatale des *pronunciamentos* qui, de chutes en chutes, devaient la conduire à l'état précaire et misérable où nous la voyons réduite aujourd'hui; et en faire à la fois un sujet de pitié, de risée et d'épouvante pour l'Europe, qui depuis un siècle assiste, effarée, à cette effroyable catastrophe, sans en comprendre encore bien les causes multiples.

La révolte des colonies anglaises contre leur métropole, suivie de la reconnaissance de ces colonies révoltées en État indépendant, porta le premier coup à la puissance espagnole dans le Nouveau-Monde.

Les créoles hispano-américains, si longtemps courbés sous le joug de fer du gouvernement de Madrid, commencèrent à entr'ouvrir les yeux et à se demander, en regardant craintivement encore autour d'eux, s'ils n'étaient pas des hommes comme les autres, et si, eux aussi, n'avaient pas le droit, si hautement proclamé par le Christ, de rompre leurs chaînes et d'être libres?

La réponse ne devait pas se faire attendre.

Le coup de foudre de 1789, cette date fatidique de la régénération sociale, trancha pour toujours la question en faveur de la liberté !

La révolution française, enfantement sublime d'un monde nouveau, création du droit et de la solidarité humaine contre l'absolutisme, non-seulement ébranla tous les trônes de l'Europe, mais encore eut un si immense retentissement en Amérique, que toutes les colonies en sentirent le contre-coup, tressaillirent de joie à cette ère nouvelle qui se levait pour elles, la saluèrent avec enthousiasme, et jurèrent, elles aussi, d'être libres ou de mourir.

Un immense cri de liberté fut poussé vers le ciel par toutes ces populations esclaves depuis trois siècles : du cap Horn aux frontières des nouveaux États-Unis, la révolte fut décrétée et la guerre de l'indépendance commença.

Cette guerre, sublime de dévouement, d'abnégation et de patriotisme de la part des créoles, fut atroce, dénaturée, et conduite avec des raffinements de barbarie horribles du côté des Espagnols.

Chose étrange, mystère insondable! ce furent des prêtres qui, les premiers, poussèrent le cri de liberté! ils se firent soldats, et, le crucifix d'une main, l'épée de l'autre, se lancèrent bravement dans la mêlée et versèrent tout leur sang pour détruire l'œuvre accomplie, à l'heure de la conquête espagnole, par ces prêtres fanatiques qui guidaient les aventuriers castillans aux massacres effroyables des populations indiennes.

Et pourtant les prêtres oppresseurs, comme les prêtres libérateurs, parlaient au nom de Jésus, dont ils brandissaient le crucifix, et combattaient au nom de l'Évangile, dont ils citaient à chaque instant les textes ; seulement, les premiers torturaient et tronquaient ces textes au profit de l'absolutisme, tandis que les seconds les citaient sans commentaires et tels qu'ils étaient sortis de la bouche divine du rédempteur du monde ; les premiers prêchaient l'esclavage, le meurtre, l'abrutissement, la spoliation ; les seconds proclamaient les droits de l'homme, la liberté, la fraternité humaine, l'amour et la liberté! Les premiers étaient catholiques, les derniers étaient, sous le joug, redevenus chrétiens! Ils devaient triompher, ils triomphèrent.

Bientôt le Mexique, le centre-Amérique, le Chili, Buénos-Ayres, firent cause commune; ils se soulevèrent contre le bourreau séculaire, jurèrent de l'abattre, et l'attaquèrent de tous les côtés à la fois.

Pourtant, tout leur manquait en apparence : ils n'avaient ni armes, ni argent, ni soldats, ni organisation civile, ni officiers; mais ils avaient au cœur la haine de leurs tyrans et la volonté implacable d'être libres; ils créèrent et improvisèrent tout; cent fois battus par les Espagnols, toujours ils revenaient plus fermes et plus résolus au combat; renversés, écrasés, anéantis, ils se relevaient plus ardents et plus convaincus.

C'était la guerre sainte du droit contre la force.

La force devait succomber honteusement et se voir chassée pour jamais de cette terre jadis conquise au prix de torrents de sang humain, et sur laquelle, pendant trois siècles, leur joug impitoyable avait si lourdement pesé sur les populations décimées.

A l'époque où se passe notre histoire, la question n'était pas encore tranchée, la lutte était dans sa phase aiguë. Déjà certaines colonies étaient redevenues indépendantes : celles-ci aidaient les autres; le succès final commençait enfin à se dessiner; tout faisait prévoir que la chute définitive de la puissance espagnole ne tarderait pas à être un fait accompli.

C'est au plus fort de ces luttes héroïques que se rouvre notre action.

Deux ans, jour pour jour, s'étaient écoulés depuis les événements rapportés dans notre précédent chapitre.

Depuis un an, le Chili avait définitivement assuré son indépendance, à la suite de la célèbre bataille de Maypu, gagnée par le général San-Martin sur les Espagnols, qu'il avait non-seulement mis en déroute complète, mais encore contraints, après quelques combats sans importance, à mettre bas les armes.

Le général San-Martin était venu de Buénos-Ayres, à travers les Cordillières des Andes, à la tête d'une armée buénos-ayrienne, pour prêter son concours aux Chiliens et les aider à jeter définitivement les Espagnols à la mer.

Comme on le voit, ce concours avait été efficace; les Espagnols, impuissants déjà à se maintenir contre les Chiliens, avaient été écrasés d'un seul coup par les confédérés, et obligés d'abandonner le Chili sans espoir de retour.

Cependant, la tranquillité n'était pas encore rétablie dans la jeune république, troublée pendant si longtemps par des faits de guerre : le calme ne succède pas subitement à la tempête.

Lorsque la société a été troublée dans toutes ses couches sociales, depuis les plus infimes jusqu'aux plus hautes, il faut laisser le temps normal nécessaire aux esprits surexcités et accoutumés à une licence sans bornes, causée par les événements eux-mêmes, d'arriver peu à peu à l'apaisement : en donnant un autre cours à leurs pensées et en se livrant à des occupations sédentaires dont la violence est nécessairement bannie. Par la force même des choses, un gouvernement nouveau, et dont le mécanisme est encore inconnu dans un pays longtemps esclave, et que la liberté nouvellement conquise rend plus difficile à discipliner, ne s'établit pas sans de profondes secousses et de grands embarras; surtout quand ce pays est appelé à se gouverner par lui-même pour la première fois.

Les hommes politiques ne s'improvisent point, pas plus que les grands généraux et les grands économistes ; le temps seul et l'expérience les forment et les rendent aptes à remplir convenablement la tâche ardue et si difficile de la régénération d'un peuple maintenu systématiquement, pendant trois siècles, dans l'ignorance la plus honteuse et l'abrutissement le plus complet ; car tel avait été depuis la conquête le plan adopté par les Espagnols pour assurer l'asservissement de leurs colonies.

Il ne manquait pas d'individus, aventuriers pour la plupart, appartenant à toutes les nations, qui, accourus dans le principe au Chili dans le louable but de soutenir la cause des insurgés américains, maintenant que la victoire était assurée, essayaient de se tailler en plein drap des positions plus ou moins brillantes, peu ou prou méritées, et pêchaient le plus qu'ils pouvaient dans l'eau trouble encore de la révolution. Pour ces vainqueurs anonymes, l'heure de la curée avait sonné ; ils s'en donnaient à cœur joie.

Dans les campagnes, c'était autre chose : les routes étaient encombrées de traînards de tous les partis, réconciliés par l'avarice et associés par l'espoir du pillage ; ces écumeurs de grands chemins demandaient l'aumône comme le mendiant de *Gil Blas*, ou, le plus souvent, quand ils se sentaient en force, ils mettaient à contribution les *chacras*, les *quintas*, les villages et même parfois les villes.

Il n'y avait encore d'organisation d'aucune sorte ; la police n'existait que sur plan, à l'état de projet ; les citoyens en étaient réduits à faire eux-mêmes la police, et à se sauvegarder, les armes à la main, contre les bandits de toutes sortes, qui, semblables aux nuées de sauterelles des déserts africains, se ruaient de toutes parts sur ce beau pays, pour détruire ce que la guerre avait respecté, et compléter ainsi sa ruine.

Par une belle et fraîche matinée du mois de juin 18.., deux hommes, couverts du pittoresque costume des *chacareros* de la province de *Maule*, au Chili : — culotte de velours bleu, serrée aux hanches par une large ceinture de crêpe de Chine rouge, veste de la même étoffe, *poncho* bariolé de fabrique indienne, *polenas* montant au-dessus du genou, et éperons d'argent à mollettes grandes comme des soucoupes, attachés aux talons, et sombrero de paille de Goyaquil à larges bords, — étaient assis, sur l'herbe, dans une vaste clairière d'une épaisse forêt située entre Concepcion et Talca, capitale de la province de Maule.

Ces deux hommes, assis, non pas positivement sur l'herbe, mais sur les magnifiques *pellones* de leurs *monturas*, causaient de bouche à oreille, tout en fumant d'excellents *puros*, dont la fumée blanche, taquinée par le vent, formait de capricieuses paraboles au-dessus de leurs têtes.

A quelques pas d'eux, un troisième individu, vêtu à peu près de la même façon, mais moins luxueusement, s'occupait activement à préparer le déjeuner, à l'aide d'un grand feu allumé et entretenu aux dépens du bois mort, dont la clairière était abondamment fournie.

Non loin de là, trois superbes chevaux, à demi sauvages, à la tête petite, à l'œil étincelant et aux jambes fines, magnifiquement harnachés, mais auxquels on avait enlevé le mors, broyaient à pleine bouche de l'alfalfa fraîche et du maïs jeté sur un poncho étendu à terre.

Près de chacun des personnages que nous avons décrits, étaient posés, à portée de la main, deux pistolets d'arçon à doubles canons, véritables *Menton*, et un long rifle américain.

Outre ces armes, chacun d'eux portait encore à la ceinture deux pistolets doubles, un long sabre à lame droite, à fourreau de fer, un poignard dans la polena droite, et un *lasso* en cuir tressé attaché à la selle du cheval.

Ainsi formidablement armés, ces trois personnages, que le lecteur connaît déjà, n'avaient rien à redouter des rôdeurs, quels qu'ils fussent, qui croiseraient leur chemin; du reste, ils semblaient ne s'en préoccuper que très-médiocrement.

Ces trois hommes étaient Olivier Madray, Ivon Lebris et Antoine Lefort, le domestique du capitaine.

Maintenant, comment Olivier, que nous avons quitté deux ans auparavant, se dirigeant à pleines voiles vers Buénos-Ayres, sur le brick-goëlette le *Hasard*, dont il était capitaine, se trouvait-il au Chili, en pleine forêt séculaire, voyageant à cheval, et revêtu du costume complet des habitants du pays?

C'est ce que le lecteur ne tardera pas à apprendre; au point de vue de la vie d'aventures, l'axiome géométrique : « le plus court chemin d'un point à un autre est la ligne droite, » est complétement faux.

Les voyageurs et les aventuriers l'ont modifié à leur point de vue, qui est le seul vrai, de cette façon : le plus court chemin d'un point à un autre est la ligne courbe; et ils ont raison.

Les Espagnols étaient encore les maîtres au Pérou; cette magnifique colonie fut la dernière à se déclarer contre la mère patrie.

Olivier avait inutilement tenté de débarquer dans un des ports de la vice-royauté péruvienne : les Espagnols faisaient bonne garde ; tous les efforts du capitaine n'aboutirent qu'à lui faire échanger force boulets avec les croiseurs de Sa Majesté Catholique, sans aucun profit pour lui.

Désespéré de ce constant insuccès, le capitaine se préparait à tenter une de ces expéditions audacieuses qui, lorsqu'elles échouent, coûtent la vie à leur auteur, lorsqu'un jour, pendant qu'il louvoyait bord sur bord devant le port d'Ica, où il essayait d'entrer, croyant, d'après ce qu'on lui avait assuré, que ce port ne renfermait aucun croiseur espagnol, lorsqu'un pêcheur s'approcha du brick-goëlette et lui fit des signaux.

Olivier mit aussitôt sur le mât, et il attendit le bateau, qui s'était dirigé vers lui ; quelques minutes plus tard, un homme montait à bord du *Hasard* ; Olivier reconnut alors avec surprise Fernan Nuñez, le serviteur dévoué de don Diego

Quiros de Ayala et père nourricier de doña Dolorès.

Un triste pressentiment serra douloureusement le cœur du capitaine en apercevant le digne homme; sans lui adresser une parole, il l'entraîna dans sa cabine, où il s'enferma avec lui.

Le pêcheur, aussitôt son passager monté à bord du brick, avait largué son amarre, hissé sa voile et mis le cap sur la terre, sans rien réclamer. Cette conduite avait semblé assez singulière à l'équipage, mais elle fut en partie expliquée quand on s'aperçut qu'avant de prendre ainsi congé *à la française*, comme disent les Espagnols, il avait déposé une valise assez lourde dans les porte-haubans du grand mât, valise que maître Caïman s'était empressé, crainte de malheur, de faire mettre sur le pont.

Les nouvelles apportées par Fernan Nuñez, quoique mauvaises, ne l'étaient cependant pas autant que le capitaine l'avait redouté.

Nous les résumerons en quelques mots.

La protection accordée à don Diego Quiros par le gouvernement français n'avait eu pour lui, à Lima, d'autre résultat que celui de le rendre suspect aux autorités espagnoles, les plus ombrageuses qui soient au monde, et dont, en ce moment, les craintes étaient éveillées plus que jamais sur les agissements révolutionnaires.

De suspect à passer espion il n'y a qu'un pas; ce pas fut aussitôt franchi par les autorités espagnoles, grâce aux machinations sourdes de l'ex-associé de don Diego Quiros, qui, naturellement, avait le plus grand intérêt à se débarrasser de son ancien co-propriétaire, afin de ne pas être contraint de lui rendre compte des sommes indûment restées entre ses mains.

Cet homme, dès qu'il fut averti de l'arrivée de don Diego au Callao, mit tout en œuvre pour lui créer des entraves, ce qui ne fut pas difficile, grâce à l'argent qu'il distribua à pleines mains aux employés et même aux membres de la Audiencia suprema.

Deux jours à peine après son entrée à Lima, don Diego Quiros fut averti de ce qui se passait par un de ses amis nommé don Estevan Carril, et de la résolution prise de l'arrêter.

Don Diego connaissait par expérience les procédés expéditifs et peu scrupuleux des autorités espagnoles ; il comprit que s'il s'obstinait à faire tête à l'orage et à demeurer à Lima, il était perdu sans recours possible : aucun agent consulaire français n'étant accrédité à Lima. D'ailleurs, y eût-il eu un consul français au Pérou, que cet agent aurait été impuissant à le protéger.

Don Diego courba la tête ; l'avenir lui appartenait s'il conservait sa liberté. Ce fut à quoi il avisa sans retard.

Selon toutes probabilités, le Pérou ne tarderait pas à être emporté, même malgré lui, dans le mouvement général qui entraînait toutes les autres colonies ; avant deux ou trois ans il chasserait les Espagnols et proclamerait son indépendance.

Ce n'était donc pour don Diego Quiros qu'une question de temps ; il avait attendu plusieurs années, il pouvait attendre encore et se préparer silencieusement pour le moment où sonnerait enfin l'heure de la justice.

Mais, pour obtenir ce résultat, il fallait rester

libre ; arrêté, on le faisait disparaître, et tout était dit pour lui.

Il n'y avait pas à sortir de ce dilemme ; il fallait donc fuir au plus vite.

Don Estevan Carril, l'ami de don Diego Quiros, ne s'était pas borné à venir l'informer du danger terrible suspendu sur sa tête : convaincu que don Diego comprendrait la nécessité d'échapper à ses ennemis, avant de se rendre auprès de lui il avait tout préparé pour sa fuite.

Don Diego, à peine arrivé à Lima, n'avait pas eu le temps de s'installer ainsi que sa famille ; il s'était logé provisoirement en bas du pont, de l'autre côté du Rimac, dans un *tambo* de la calle San-Lazaro, où ses bagages se trouvaient encore.

Don Estevan Carril connaissait cette particularité ; il l'avait mise à profit.

Il existe, à sept ou huit lieues de Lima à peine, un port assez vaste, parfaitement abrité contre tous les vents, d'un accès facile et d'un ancrage excellent ; ce port, appelé dans un avenir prochain à prendre une grande importance, et que M. Malte-Brun, le plus érudit des géographes présents, passés et futurs, se garde bien de mentionner, exemple religieusement suivi, du reste, par tous ses illustres confrères, se nomme *Huacho* ; il était alors habité par une nombreuse colonie de pêcheurs mêlés de contrebandiers ; il servait de refuge et de débouché à tous les *smugglers* et libres trafiquants de la côte, depuis Talcahueno jusqu'à Mazatlan.

Don Estevan Carril possédait une immense propriété, confinant avec le port même de Huacho. Il se livrait à une contrebande active avec les

smugglers, qui tous le connaissaient ; il avait frété
une goëlette américaine, en partance pour Valparaiso ; puis il avait réuni une *recua* de mules,
s'était fait suivre d'une vingtaine de *peones* résolus
et surtout bien armés, et s'était rendu tout courant
à Lima.

Lorsque don Diego Quiros lui manifesta son désir de fuir au plus vite, et lui demanda son aide
pour mettre ce projet à exécution, don Estevan
lui expliqua les précautions qu'il avait cru devoir
prendre pour sa sûreté.

Trois heures plus tard, la famille Quiros arrivait
saine et sauve à Huacho, s'embarquait sur la goëlette avec tout ce qu'elle possédait, et le navire
américain mettait aussitôt à la voile.

Don Diego Quiros était sauvé.

Lorsque les alguaziles se présentèrent, vers sept
heures du matin, au tambò de la calle San-Lazaro,
ils apprirent que l'homme qu'ils espéraient si bien
prendre était parti déjà depuis plusieurs heures.

Toutes les recherches furent inutiles ; jamais
les autorités espagnoles ne découvrirent, à leur
grand regret, les traces du fugitif, qui leur avait
si adroitement glissé entre les doigts, quand elles
se figuraient si bien le tenir.

Cependant don Diego, tenant à avertir Olivier
des contre-temps qui avaient suivi son arrivée au
Pérou, avait laissé au Callao Fernan Nuñez, son
serviteur de confiance, avec ordre de guetter l'apparition du *Hasard*, et de rapporter au capitaine
les choses comme elles s'étaient passées ; Fernan
Nuñez était, en outre, chargé d'une lettre de
doña Dolorès.

Malheureusement, les renseignements fournis

par don Diego et sa fille elle-même étaient bien vagues ; ils se bornaient à annoncer au capitaine leur départ pour Valparaiso, et rien de plus.

Cependant Olivier n'avait pas désespéré ; il s'était mis à la recherche de ses amis, résolu, pour les retrouver, à visiter, s'il le fallait, jusqu'aux plus minces bourgades, et à parcourir pouce à pouce tout le territoire du Chili.

En même temps qu'Olivier se livrait à ces recherches dans l'intérieur du pays, le *Hasard* côtoyait et visitait minutieusement le littoral, suivant à une faible distance son capitaine, au cas où celui-ci aurait, à l'improviste, besoin du navire.

Le capitaine Olivier n'était pas homme à faire les choses à demi ; il avait successivement parcouru toute la Bolivie, qui ne portait pas encore ce nom, visitant les villes une par une ; puis il était redescendu à Valdivia, avait poussé jusqu'à *Arauco* ; de là il avait traversé le Bio-Bio et était entré sur le territoire de la province de Concepcion ; il était arrivé maintenant sur la frontière de la province de Maule.

Chaque fois qu'il approchait d'une ville, d'un *pueblo* ou même d'une *chacra*, Olivier faisait temporairement halte, hors de vue, et expédiait Fernan Nuñez en avant, afin de prendre langue et de se mettre au courant des nouvelles du pays.

Ce voyage durait depuis plus d'un an sans avoir produit le plus léger résultat ; cependant le jeune homme ne se rebutait pas ; son courage semblait, au contraire, croître avec les difficultés ; il était résolu à continuer ses recherches jusqu'aux frontières boliviennes, c'est-à-dire jusqu'au désert d'*Atacama* et le Rio-Salado, trajet presque impossible à accomplir.

— Fernan Nuñez nous a quittés depuis plus de cinq heures ; il ne reparaît pas, dit Olivier ; il n'a pas l'habitude de faire de si longues absences ; je commence à être inquiet ; je crains qu'il ne lui soit arrivé quelque chose.

— Que veux-tu qu'il lui soit arrivé ? répondit Ivon Lebris ; la longueur de cette absence, au lieu de t'inquiéter, devrait au contraire te rassurer, matelot.

— Bon ! pourquoi cela ?

— Pardieu ! parce que, s'il tarde à revenir, c'est qu'il a découvert quelque chose, et qu'il tient à se bien renseigner avant de nous rejoindre.

— Le crois-tu sérieusement ?

— J'en suis convaincu ; nous allons le voir tout à l'heure arriver tout joyeux.

— Puisses-tu dire vrai ! Je ne sais pourquoi, je me sens triste.

— Au diable la tristesse ! elle tuerait un chat ! comme disent les Anglais ; à moins que ceux que nous cherchons ne se soient réfugiés dans un souterrain, à cent pieds sous terre, nous finirons bien par les retrouver, quand le diable y serait !

— Peut-être ! fit-il en hochant la tête.

— Hum ! décidément, tu n'es pas dans ton assiette ordinaire ; c'est peut-être parce que tu n'as pas encore déjeuné. Antoine !

— Lieutenant ! répondit le domestique en se retournant.

— Le déjeuner avance-t-il ?

— Oui, lieutenant, dans dix minutes je servirai.

— Très-bien ! dit Ivon en se frottant les mains, et, s'adressant à Olivier, il reprit : Sais-tu où est le *Hasard ?*

— Il doit être, depuis deux jours, mouillé à Maule, où j'ai ordonné à Lebègue de nous attendre.

— Fort bien ; Maule, je crois, n'est qu'à quelques lieues de Talca.

— Deux lieues, tout au plus.

— Eh ! qu'est-ce que j'entends ? s'écria Ivon en se levant tout à coup et saisissant son fusil.

— C'est le galop d'un cheval, répondit Olivier ; peut-être Fernan Nuñez revient-il.

— C'est probable, il n'y a que lui pour galoper ainsi.

Bientôt, en effet, on aperçut un cavalier accourant à toute bride.

— C'est lui ! s'écria Olivier.

— J'en étais sûr, dit Ivon ; mais il semble bien pressé.

Fernan Nuñez, arrivé près des deux amis, sauta à bas de son cheval, abandonnant la bride à Antoine, qui réunit l'animal à ses trois autres compagnons et lui enleva le mors afin qu'il pût prendre sa nourriture. Entre temps, Fernan Nuñez s'était approché du capitaine et l'avait salué respectueusement.

Le vieux serviteur semblait soucieux.

C'était un homme d'environ quarante-cinq ans, bien bâti, solidement charpenté, aux traits énergiques et à la physionomie douce et franche.

— Eh bien ! lui dit affectueusement Olivier, vous voici donc de retour, ami Nuñez ?

— Me voici de retour, oui, capitaine, répondit-il, en s'asseyant entre les deux hommes.

— Auriez-vous vu un loup, par hasard, mon camarade ? lui dit Ivon en souriant ; je vous trouve l'air tout enchifrené ce matin.

— J'ai vu un tigre ! répondit-il avec un frémissement intérieur qui fit trembler sa voix.

— Oh ! oh ! s'écria Olivier ; il y a du nouveau, à ce qu'il paraît ?

— Je ne sais ce qu'il y a, capitaine ; mais j'ai peur !

— Peur ! vous, Fernan Nuñez ?

— Oui, capitaine, je vous le répète, j'ai peur, parce que j'ai vu un démon.

Il était pâle, il y avait de l'égarement dans son regard ; des gouttelettes de sueur perlaient à ses tempes ; il laissa tomber en soupirant sa tête sur la poitrine.

— Mon pauvre maître ! murmura-t-il avec un sanglot étouffé.

Olivier fit un mouvement ; Ivon l'arrêta :

— Ne le presse pas en ce moment, matelot, lui dit-il, tu n'en retirerais rien qui vaille ; laisse-lui le temps de se remettre et surtout de se calmer.

— Je crois que tu as raison, répondit Olivier d'un air pensif, mieux vaut attendre.

Précisément, en ce moment, Antoine s'approcha ; il étendit une nappe entre les trois personnages, mit le couvert, et servit le déjeuner, avec le même sérieux et le même décorum imperturbables que s'il se fût trouvé à bord du *Hasard*.

Antoine Lefort était un de ces hommes froids, méthodiques, que rien ne surprend jamais ni ne déconcerte ; rempli d'industrie, sachant admirablement tirer parti de toutes les situations, même les plus mauvaises, et jamais à court d'expédients pour se tirer d'affaire, ce qui est excessivement précieux dans la vie d'aventure.

Le déjeuner qu'il servit, par l'étrangeté des mets, aurait fait le bonheur d'un gourmet excentrique du Café Anglais, et transporté Brébant d'admiration.

Il y avait d'abord un quartier de *guanaco* grillé chasseur, fortement épicé, à la sauce boucanière; deux *perroquets* au currey, un *écureuil* gris aux olives, un *cygne noir* rôti, des *yucas* sautés maître d'hôtel; le tout couronné par un riz *picante con aji*; pour boisson, de la *chicha* très-forte et très-mousseuse; deux bouteilles de vin de Bordeaux retour de l'Inde, de la cave du *Hasard*; puis venait le café du *Rio-Nuñez*, café africain vert et excellent, arrosé d'*aguardiente* de Pisco, clair comme de l'eau de roche; enfin, pour aider la digestion, en fumant la cigarette ou le *puro* havanais, un *mate* paraguayen brûlant.

Le maté est enfermé dans un gobelet d'argent hermétiquement fermé; on ne le boit pas, on l'aspire au moyen d'un conduit très-étroit, fait exprès. Quand on n'y est pas habitué, on s'échaude épouvantablement la bouche. Le maté est le thé des Hispano-Américains.

Toutes ces bonnes choses furent dégustées avec les égards qu'elles méritaient et un véritable appétit de voyageur; puis, quand le maté fut servi, cigares et cigarettes furent allumés, et chacun se mit à fumer avec tout le recueillement que réclame cette importante occupation, destinée à aider et faciliter la digestion.

Les commencements du déjeuner avaient été silencieux; les convives étaient préoccupés, ils songeaient tout en mangeant; mais peu à peu, au fur et à mesure que les plats se vidaient, que le vin et la chicha étaient bus à longs traits, les fronts se déridaient, les langues se déliaient tout naturellement et sans efforts.

La chicha est une espèce de bière faite avec du maïs fermenté; fort agréable à boire, elle est, sans que cela paraisse, une boisson très-capiteuse; elle monte rapidement au cerveau, qu'elle surexcite au moins tout autant que le vin. La cuisine chilienne est excessivement épicée; elle met littéralement le palais en feu. On est obligé de boire beaucoup en mangeant, ce qui fait que même les têtes les plus solides, après un repas un peu prolongé, se ressentent de ces fréquentes libations.

Ainsi que l'avait prévu Ivon, à la fin du déjeuner, Fernan Nuñez n'était plus du tout le même homme, il avait presque complétement repris son insouciance et sa gaieté habituelles; cependant il était facile de s'apercevoir qu'il n'avait pas l'esprit tranquille et que quelque chose le préoccupait.

— Le soleil commence à se faire sentir, même à travers ces épaisses frondaisons, dit Olivier en rendant son gobelet de maté vide à Antoine; nous ne sommes qu'à une lieue ou deux de Talca. Je pense que rien ne nous empêche de faire deux ou trois heures de siesta, ici, à l'ombre, avant de nous remettre en route. Qu'en pensez-vous, Nuñez ?

— Je suis à vos ordres, capitaine, répondit le Péruvien.

Fernan Nuñez était natif du village d'Obrajillo, situé sur les versants *templados* de la coupée de la *Viuda*, à quelques lieues seulement, mais beaucoup plus bas que le *cerro de Pasco*.

— Alors, dormons, dit Olivier en faisant un

mouvement comme pour s'étendre sur l'herbe.

— Cependant, reprit Fernan Nuñez, avant de vous endormir, capitaine, peut-être serait-il bon que vous sachiez ce que j'ai fait pendant si longtemps à Talca?

—Bon! rien ne presse, répondit le jeune homme avec une feinte indifférence; je sais d'avance ce que vous allez me dire.

— Je ne crois pas, capitaine; du reste, si vous voulez me faire l'honneur de m'écouter pendant seulement quelques minutes, vous en jugerez.

— Hélas! mon ami, c'est toujours le refrain ordinaire : vous n'avez appris aucune nouvelle des personnes que nous cherchons?

— Ce n'est que trop vrai, capitaine.

— Vous voyez bien!

— Si je n'ai rien appris sur mon maître, répondit-il en fronçant le sourcil, en revanche j'ai fait une rencontre singulière et très-intéressante : au coin de la *plaza Mayor* et de la *calle de la Merced*, je me suis trouvé, à l'improviste, face à face avec don Estremo Montès.

— L'ancien associé de don Diego Quiros! s'écria le jeune homme avec un bond de surprise.

— Lui-même, capitaine; ne trouvez-vous pas comme moi la présence de don Estremo Montès extraordinaire dans cette ville de Talca?

— C'est étrange, en effet, murmura le capitaine; puis il reprit : Mais si vous l'avez reconnu, il vous a sans doute reconnu, lui aussi?

— Pardon, capitaine, il m'a vu, à la vérité, mais il ne m'a pas reconnu.

— Je ne comprends pas cette distinction subtile, mon ami?

— Je ne suis qu'un simple serviteur, moi, capitaine, un peon, un peu dégrossi peut-être, mais rien autre chose ; j'ai entrevu deux ou trois fois don Estremo chez mon maître, à l'époque où nous habitions le Cerro de Pasco, il y a dix ans de cela, et j'étais confondu au milieu des autres peones de la maison. Don Estremo n'a jamais daigné laisser tomber un regard sur moi ; il n'a pu en vérité me reconnaître, puisqu'il ne me connaît pas.

— Hum ! fit le jeune homme.

— La preuve que je ne me trompe pas, capitaine, c'est que je lui ai donné du feu pour allumer sa cigarette, et que nous avons échangé quelques mots de politesse, avec la plus complète indifférence ; d'ailleurs, à l'époque où j'habitais le Cerro de Pasco, je ne portais pas de barbe et j'avais les cheveux longs, au lieu qu'aujourd'hui je porte toute ma barbe et j'ai les cheveux coupés ras ; et puis, je vous le répète, il y a dix ans de cela !

— C'est juste. Malheureusement, ce n'est qu'une rencontre fortuite ; il nous sera impossible de retrouver cet homme ! Qui sait où il est maintenant ?

— Moi, seigneurie, fit-il avec un sourire : je l'ai suivi de loin sans être aperçu de lui ; je l'ai vu entrer dans un tambò, où sont déposées ses marchandises. Il se fait appeler don Joaquim Muñoz ; il passe pour être un riche négociant de Mendoza ; il est arrivé à Talca depuis douze jours ; il s'occupe très-peu de ses marchandises ; il est presque toujours en courses à travers la ville et fait de longues promenades dans la campagne, tantôt d'un côté, tantôt de l'autre. Il donne pour prétexte à ces promenades qu'il va offrir dans les chacras des échantillons de ses marchandises. Que pensez-vous de ces renseignements, capitaine ?

— Je les trouve si bons, mon brave ami, que je veux immédiatement les mettre à profit. Antoine, sellez les chevaux en double, nous partons.

— Cet homme fait comme nous, dit Ivon ; il est sur une piste ; laquelle ? voilà ce qu'il nous importe de savoir.

— Et ce que nous saurons bientôt ! dit vivement Olivier.

— Toutes les chances sont en ce moment pour nous, dit Fernan Nuñez, sachons les utiliser.

— Le fait est que nous engageons une rude partie, reprit Ivon.

— Bah ! dit Olivier en riant, nous avons eu affaire à des gaillards plus madrés que celui-ci ne saurait être, et nous les avons battus.

— C'est juste ! il ne s'agit que de jouer serré ; c'est ce que nous ferons.

— Les chevaux sont prêts, capitaine, dit Antoine.

— En selle ! cria Olivier.

Les quatre cavaliers quittèrent alors la clairière, et se dirigèrent vers Talca, où ils ne devaient pas tarder à arriver.

CHAPITRE XII.

COMMENT FERNAN NUÑEZ DÉCOUVRIT UNE PISTE, ET CE QUI EN ADVINT.

Talca, ou San-Agustin, et non Jan-Agustin, comme le dit par erreur M. Malte-Brun, est bâtie sur la rive droite du Rio-Maule ; elle occupe le centre d'une belle vallée, à égale distance de Concepcion et de Santiago de Chili, capitale de la république. Le petit port de Maule la relie à la mer ; ce port, très-sûr, a une barre fort dangereuse qui toujours s'opposera à son extension.

On assure, mais cela n'est pas prouvé, que Talca a été fondée par Valdivia ; ses maisons sont grandes, bien bâties, commodes, avec toits en terrasse ; les rues sont larges, les places spacieuses ; l'Alameda est une des plus charmantes promenades qui soient.

Sous la domination espagnole, cette ville était fort riche ; elle faisait un grand commerce avec tout le littoral, à cause de ses mines d'or et de ses collines d'améthystes, dont l'exploitation prospérait.

La proclamation de l'indépendance porta d'abord un coup fatal à son commerce, en causant l'émigration forcée des Espagnols : elle fut ruinée et dépeuplée du même coup. A l'époque où se passe notre histoire, sa population était à peine de quatre mille âmes ; c'était un véritable désert, dont l'aspect désolé inspirait la tristesse ; aujourd'hui, on m'a assuré qu'il n'en est plus ainsi ; la ville se repeuple rapidement, elle a repris une certaine importance. Dans un avenir prochain, Talca sera une des villes les plus riches de la république.

De même que les autres Chiliens, dont l'urbanité est proverbiale, les habitants de Talca sont bienveillants, polis, bons, loyaux, d'un caractère fort gai, excessivement hospitaliers, et d'une amabilité à toute épreuve.

On a peine à s'expliquer comment les Espagnols, généralement si orgueilleux, si rogues et surtout si peu sociables et si défiants, ont laissé dans leurs colonies des populations dont les mœurs, les aptitudes et le caractère sont en si complet désaccord avec eux, et qui, tout en s'assimilant leurs qualités, ont si bien su éviter leurs défauts. Ces observations critiques ont été faites par tous les étrangers, après une résidence de plusieurs années dans les anciennes colonies espagnoles ; sauf peut-être au Mexique, où les populations sont corrompues jusqu'aux moelles, toutes les dissemblances constatées entre les Espagnols et les créoles sont en faveur de ces derniers.

Les Chiliens surtout n'ont plus avec leurs ancêtres européens de commun que la langue, et encore cette langue ils l'ont modifiée et la modifient tous les jours ; ils l'ont rendue moins âpre, plus gracieuse et plus harmonieuse, sans lui avoir rien donné d'affecté ou d'efféminé ; cette nuance est surtout sensible.

Nos quatre voyageurs avaient rapidement marché ; ils ne se trouvaient plus qu'à quelques portées de fusil de la ville, lorsqu'ils furent rejoints à l'improviste par un cavalier richement vêtu, monté sur un cheval fougueux et blanc d'écume, qu'il maîtrisait comme en se jouant en véritable *ginete* avec une grâce inimitable.

Ce cavalier était grand, bien fait, il paraissait trente-cinq ans ; ses traits étaient beaux, sa physionomie ouverte, franche et spirituelle ; ses manières étaient élégantes, sans affectation et remplies de cette noblesse innée qui caractérise les races méridionales.

Après avoir échangé avec les voyageurs le salut consacré : *Ave Maria purissima*, il rangea son cheval près d'eux, et la conversation s'engagea aussitôt :

— Vous êtes étrangers, caballeros ? demanda l'inconnu de prime abord.

— Oui, caballero, répondit Olivier, pour lui et ses compagnons ; nous sommes Buénos-Ayriens.

— Les Buénos-Ayriens sont presque des compatriotes pour nous, reprit le cavalier en saluant ; nous leur devons beaucoup. Le général San-Martin, en battant les Espagnols au Maypu, a assuré notre indépendance. Est-ce la première fois que vous venez dans ce pays ?

— La première, oui, señor ; nous nous rendons à Santiago de Chili, où nous appellent des affaires importantes.

— Vous comptez sans doute vous arrêter quelques jours à Talca ?

— C'est notre intention, en effet, caballero.

— Avez-vous quelques connaissances dans la ville ?

— Aucune, caballero.

— Tant mieux! répondit le cavalier en riant, alors vous ne me refuserez pas de descendre chez moi; je serai heureux, caballeros, de vous offrir l'hospitalité, pour tout le temps qu'il vous plaira de demeurer à Talca, où vous ne resterez jamais aussi longtemps que je le désire.

— Je ne sais vraiment comment vous remercier, caballero, répondit Olivier en s'inclinant sur le cou de son cheval.

— En acceptant, vive Dios! Ne craignez pas de me gêner en rien, je suis riche et ma maison est grande; je me nomme don Pablo de Galvez.

— Et moi, caballero, don Carlos Madray.

— Et moi, don Pedro Medroza, ajouta Ivon; ces deux personnes sont nos serviteurs, l'un est Colombien, l'autre Français.

— Très-bien! caballeros; vous me causez une véritable joie; je n'ai donc pas perdu ma journée. Je ramène des hôtes, et des hôtes d'importance!

— Vous faisiez sans doute une promenade hors de la ville, señor don Pablo?

— Non pas, je suis allé visiter une de mes chacras, située à cinq ou six lieues d'ici; je revenais tout triste et tout ennuyé, lorsque ma bonne étoile m'a fait vous rencontrer tout juste à point pour me rendre ma bonne humeur envolée depuis le matin.

— C'est trop de gracieuseté, señor don Pablo!

— Nullement, je dis ce que je pense. Est-ce que vous êtes commerçants?

— Non, répondit Olivier en souriant.

— Militaires, sans doute? il y a quelque chose en vous qui le fait supposer.

— Nous ne sommes pas militaires, señor don Pablo, nous sommes marins ; j'ai l'honneur de commander un bâtiment corsaire au service de la république colombienne.

— Et vous abandonnez ainsi votre navire ?

— Non pas, señor ; en ce moment il est ou doit être mouillé à Maule. J'aurai l'honneur de vous le faire visiter, si vous le désirez ?

— Je le crois bien, que je le désire !

— C'est un bon et vaillant navire ; il se nomme le *Hasard*.

— Le *Hasard* ! s'écria don Pablo en se frappant le front et arrêtant son cheval ; est-ce donc le fameux corsaire si redouté des Espagnols, auquel il a fait tant de mal ? qui, il y a trois mois, en face du Callao, s'est emparé à l'abordage de la corvette espagnole la *Santa-Maria* et, malgré tous les croiseurs, l'a fait entrer dans la rivière de Goyaquil ?

— Je vois que vous êtes bien renseigné, señor ; c'est le même.

— Vive Dios ! il est célèbre sur toute la côte, depuis Valparaiso jusqu'à Mazatlan, et vous êtes son capitaine ?

— J'ai cet honneur, caballero ; le señor don Pedro Medrosa, mon ami, est mon second capitaine.

— Alabado sea Dios ! s'écria le Chilien ravi de tout ce qu'il entendait; voilà une aventure, par exemple ! Vous êtes bien connu ici, capitaine, vous vous en apercevrez bientôt ; laissez-moi vous remercier encore de l'honneur que vous me faites en acceptant mon hospitalité.

— Vous me comblez, caballero !

Tout en causant ainsi, les voyageurs avaient pénétré dans la ville, dont ils traversaient depuis quelques instants les rues, à peu près désertes.

Ils débouchèrent enfin sur la plaza Mayor et s'arrêtèrent devant une grande et belle maison, sur le seuil de laquelle se tenaient plusieurs peones ; en reconnaissant leur maître, ils s'empressèrent d'ouvrir la porte et de saisir les chevaux à la bride, quand les cavaliers eurent mis pied à terre.

— Venez, dit gracieusement don Pablo, je vais vous montrer le chemin de vos appartements ; le premier besoin d'un voyageur est de se baigner et de procéder à une nouvelle toilette. Vous vous reposerez jusqu'au dîner ; alors je viendrai vous prendre pour vous présenter ma famille ; j'ai une femme que j'aime beaucoup, un fils et une fille qui sont ma joie ; tous ils seront heureux de l'honneur que vous me faites.

Tout en parlant ainsi, don Pablo Galvez avait introduit ses hôtes dans un vaste appartement, composé de plusieurs pièces, meublé à la mode espagnole du dix-huitième siècle, de meubles un peu lourds, à la vérité, mais ayant un grand style, et aussi confortables que l'époque le permettait.

— Vous êtes chez vous, dit le Chilien ; nul ne viendra vous troubler ; reposez-vous et que Dieu vous garde.

Et il sortit, les laissant libres de faire ce que bon leur semblerait.

Quelques jours s'écoulèrent ainsi ; Olivier et Ivon étaient traités par leurs hôtes avec la plus haute considération. Tous les membres de la famille étaient littéralement aux petits soins pour eux ; ils s'ingéniaient à satisfaire leurs moindres désirs.

Olivier et son ami ne perdaient pas leur temps ; dès le lendemain de leur arrivée, ils s'étaient mis à la recherche du soi-disant don Joaquim Muñoz, non pas d'une façon occulte, mais franchement, aux yeux de tous, en hommes qui, ayant le désir de conclure certain marché, s'informent de la personne avec laquelle ce marché doit être traité, lui donnent rendez-vous et essaient de la rencontrer.

Mais toutes leurs démarches furent inutiles ; depuis quatre jours, c'est-à-dire le lendemain même de leur arrivée à Talca, don Joaquim Muñoz avait, sans motifs connus, quitté le tambò, où il avait laissé toutes ses marchandises, annonçant simplement qu'une affaire urgente exigeait sa présence dans une chacra assez éloignée, et que son absence se prolongerait probablement pendant sept ou huit jours.

Les deux amis furent consternés de ce contretemps, qu'ils ne savaient à quel motif attribuer ; l'inquiétude les gagnait ; ils faisaient les suppositions les plus erronées sur cette absence, que rien ne justifiait à leurs yeux.

Par une singulière et étrange coïncidence, le jour même du départ de don Joaquim Muñoz, Fernan Nuñez avait disparu, lui aussi, sans qu'il fût possible de découvrir ce qu'il était devenu.

S'était-il mis à la poursuite de l'ennemi de son maître ? Don Joaquim Muñoz l'avait-il reconnu et s'était-il débarrassé de lui comme d'un espion dangereux ?

Mystère !

Olivier et Ivon ne savaient à quel saint se vouer, ils en perdaient presque la tête ; mais, et c'était là pour eux le plus pénible, il leur fallait cacher soigneusement l'inquiétude qui les dévorait et paraître gais et insouciants.

Don Pablo Galvez avait présenté ses hôtes dans les plus riches maisons de Talca ; partout ils avaient reçu le meilleur accueil ; ce n'était que fêtes et tertulias en leur honneur ; tout le monde semblait avoir à cœur de leur témoigner de la sympathie.

Un soir, les deux amis assistaient à une nombreuse tertulia, où l'élite de la bonne société s'était donné rendez-vous ; la contredanse n'avait pas encore, grâce à Dieu ! pénétré en Amérique ; les dames et les jeunes gens se livraient aux gracieuses danses nationales ; la fête était à son apogée, quand un peon placé à la porte du premier salon annonça d'une voix retentissante :

— El señor don Joaquim Muñoz.

Olivier causait en ce moment avec le maître de la maison et don Pablo Galvez ; il tressaillit en entendant ce nom résonner tout à coup à son oreille ; laissant inachevé ce qu'il disait, il se tourna vivement et examina avec une ardente curiosité l'homme ainsi annoncé, qui, en ce moment, traversait avec une aisance parfaite le salon dans toute sa longueur, pour venir, ainsi que l'obligeait l'étiquette, saluer le maître de la maison.

Don Joaquim Muñoz, ou, pour mieux dire, don Estremo Montès, était un homme entre deux âges : bien conservé, de manières parfaites, et qui aurait été beau sans l'expression singulière de son regard fuyant et ne se fixant jamais.

— Soyez le bienvenu, dit le maître de la maison en réponse au salut de don Joaquim ; je suis charmé de vous voir, je n'espérais pas avoir cet honneur aujourd'hui.

— En effet, caballero, répondit le Péruvien ; à mon grand regret, j'ai été contraint de me rendre à Concepcion pour une affaire pressante impossible à remettre.

— C'est vrai, ajouta don Pablo Galvez, vous étiez, m'a-t-on dit, absent de Talca depuis quelques jours.

Sans qu'il sût pourquoi, le cœur d'Olivier se serra douloureusement en entendant les paroles de don Joaquim ; cependant elles n'avaient rien que de fort simple.

— Êtes-vous depuis longtemps de retour, caballero ? demanda courtoisement le maître de la maison.

— Depuis une heure à peine, señor, répondit don Joaquim ; j'ai trouvé chez moi votre lettre d'invitation, je n'ai pris que le temps de changer de costume et je suis venu, sachant être bien reçu.

— Je vous remercie sincèrement, caballero, d'avoir pour moi oublié votre fatigue.

— Si vous me le permettez, je présenterai mes hommages à la señora et à vos charmantes niñas.

— Un instant, s'il vous plaît, cher don Joaquim, s'écria vivement don Pablo Galvez ; permettez-moi d'abord de vous présenter deux de mes meilleurs amis, qui, bientôt, je l'espère, seront aussi les vôtres.

— C'est un grand honneur que vous me faites, señor don Pablo, répondit le Péruvien en s'inclinant.

Don Pablo se tourna alors vers Olivier et Ivon Lebris, toujours debout près de lui, et, les saluant en souriant :

— Señor don Joaquim Muñoz, dit-il, j'ai l'honneur de vous présenter le señor don Carlos Madray et le señor don Pedro Medroza.

Le Péruvien salua. Un nuage aussitôt effacé passa sur son visage.

— Il me semble connaître les noms de ces caballeros, dit-il.

— En effet, señor, répondit Olivier en saluant ; nous nous sommes présentés plusieurs fois au tambò, où vous êtes descendu, sans avoir le plaisir de vous rencontrer.

— Le plaisir aurait été tout entier pour moi, caballeros.

— Nous sommes compatriotes, ajouta Olivier ; c'est en cette qualité que mon ami et moi nous avons cru pouvoir nous présenter chez vous, señor, d'autant plus que nous désirons vous proposer une affaire importante et avantageuse.

— Je me mets complétement à votre disposition, caballeros.

La connaissance, ainsi ébauchée, ne tarda pas à devenir intime.

Deux ou trois jours plus tard, don Joaquim Muñoz ne pouvait plus se passer de ses nouveaux amis.

Il est vrai que ceux-ci n'avaient rien ménagé pour obtenir ce résultat.

Un matin, en déjeunant, don Pablo Galvez demanda à Olivier, devant Joaquim Muñoz, qui était un des convives, s'il avait des nouvelles de son bâtiment.

— Oui, répondit Olivier, j'en ai reçu hier ; il est mouillé à Maule. Mais à propos de cela, ajouta-t-il vivement, vous souvenez-vous, cher don Pablo, que vous m'avez témoigné le désir de visiter mon navire ?

— Je me le rappelle parfaitement, cher señor.

— Ce désir, l'avez-vous encore ?

— Plus que jamais, señor.

— Eh bien ! vous savez que rien n'est agréable comme l'impromptu ; voulez-vous sans cérémonie m'accompagner demain à Maule ? Nous partirons de bon matin, afin d'éviter la chaleur ; nous déjeunerons à bord, et nous ferons après une promenade en mer : cela vous convient-il ?

— Certes, je serais difficile si je disais autrement.

— Ainsi, c'est convenu ?

— Convenu, oui, señor don Carlos. Oh ! quelle bonne journée nous passerons ensemble !

— Je ferai tout ce qui dépendra de moi pour que vous n'ayez pas à regretter cette excursion ; et vous, señor don Joaquim, que pensez-vous de cette partie de plaisir ? nous accompagnerez-vous ?

— La fête, ainsi, serait complète ! s'écria don Pablo.

— Vous ne m'accuserez pas d'outrecuidance si je vous réponds oui ainsi tout de suite ? dit le Péruvien en riant.

— Au contraire, je vous en saurais gré, señor.

— Eh bien ! puisqu'il en est ainsi, je me laisse

aller, je serai des vôtres, caballeros. Je vous avoue que, n'ayant jamais vu de corsaire, je suis très-curieux de visiter le vôtre, dont la réputation est si grande. Ma foi, tant pis ! Voilà le grand mot lâché !

— Alors c'est dit, caballeros ; nous partirons à sept heures du matin, heure militaire.

En effet, le lendemain, à sept heures précises, Olivier, don Pablo Galvez et don Joaquim Muñoz montaient à cheval et quittaient Talca.

La veille, Ivon Lebris et Antoine Lefort avaient pris les devants et s'étaient rendus à Maule.

Ce port, fort commode, n'était à cette époque qu'une bourgade habitée par des pêcheurs et des contrebandiers ; les Espagnols prohibant tout commerce avec les étrangers, auxquels ils défendaient même l'entrée de leurs ports, la contrebande s'était développée dans des conditions véritablement inquiétantes ; cependant l'influence de l'émancipation commençait à se faire sentir ; les navires de commerce apprenaient peu à peu le chemin de ce port, qui, aujourd'hui, jouit d'une certaine notoriété, et la contrebande avait été tuée du coup.

La route de Talca à Maule va toujours en descendant ; cette descente, en certains endroits, est même très-rapide. De cette disposition des lieux il résulte que l'on aperçoit la mer et la plage de fort loin, et que l'on distingue le port et les bâtiments mouillés sur rade très-longtemps avant que d'arriver à la bourgade.

Cette vue est féerique ; elle cause une véritable admiration à ceux qui en jouissent pour la première fois.

Les chevaux furent confiés à des peones, et les trois voyageurs se dirigèrent vers le môle, où les attendait une baleinière du *Hasard*.

Le capitaine fit asseoir ses hôtes à sa droite et à sa gauche, dans la chambre d'arrière.

— Pousse ! dit-il en espagnol.

Le brigadier, armé de sa gaffe, fit éviter la pirogue. Les avirons, jusque-là tenus mâtés par les rameurs, tombèrent tous ensemble à la mer.

— Avant partout ! ordonna le capitaine.

Les matelots se couchèrent sur les avirons ; la baleinière sembla voler sur le dos des lames ; en moins de cinq minutes, elle atteignit le brick-goëlette, mouillé un peu au large.

Le capitaine et ses hôtes furent reçus à bord avec les honneurs militaires.

Le corsaire avait fait sa grande toilette.

Le navire était d'une propreté hollandaise ; les cuivres reluisaient comme de l'or, on se serait miré dans les canons, tant ils brillaient ; le pont était d'une blancheur laiteuse, l'équipage et l'état-major avaient revêtu l'uniforme colombien.

Maître Caïman, étincelant comme un soleil, se prélassait, une longue chaîne d'or passée au cou et soutenant un sifflet de même métal curieusement ciselé.

Les matelots se tenaient respectueusement à l'avant.

Une tente, tendue du beaupré à l'arrière, interceptait les rayons trop ardents du soleil.

Le capitaine laissa un instant ses hôtes aux soins d'Ivon et entra dans sa cabine ; au bout de quelques minutes il en ressortit ; il avait quitté le costume chilien et endossé son uniforme.

— Regardez, dit-il à don Pablo et à don Joaquim, en étendant le bras vers la terre.

Tous se penchèrent sur la lisse.

Six canots, chargés de dames et de cavaliers, se dirigeaient vers le brick-goëlette.

Don Pablo reconnut sa femme, son fils et ses deux filles dans un des canots ; dans un autre se trouvaient les autorités de Maule et de Talca ; les autres renfermaient les membres les plus distingués de la société de la ville.

— Quelle charmante surprise ! s'écria don Pablo avec joie ; et vous ne m'aviez rien dit, don Carlos ?

— Où aurait été la surprise ? répondit le capitaine en riant.

— C'est juste, fit-il en serrant la main du jeune homme.

Le gouverneur de Talca fut salué de sept coups de canon lorsqu'il monta à bord du navire, et le pavillon chilien fut hissé à la pomme du grand mât.

La compagnie était nombreuse ; elle s'élevait à une trentaine de personnes, dames et cavaliers.

Tout le monde était radieux.

Le colonel Obregoso, gouverneur de Talca, après avoir échangé quelques paroles à voix basse avec le capitaine, était descendu dans la cabine en compagnie d'Ivon Lebris.

Olivier faisait, aidé de ses deux officiers, les honneurs du navire aux dames, qui admiraient, avec de grands cris de joie, tout ce qu'elles voyaient ; la plupart des dames, et même des hommes, n'avaient jamais vu de bâtiments de guerre ; elles ne s'imaginaient pas ce que cela pouvait être ; aussi tout était-il nouveau et intéressant pour ces natures primesautières et, à cause de cela même, éminemment impressionnables.

Depuis une demi-heure déjà, la visite du navire continuait ; l'attention de tous les invités était complétement absorbée par les explications que donnait le capitaine, lorsque Ivon remonta sur le pont, et, s'approchant de don Joaquim Muñoz, qui depuis son arrivée à bord s'était tenu à l'écart, en proie, sans s'en rendre compte, à une inquiétude vague, Ivon le pria civilement de le suivre.

Don Joaquim obéit machinalement.

Il descendit, précédé par Ivon Lebris.

Un matelot, armé d'un fusil, se tenait à la porte de la cabine du capitaine.

Ivon ouvrit cette porte, invita don Joaquim à passer, entra derrière lui et referma la porte.

— Ah! vous voici, dit le colonel Obregoso en se levant et faisant deux pas au devant du Péruvien ; veuillez, je vous prie, ajouta-t-il, m'accorder quelques minutes.

— Je suis à vos ordres, colonel, répondit don Joaquim.

— Venez donc, reprit-il.

Et il ouvrit la porte du salon.

Don Joaquim poussa un cri terrible, chancela et devint livide,

Il avait aperçu, étendu sur un hamac, don Diego Quiros, pâle et défait.

Doña Maria et doña Dolorès, les yeux pleins de larmes, priaient, agenouillées de chaque côté du hamac.

— Assassin! s'écria don Diego en se dressant sur son séant et fixant sur don Joaquim un regard étincelant ; tu croyais m'avoir tué, n'est-ce pas ?

Mais Dieu n'a pas permis que tu accomplisses ce crime lâche et odieux, il veillait sur moi ! Justice sera faite !

Don Joaquim était redevenu froid, et impassible en apparence.

— Cet homme est fou ! dit-il en haussant les épaules. Que me veut-il ? Je ne le connais pas !

En ce moment il sentit qu'on le touchait légèrement à l'épaule ; il se retourna machinalement.

Un homme, un spectre était penché sur lui et le fixait d'un regard étrange.

— Lui ! lui ! s'écria le misérable, en proie à une horrible épouvante. Les morts sortent-ils donc de leur tombeau ?

— Oui ! reprit Fernan Nuñez avec un ricanement railleur ; oui, ils sortent du tombeau pour t'accabler et réclamer vengeance !

— Je suis perdu ! murmura l'assassin avec égarement. Eh bien ! oui ! s'écria-t-il d'une voix saccadée, j'ai voulu vous tuer tous deux ! Je jouais une partie de deux millions de piastres ! j'avais mis ma tête pour enjeu, qu'on la prenne ! Si j'avais gagné, vous seriez à mes pieds.

Le colonel fit un geste muet.

Quatre matelots armés, qui sans doute attendaient cet ordre, s'emparèrent du misérable et l'entraînèrent.

Il fut aussitôt jeté, solidement garrotté, dans la fosse aux lions.

Disons maintenant ce qui s'était passé, et comment cette scène dramatique avait été préparée.

Don Estremo Montès, à qui nous rendrons son véritable nom, était fils d'un Espagnol et d'une Indienne Charruas ; il avait au plus haut degré le défaut des deux races dont il était issu : il était fourbe, lâchement cruel, froid, tenace et avare.

Le vol dont il s'était rendu coupable au préjudice de don Diego, son co-propriétaire, avait été longtemps prémédité à l'avance, toutes ses précautions prises pour réussir ; malheureusement, le retour imprévu de don Diego à Lima lui avait fait voir l'inanité de ses plans si lentement mûris et élaborés. Il ne se faisait aucune illusion ; comme tous les joueurs émérites, il calculait froidement ses bonnes ou mauvaises chances ; de même que don Diego, il sentait chanceler la puissance espagnole en Amérique ; il prévoyait son effondrement prochain ; il sentait que l'indépendance du Pérou amènerait le triomphe de don Diego et la ruine de ses combinaisons à lui ; aussi essaya-t-il, par tous les moyens, de se débarrasser de son ennemi en le faisant arrêter : il faillit réussir ; la fuite de don Diego le déconcerta, sans pourtant le décourager ; le temps pressait : il résolut d'en finir avec lui, même par un meurtre ; il se mit à sa poursuite.

A Valparaiso, il apprit le départ de don Diego pour Santiago ; don Estremo se lança sur sa piste.

Arrivé au Chili, don Diego n'avait aucune raison sérieuse pour se cacher ; cependant il crut prudent d'user de certaines précautions de stricte prévoyance ; de là les difficultés éprouvées par don Estremo pour le découvrir.

Le jour même où Olivier arrivait à Talca, don Estremo apprenait par hasard que don Diego, sa femme et sa fille, s'étaient établis à la chacra de Santa-Rosa, éloignée seulement de deux ou trois lieues de la ville.

Aussitôt sa résolution fut prise.

Il monta à cheval et alla s'embusquer dans un rancho de peones, aux environs de la chacra.

Malheureusement pour lui, un homme s'était attaché à ses pas, surveillait tous ses mouvements et ne le quittait pas plus que son ombre.

Cet homme était Fernan Nuñez.

Une nuit, vers onze heures du soir, voyant toutes les lumières depuis longtemps éteintes, don Estremo s'introduisit dans la chacra ; il avait pris toutes les informations nécessaires, connaissait parfaitement la disposition des lieux ; il était donc certain d'arriver presque à coup sûr à la chambre dans laquelle couchait don Diego.

Mais Fernan Nuñez guettait don Estremo : il s'était, à sa suite, introduit dans l'habitation ; les deux hommes se suivaient pas à pas dans l'ombre ; ils étaient si rapprochés l'un de l'autre qu'ils auraient pu entendre le bruit de leur respiration.

Don Estremo ouvrit la porte de la chambre de son ennemi, s'approcha à pas de loup et leva son poignard ; mais, au même instant, Fernan Nuñez se jeta sur lui à corps perdu en appelant don Diego et criant au secours.

Le poignard de don Estremo, mal dirigé, ne fit qu'une blessure insignifiante à don Diego, mais cependant amena un profond évanouissement. Don Estremo, voyant son ennemi immobile, le crut mort ; il tourna alors sa rage contre Fernan Nuñez, qu'il renversa d'un second coup de poignard ; il se préparait à redoubler, mais il n'en eut pas le temps. Les cris poussés par le dévoué serviteur avaient jeté l'alarme ; on accourait de tous les côtés. Don Estremo se débarrassa à grand'peine de Fernan Nuñez cramponné après ses vêtements, sauta par une fenêtre et disparut.

Cependant, après avoir fait quelques pas, il eut l'audace de revenir s'embusquer près de la fenêtre et d'écouter ce qui se disait dans la chambre.

Beaucoup de gens remplissaient la pièce, ils criaient et se lamentaient; au milieu de toutes ces exclamations, le mot *mort!* revenait sans cesse.

— Allons! se dit don Estremo, j'ai réussi, malgré tout. Dieu soit loué! ces hommes sont morts; nul ne m'a vu, mon secret est à moi! Quoi qu'il advienne maintenant, je suis positivement propriétaire des mines du Cerro de Pasco!

Là-dessus, il se retira en se frottant les mains et rentra dans son rancho, où il s'endormit profondément.

Il ne s'éveilla que très-tard dans la matinée.

Son premier soin fut d'aller rôder aux environs de la chacra, où tout était morne et triste; il n'osa pas trop interroger, de peur d'éveiller les soupçons; il rentra dans le rancho, où il demeura enfermé pendant tout le jour, plongé dans cette espèce d'hébétement qui suit les grands crimes : phénomène moral qui se produit souvent après une longue et excessive tension d'esprit sur un seul but.

Le lendemain, il se fit un grand mouvement à la chacra; toutes les fenêtres étaient ouvertes; les propriétaires des environs arrivaient en foule au galop de leurs chevaux; la cérémonie funèbre de l'enterrement des victimes de don Estremo se préparait ; il eut l'audace de se mêler à la foule et de pénétrer dans la chacra ; nul ne fit ou ne sembla faire attention à lui.

Les deux cercueils étaient là, couverts de draps noirs et entourés de cierges ; des prêtres récitaient des prières. Si don Estremo avait conservé des doutes sur ce qu'il nommait son expédition, cette vue les aurait tous levés.

Le soir, il se prépara à retourner à Talca. En s'habillant, il s'aperçut qu'un portefeuille, que toujours il portait sur lui pour plus de sûreté, avait disparu. Cette découverte l'inquiéta beaucoup. Il voulut chercher dans les vêtements qu'il portait la nuit du double assassinat, et qui avaient été mis en lambeaux pendant sa lutte contre Fernan Nuñez; mais il se souvint que, le lendemain du crime, il avait fait un paquet de ces loques, et, après les avoir bourrées de pierres, il les avait jetées au fond d'un *pozo* — puits — desséché.

— Je n'ai pas songé à ce portefeuille, murmura-t-il, je l'ai jeté avec le reste ; le diable soit de ma sottise !

Cette réflexion le rassura, bien que la perte de son portefeuille le chagrinât fort : il renfermait plusieurs pièces précieuses, et surtout très-compromettantes pour lui, si elles étaient tombées entre les mains d'un ennemi.

Don Estremo était prudent comme un Indien, c'est tout dire. Au milieu de la nuit, il s'introduisit dans la chacra, où pendant plusieurs heures il se livra à de minutieuses recherches dans la *huerta*, refaisant vingt fois le trajet qu'il avait parcouru pendant la nuit du crime, et inspectant chaque touffe de gazon : il ne découvrit rien ; il se rendit au puits où il avait jeté ses habits, et essaya de descendre au fond, mais tous ses efforts furent inutiles.

— Je n'ai rien à redouter, dit-il : si je n'ai pu descendre, d'autres n'y réussiront pas plus que moi.

Le lendemain, il retourna à Talca, complétement rassuré sur les conséquences de son crime.

Cependant, le jour même de la cérémonie funèbre à la chacra, un homme s'était introduit inaperçu dans la maison de don Pablo Galvez, avait pénétré dans l'appartement d'Olivier et avait eu avec lui un long entretien, à la suite duquel tous deux étaient montés à cheval et étaient sortis de la ville.

Cet homme était Fernan Nuñez, pâle, défait, les yeux brillant d'un feu sombre, mais ferme et fort. Il portait le bras gauche en écharpe et avait une légère blessure au cou.

Vers dix heures du soir, les deux cavaliers atteignirent la chacra, dont les portes leur furent mystérieusement ouvertes.

Olivier fut introduit dans une pièce, où don Diego, sa femme et sa fille l'attendaient ; les premiers moments de cette entrevue furent tout à la joie ; puis, la première émotion calmée, vinrent les explications.

Elles furent longues. Don Estremo n'avait pas, ainsi qu'il le supposait, jeté son portefeuille dans le puits desséché : il lui avait été arraché pendant la lutte par Fernan Nuñez ; Olivier l'ouvrit ; il feuilleta attentivement les papiers qu'il contenait, puis il le referma et le serra avec soin.

— Voici ce que je propose, dit-il. Procéder

légalement contre votre assassin est impossible : il n'y a encore dans ce pays, libre à peine depuis quelques mois, rien de constitué, ni police, ni lois, ni tribunaux ; il faut agir de ruse, contraindre ce misérable à se dénoncer lui-même, en le frappant de terreur ; procéder enfin comme le faisaient jadis les flibustiers de l'île de la Tortue, et le font aujourd'hui les frères de la côte dans l'Inde, tout en nous ménageant le concours des autorités de la ville. Laissez-moi agir à ma guise ; j'ai mon plan, il réussira ; je vous réponds du succès. On vous croit morts tous deux ; l'assassin s'endort dans une trompeuse sécurité, partez cette nuit même pour Maule, et montez, sans être vus, à bord de mon navire ; je me charge du reste. Si ce n'est pas pour vous, que ce soit du moins pour votre femme et votre chère enfant, dont les intérêts doivent être sauvegardés. Il est important de ne pas donner l'éveil à l'assassin, il sera frappé comme par un coup de foudre !

Il y eut ensuite une intime et charmante causerie entre ces quatre personnes, dont l'amitié était si profonde et si sincère ; puis, après avoir vu ses amis monter à cheval et prendre la route de Maule, Olivier rentra à Talca, emportant avec lui le portefeuille.

Le lendemain, le capitaine se présenta au palais du gouverneur ; il eut avec le colonel Obregoso un entretien qui se prolongea pendant plusieurs heures ; cet entretien fut suivi de plusieurs autres ; enfin, quelques jours plus tard, le colonel Obregoso dit à Olivier :

— J'ai reçu une réponse du président de la république; il approuve complétement les moyens que nous voulons employer et dont l'exécution vous est remise. Voici les actes : ils sont dressés, signés par le président et contre-signés par le ministre de la justice. Seul, le nom du coupable est en blanc; ce blanc, c'est moi qui le remplirai, mais seulement après l'aveu explicite du coupable lui-même.

— C'est bien, répondit froidement Olivier; cet aveu, vous l'aurez, colonel.

Nous avons raconté ce qui suivit; comment, en voyant surgir devant lui les deux hommes qu'il croyait morts, l'assassin, accablé par l'évidence, avait perdu la tête et s'était enfin dénoncé lui-même, avec cette sauvage forfanterie qui était le côté saillant de son caractère, et sur laquelle comptait surtout Olivier pour le faire tomber dans le piége qu'il lui avait si adroitement tendu.

Le colonel remit alors au corsaire la condamnation prononcée par le président contre l'assassin, contre-signée par le ministre de la justice, et enfin par lui, colonel Obregoso, comme gouverneur de Talca; et une plainte formulée par le consul français à Valparaiso et adressée au président de la république chilienne, réclamant justice du crime commis par Estremo Montès, sujet espagnol, sur la personne de don Diego Quiros, sujet de la république d'Andorre et placé sous la protection de la France; enfin une lettre du président de la république, assurant le consul français que des ordres avaient été immédiatement transmis à Talca pour que bonne et prompte justice fût faite de l'assassin. L'arrestation d'Estremo Montès avait complétement passé inaperçue.

Le colonel remonta sur le pont, comme si rien d'extraordinaire n'avait eu lieu.

Une table avait été dressée à l'arrière pour le déjeuner.

Sur l'invitation d'Olivier, chacun prit place.

Le repas fut très-gai ; Olivier, Ivon et les autres officiers du corsaire en firent les honneurs avec une grâce et une galanterie dont tous les convives furent enthousiasmés.

Tandis que l'on fêtait le champagne, alors presque inconnu en Amérique, le brick leva l'ancre et se couvrit de voiles ; le temps était magnifique, la mer calme comme un miroir.

La promenade en mer fut délicieuse.

Le navire rentra en rade et regagna son mouillage au coucher du soleil, au moment où les invités se remettaient à table pour dîner.

Le navire fut alors complétement illuminé.

Les invités nageaient littéralement dans la joie ; jamais ils n'avaient goûté à des mets aussi exquis et bu des vins d'aussi haut goût.

A neuf heures, un peu avant le lever de la lune, un feu d'artifice fut tiré sur le gaillard d'avant, au milieu des rires et des cris joyeux des invités, mêlés à ceux de la foule rassemblée sur la plage, et s'associant de loin à la joie générale.

Puis le bal s'ouvrit ; il se prolongea jusqu'au jour, entremêlé de rafraîchissements de toutes sortes, comme jamais on n'en avait jusqu'alors vu au Chili.

La fête fut complétée par un souper improvisé,

auquel chacun fit le plus chaud accueil ; la danse ouvre beaucoup l'appétit : tout le monde avait énormément dansé.

Vers huit heures du matin, on débarqua et on retourna à cheval à Talca.

Tout le monde fut d'accord pour reconnaître que l'hospitalité du corsaire avait été véritablement princière.

Ce fut seulement en rentrant chez lui que don Pablo Galvez s'aperçut enfin de l'absence de don Estremo Montès.

Olivier n'avait pas de motif pour être discret. En quelques mots il mit son hôte au courant des faits.

A cette révélation, don Pablo Galvez hocha la tête et ne témoigna aucune surprise.

— Cela ne m'étonne que médiocrement, dit-il : cet homme avait dans la physionomie un je ne sais quoi de répulsif qui faisait mal.

Le capitaine aurait voulu prendre congé et retourner tout de suite à Maule auprès de ses amis ; mais il avait compté sans ses nombreuses connaissances.

Il fut contraint de séjourner, bon gré mal gré, pendant huit longs jours à Talca.

Ces huit jours se passèrent en fêtes.

Enfin, il fut permis au capitaine de s'arracher à ces nouvelles délices de Capoue, et de reprendre le cours de ses croisières ; il rendit ses visites officielles et partit pour Maule, en compagnie de don Pablo Galvez, qui ne voulut se séparer de lui qu'au dernier moment.

Enfin, vers deux heures de l'après-midi, le

Hasard mit sous voiles et disparut bientôt à l'horizon.

Il se rendait à Valparaiso.

Don Pablo retourna tout triste à Talca, roulant dans sa tête une foule de projets, plus fous les uns que les autres, pour arriver à retrouver et à revoir cet ami de quinze jours, qu'il aimait comme un ami de vingt ans.

CHAPITRE XIII

DANS LEQUEL CE PAUVRE SEÑOR DON ESTREMO MONTÈS PASSE UN VILAIN QUART D'HEURE.

Ainsi que nous l'avons dit, le *Hasard* avait mis sous voiles, et, emporté par une belle brise de l'est-sud-est, il n'avait pas tardé à perdre la terre de vue.

Olivier, assis à l'arrière, causait avec don Diego Quiros, doña Maria et doña Dolorès. Les charmantes passagères étaient commodément assises sur des siéges moelleux, disposés à leur intention par les soins d'Ivon Lebris : le brave Breton ne négligeait jamais rien de ce qu'il savait devoir être agréable à son ami et matelot.

Le soleil se couchait à l'horizon ; ses derniers rayons coloraient la mer de toutes les nuances du prisme, et faisaient scintiller comme des pointes de diamant les franges d'écume des lames ; le ciel, d'un bleu d'azur, était teinté de chaudes bandes d'un rouge vif à la ligne extrême d'horizon ; les alcyons, les damiers et les frégates mouillaient l'extrémité de leurs longues ailes dans l'écume en se poursuivant avec de rauques cris de joie ; plusieurs voiles blanchissaient dans différentes directions ; la brise, fortement imprégnée des senteurs de la terre, sifflait sur une basse continue à travers les cordages du bâtiment corsaire, tendus comme les cordes d'une harpe éolienne.

C'était la magnifique et délicieuse soirée d'un beau jour.

La conversation du capitaine et de ses passagers était assez animée.

Sur l'avant, les matelots, groupés sur le gaillard, chantaient en chœur la fameuse ronde des corsaires de Roscoff, si connue alors de tous les marins bretons, et qui commence ainsi :

> Nous étions trois corsaires,
> Tous les trois vent arrière,
> Sans pouvoir nous quitter ! (*bis*)
> La petite *Dorade*,
> Filant comme un orage,
> Dans la nuit nous laissa ! (*bis*)
>
> Le matin à l'aurore,
> Nous aperçûmes un cotre,
> Un cotre au vent à nous !
> C'était une jolie frégate,
> Qui nous donnait la chasse,
> La mouche auprès de nous ! (*bis*)

Cela continue ainsi pendant cinquante couplets, dans lesquels on célèbre, en style très-goudronné, les avantages, les joies et les bonheurs, sans parler des gloires de la belle vie de corsaire.

Les chants des marins, quelle que soit leur poésie, ont tous une harmonie pleine de mélancolie qui impressionne et dispose, malgré soi, l'âme à la rêverie. Doña Dolorès subissait l'influence de ces chants, dont les mélodies tristes lui arrivaient par bouffées, sans qu'elle essayât même d'en saisir les paroles, sans intérêt pour elle, et que d'ailleurs elle n'aurait pu comprendre à cause des termes nautiques dont la ronde était bourrée.

— Que comptez-vous faire de votre prisonnier, mon cher capitaine ? demandait don Diego à Olivier au moment où nous reprenons notre récit.

— Vous intéresseriez-vous à ce misérable? répondit Olivier.

— Je vous avoue, reprit don Diego, que depuis qu'il n'est plus à redouter, je me sens pris d'une grande pitié pour lui; je ne puis oublier qu'il a été mon ami à une autre époque.

— C'est vrai, murmura doucement doña Maria.

— Ce temps est loin, cher don Diego; comment, plus tard, a-t-il reconnu vos bienfaits? reprit Olivier.

— Par la plus noire ingratitude, dit nettement doña Dolorès.

— Ce n'est que trop vrai, murmura don Diego.

— Dieu recommande de rendre le bien pour le mal, dit encore doña Maria.

— Et c'est un des plus beaux préceptes de la religion chrétienne, appuya doña Dolorès.

— Soit, reprit Olivier; j'admets et j'admire comme vous la grandeur de ce précepte; mais, comme la religion, la société a ses lois, qui doivent être respectées; d'ailleurs, l'Évangile ne dit-il pas lui-même : celui qui frappe avec l'épée mourra par l'épée?

— Voulez-vous donc faire périr cet homme? demanda Dolorès avec tristesse.

— Je ne veux rien, señorita, répondit Olivier; je me permettrai seulement de vous faire observer que, dans certains cas, l'indulgence est non-seulement une faute, mais presque un crime envers la société tout entière.

— Oh! vous allez trop loin, cher ami? dit don Diego en souriant.

— Je ne crois pas; ainsi combien de fois, surprenant un voleur la main dans le sac, ou un assassin le couteau au poing, on cède aux prières et aux protestations de ces misérables, on s'attendrit et on les laisse échapper en leur disant : Allez vous faire pendre ailleurs.

— En effet, cela arrive souvent.

— Trop souvent, et c'est un tort : les misérables ainsi amnistiés par la bonté de ceux qu'ils voulaient voler ou assassiner, au lieu de rentrer en eux-mêmes et de se corriger, vont ailleurs continuer leurs vols et leurs assassinats ; on devient ainsi moralement leur complice, et par conséquent responsable de leurs méfaits et du sang que, grâce à cette faiblesse regrettable, ils font couler. Mais laissons, je vous prie, ce sujet pénible, et sur lequel il est inutile de nous étendre davantage, cela nous conduirait beaucoup trop loin.

— Un mot seulement, reprit doña Maria : apprenez-moi comment est traité ce malheureux.

— Vous allez être satisfaite, señora, répondit Olivier en s'inclinant et faisant signe à Furet de s'approcher. Mousse, lui dit-il, appelez le capitaine d'armes.

Un instant plus tard, le capitaine d'armes parut.

— Vous me demandez, capitaine ? dit-il en faisant le salut militaire.

— Oui, monsieur. Je désire savoir ce que fait le prisonnier, comment il supporte sa captivité, s'il est gai ou triste. Veuillez me donner ces renseignements.

Le sous-officier hocha la tête à plusieurs reprises, en tourmentant l'énorme chique enfoncée dans un des coins de sa bouche ; le digne homme se trouvait fort gêné par la présence des dames, dont les regards se fixaient sur lui avec une vive curiosité.

Enfin, après un instant, il prit résolûment son parti et se décida à répondre.

— Hum! fit-il en toussant pour s'éclaircir la voix, cet individu est un triste sujet, mon capitaine; il est impossible d'en rien faire; il crie, se débat, menace et blasphème, à faire couler le navire à pic; deux fois il a essayé de tuer ceux qui lui portent à manger; il mord comme un chien enragé; il a failli mettre le feu au navire; on ne sait comment le prendre; la douceur l'exaspère au lieu de le calmer. J'ai été contraint, dans l'intérêt général, de le mettre dans l'impossibilité de faire le plus léger mouvement; cet homme est un scélérat de la pire espèce. J'ai vu bien des *faillis chiens*, mauvais comme des caïmans et rageurs comme des cachalots, mais, depuis vingt ans que je navigue sur la *mer jolie*, je n'ai jamais vu un particulier de ce calibre-là; il est un danger perpétuel pour nous; on est contraint de le garder à vue; si on le laissait un instant seul, Dieu sait ce qui arriverait! S'il m'était permis, capitaine, d'émettre mon opinion devant vous, je dirais que plus tôt nous serons débarrassés de cette bête fauve, mieux cela vaudra pour nous.

— Je vous remercie de ces renseignements, monsieur, dit Olivier; continuez à veiller sur cet homme, comme vous l'avez fait jusqu'à présent.

Le capitaine d'armes salua et se retira.

— Que pensez-vous de cela? ajouta Olivier en se tournant vers ses hôtes.

— Que Dieu lui fasse miséricorde, dit tristement doña Maria.

Doña Dolorès et son père courbèrent la tête.

Il y eut un silence.

— Où comptez-vous vous retirer? reprit Olivier; avez-vous fait un choix ?

— Oui, répondit don Diego; je m'installerai à Valparaiso. N'ayant plus rien à redouter, je veux me tenir prêt à tout événement et être en mesure, dès que le moment sera venu, de passer au Pérou avant que personne soit prévenu de mon arrivée; il y a au fond du port, dans le quartier de l'*Almendral*, — pépinière d'amandiers, — une maison charmante que j'ai déjà habitée pendant quelque temps et que je me propose d'acheter.

— Vous désirez donc débarquer à Valparaiso ?

— Oui, mon ami, si cela est possible.

— Parfaitement. Je me rends moi-même à Valparaiso pour régler quelques prises et d'autres affaires encore : c'est sur Valparaiso que nous avons le cap.

— Arriverons-nous bientôt ? demanda doña Dolorès.

— Demain, au lever du soleil, nous mouillerons dans la rade, señorita.

— Oh! mais alors ce n'est qu'une simple promenade.

— Pas autre chose, señorita; je regrette de ne vous conserver que si peu de temps à mon bord.

— Oh! nous nous reverrons à terre, dit-elle vivement.

— J'espère que vous ne nous abandonnerez pas ainsi, don Carlos? dit doña Maria.

— Et que vous vous souviendrez une fois pour toutes, mon ami, ajouta don Diego en lui prenant la main, que notre plus grand bonheur serait de nous acquitter de toutes les dettes de reconnaissance que nous avons contractées envers vous.

— Et qui forment un total effrayant, dit doña Dolorès avec un charmant sourire.

— Ce qui nous fait presque désespérer de nous acquitter jamais, ajouta doña Maria sur le même ton.

— Peut-être! répondit le jeune homme en jetant à la dérobée un regard sur doña Dolorès.

La jeune fille se mordit les lèvres et détourna la tête avec un délicieux sourire.

— Vive Dios! s'écria joyeusement don Diego; s'il existe un moyen de vous prouver combien nous vous aimons, dites-le, cher ami, et bientôt vous aurez la preuve de notre vif désir de vous satisfaire.

— Je retiens votre parole, cher don Diego, dit Olivier avec un léger tremblement dans la voix; bientôt, peut-être, je vous le rappellerai, et ce sera à mon tour de mettre votre amitié à l'épreuve.

— A la bonne heure! voilà qui est parler, cher ami; seulement ne tardez pas trop, je vous prie.

— Ce que je vous demanderai sera peut-être bien grave, bien difficile.

— Allons donc! fit-il vivement; l'impossible seul pourrait m'arrêter, et encore!

— Merci, mon ami; vous ne vous figurez pas combien ce que vous me dites me rend heureux!

— Tant mieux, mon cher don Carlos! Pressez-vous donc, ma curiosité est vive; j'ai hâte de savoir en quoi je puis vous servir.

— J'attendrai, si vous me le permettez, que vous soyez installé dans votre nouvelle résidence.

— Pourquoi donc cela ?

— Parce que, cher don Diego, je veux, avant tout, que vous répondiez en toute liberté à la demande que je vous adresserai.

— C'est donc bien sérieux ?

— Oui, pour moi surtout.

— Eh bien ! soit. J'attendrai qu'il vous plaise de vous expliquer.

— Et vous pourrez le faire sans crainte, dit doña Maria avec intention, en souriant doucement au jeune homme.

La conversation fit alors un crochet, et l'on causa d'autre chose.

Le soir de ce même jour, Olivier et doña Dolorès se trouvèrent seuls un instant.

— Ne craignez pas d'adresser votre demande à mon père, dit la jeune fille à voix basse : ma mère sait tout ; elle approuve notre amour.

— Je tremble, répondit Olivier avec tristesse : il s'agit du bonheur de ma vie entière.

— Raison de plus pour ne pas hésiter.

— Mais si votre père me repoussait ?

La jeune fille haussa les épaules, sourit d'un air moqueur et s'enfuit, en lui disant d'une voix railleuse :

— Poltron ! qui doute de mon amour...

Olivier tressaillit de joie. Il voulut répondre, mais déjà la folle enfant avait disparu.

Le lendemain, un peu après le lever du soleil, ainsi que l'avait annoncé son capitaine, le *Hasard* mouillait sur rade de Valparaiso.

Le brick-goëlette avait pris son mouillage en grande rade, presque en face de la *playa Ancha*.

De nombreux navires de toutes sortes, bâtiments de guerre, du commerce et corsaires, étaient mouillés devant Valparaiso.

Les bâtiments de guerre, au nombre de cinq, se décomposaient ainsi : une frégate française, une frégate anglaise, en station ; une frégate et deux corvettes appartenant à la nouvelle marine chilienne, encore dans l'enfance.

Aussitôt la visite de la santé terminée, la famille Quiros débarqua, en laissant provisoirement ses bagages à bord du corsaire.

Olivier prit congé de ses passagers, qu'il devait revoir sous peu de jours ; puis, après s'être assuré que tout était en ordre à bord, il s'enferma avec Ivon Lebris, et ils eurent ensemble une longue et sérieuse conversation.

A la suite de cette conversation, Olivier, accompagné d'Antoine Lefort, descendit dans sa baleinière ; le domestique portait une valise.

— Pendant mon absence, tu restes seul maître à bord, dit Olivier à son matelot ; veille sur notre homme, et surtout n'oublie aucune de mes recommandations.

— Sois tranquille, répondit celui-ci, tout sera fait comme tu le désires ; repose-toi sur moi pour que rien ne cloche.

— Je suis tranquille. Au revoir, matelot.

La baleinière déborda et mit le cap sur le môle, où elle arriva bientôt.

Le capitaine sauta à terre, suivi par son domestique, et la baleinière retourna à bord.

Valparaiso offre l'aspect le plus singulièrement pittoresque aux regards étonnés du voyageur. La ville, beaucoup plus longue que large, s'étend tout le long d'une baie magnifique jusqu'à une large plaine nommée l'*Almendral*, qui en forme le plus beau et le plus riche quartier.

En effet, c'est à l'Almendral que les grands négociants ont tous leurs maisons d'habitation ; charmantes demeures, bâties au milieu de magnifiques jardins, et des fenêtres desquelles on a sous les yeux le splendide panorama de la rade.

A cette époque, un énorme rocher, que l'on a fait sauter depuis, et auquel on avait donné le nom caractéristique de cap Horn, s'avançait assez loin dans la mer et servait, grâce à un étroit sentier ménagé sur la plage et envahi par l'eau à la haute mer, de point de jonction et de communication plus rapide entre la haute et la basse ville ; ce sentier n'était pas sans danger.

Les quartiers de la haute ville éparpillent leurs maisons dans le désordre le plus pittoresque sur les flancs, les sentes et les sommets de trois hautes montagnes, séparées entre elles par de profondes *barancas*, ce qui, de loin, donne à la ville une assez grande ressemblance avec un vaisseau à l'ancre dont on n'apercevrait que la mâture.

Les matelots anglais, frappés sans doute de cette singulière ressemblance, ont donné à ces montagnes les noms de *Fore top sail*, *Men top sail* et *Mizen top sail*, c'est-à-dire le petit hunier, le grand hunier et le perroquet de fougue.

Par élision, les matelots de toutes les nations et les habitants de Valparaiso eux-mêmes les nomment *Mentop*, *Fortop et Mizentop*, appellations étranges, bizarres, incompréhensibles pour d'autres que pour des marins, et par lesquelles notre grand conteur Alexandre Dumas a été si complétement trompé, que, dans son roman intitulé *Un Gil Blas en Californie*, il écrit la phrase suivante, d'une si drolatique absurdité :

« Les noms étranges de ces trois montagnes sont *indiens*, mais on en ignore la signification, qui s'est perdue depuis la conquête espagnole, bien que les noms soient restés ».

Le secrétaire d'Alexandre Dumas parlait de Valparaiso, où sans doute il n'est jamais allé, comme certains auteurs de ma connaissance qui écrivent sur l'Amérique, où ils n'ont jamais mis les pieds.

A l'époque de la conquête espagnole, les Indiens *Aucas*, ou Araucans, occupaient tout le territoire actuel du Chili; les Espagnols les ont refoulés, sans les vaincre ni les asservir ; aujourd'hui, ces Indiens existent encore, à l'état indépendant, sur la rive droite du Bio-Bio jusqu'aux frontières de la Patagonie; leur langue n'est pas changée ; ils la parlent aussi purement qu'il y a trois siècles ; le nom que les Araucans ont donné aux montagnes de leur pays est celui de *Anti*, qui signifie cuivre, et dont les Espagnols ont fait par corruption Andes. Le premier déchargeur ou batelier du port de Valparaiso aurait expliqué au *Gil Blas* apocryphe d'Alexandre Dumas la signification de ces trois noms soi-disant indiens, si celui-ci s'était donné la peine de la demander.

Ces trois montagnes sont couvertes de *chinganas* et autres lieux de réunion, plus ou moins suspects, fort courus des matelots dont les bâtiments mouillent sur rade; ils trouvent là réunis tous les plaisirs plus que frelatés qu'ils recherchent pendant leurs courtes relâches.

Le capitaine, toujours suivi par son domestique,

se dirigea vers la calle San-Agustin, et entra dans le comptoir d'un riche négociant français, où il reçut le plus gracieux accueil.

Deux heures plus tard, par les soins de ce négociant, le capitaine et son domestique montaient sur d'excellents chevaux et partaient pour Santiago, capitale de la république chilienne, sous la conduite d'un guide, qui s'était engagé à leur faire franchir sans trop de danger les cinquante lieues qui séparent le port de la capitale.

Pendant toute la guerre de l'indépendance, le gouvernement chilien avait résidé à Valparaiso ; mais, depuis la paix, le gouvernement était venu s'installer dans la capitale.

Pendant son séjour à Santiago de Chile, Olivier fit plusieurs visites au président de la république, ainsi qu'à ses ministres; puis il remit plusieurs lettres d'introduction dont on l'avait chargé à Talca.

Partout le capitaine reçut l'accueil le plus sympathique et le plus hospitalier ; malgré son vif désir d'abréger son voyage, par suite de lenteurs imprévues dans les bureaux des ministères auxquels il avait affaire, le séjour du capitaine à Santiago se prolongea pendant plus de trois semaines : il est vrai que ce furent trois semaines de fêtes.

Enfin il lui fut permis de repartir, après avoir pris congé du président don Ramon Freyre et du ministre de la justice le señor O'Higgins : deux hommes de génie auxquels le Chili est redevable de la prospérité dont il jouit aujourd'hui et du rang distingué qu'il occupe parmi les nations civilisées. Le capitaine fit ses adieux à ses nouveaux et déjà très-nombreux amis, et il reprit gaillardement le chemin du port.

A cette époque, il n'existait pas encore d'autre moyen de communication que le cheval, entre les deux villes; plus tard on installa des diligences, avantageusement remplacées aujourd'hui par un chemin de fer.

Aussitôt son retour à Valparaiso, le capitaine se fit conduire chez le gouverneur, avec lequel il eut nn long entretien, puis il se rendit au môle, où l'attendait une baleinière du *Hasard*; il s'embarqua, et au bout de quelques minutes il monta enfin sur le pont de son navire.

Le lendemain, vers huit heures du matin, la rade présentait un aspect étrange.

Le temps était magnifique, le ciel d'un bleu d'azur; une légère brise plissait à peine le miroir de la mer, sur laquelle le soleil déversait à profusion ses chauds rayons; le panorama de la rade était admirable.

Tout le long du rivage, depuis la playa Ancha jusques et y compris l'Almendral, le bord de la mer était encombré par une foule immense; cette foule bigarrée, bavarde et querelleuse, débordait sur les pentes des trois montagnes, qui, sur tout leur parcours, étaient pavées de têtes humaines, rieuses, inquiètes, curieuses et grimaçantes.

Plusieurs embarcations avaient quitté le môle, couvert, lui aussi, par la foule, et s'étaient dirigées vers le *Hasard*, où elles avaient abordé; dans ces embarcations avaient pris place les autorités de la ville, le consul de France et un délégué du président de la république chilienne en grand uniforme.

Le commandant de la frégate la *Résolue*, bâtiment de guerre français alors en station à Valparaiso, et tout son état-major, étaient montés à bord du corsaire, ainsi que les commandants et les officiers des bâtiments de guerre chiliens ; le commandant et l'état-major de la frégate anglaise *Lysander* s'étaient rendus aussi à bord du *Hasard*.

Tous ces hôtes avaient été reçus à bord du corsaire avec les honneurs militaires dus à leur rang, et accueillis par le capitaine de la façon la plus courtoise.

A neuf heures toutes les embarcations des bâtiments de guerre, du commerce, ou corsaires, avaient quitté leurs bords respectifs, et étaient venus se ranger en cercle, les avirons mâtés, autour du *Hasard*, tandis que tous les matelots restés à bord des navires montaient debout sur les vergues, le visage tourné vers le corsaire.

Au même instant, le pavillon chilien fut hissé au grand mât du *Hasard*, le pavillon colombien restant toujours à la corne ; puis, un instant plus tard, un large pavillon jaune monta lentement à la pomme du mât de misaine, en même temps que retentissait la détonation du coup de canon tiré à poudre à l'avant, à bâbord, du brick-goëlette.

Un frisson de curiosité parcourut les rangs de la foule pressée sur le rivage et les pentes des trois montagnes.

Les autorités chiliennes, les consuls français et colombien, ainsi que tous les officiers réunis à l'arrière du brick, se groupèrent près de l'habitacle, tandis qu'au bruit des tambours et des fifres l'équipage du *Hasard* se rangeait silencieusement à tribord et à bâbord d'avant, sauf une escouade d'une trentaine d'hommes placés sous le commandement d'un second maître et groupés près des passavants de tribord.

Une table avait été préparée à l'arrière pour le délégué du président de la république chilienne ; le délégué s'assit à cette table, sur laquelle plusieurs papiers avaient été placés.

Sur un signe de l'officier de quart, un coup de baguette fut frappé sur un tambour.

Un silence funèbre s'établit aussitôt sur ce navire, où cependant près de trois cent cinquante personnes étaient réunies en ce moment.

Un bruit de pas se fit entendre.

Presque aussitôt le capitaine d'armes monta sur le pont par le panneau de l'avant; derrière lui apparurent tour à tour six matelots armés de fusils et de sabres d'abordage, conduisant au milieu d'eux un homme dont les jambes étaient libres, mais dont les bras étaient solidement amarrés derrière le dos.

Cet homme était don Estremo Montès, l'assassin de don Diego Quiros et de Fernan Nuñez.

Estremo Montès marchait d'un pas résolu.

Sa contenance était ferme, sans forfanterie.

Un sourire railleur se jouait sur ses lèvres blêmies ; ses traits étaient pâles, mais son regard étincelait ; ses sourcils étaient froncés à se joindre.

Il y avait dans ses mouvements une certaine hésitation, produite par sa longue incarcération à fond de cale; l'air vif du pont l'étourdissait et le faisait chanceler, malgré tous ses efforts pour marcher droit et ferme.

Ainsi que lui-même l'avait dit, il avait joué une partie terrible dont sa tête était l'enjeu; il avait perdu et était tout prêt à payer.

Le mépris des créoles hispano-américains et des Indiens pour la mort est un fait trop bien établi pour que nous nous y appesantissions ici ; ils semblent ne pas avoir conscience de cet acte suprême, et partager sur ce point le fanatisme musulman.

Arrivé devant la table, où le délégué du président de la république était assis, le capitaine d'armes cria ce seul mot :

— Halte !

L'escorte du prisonnier s'arrêta.

Le délégué examina un instant, avec un vif sentiment de pitié, l'homme debout devant lui.

— Comment vous nommez-vous ? lui demanda-t-il enfin.

— Je me nomme Estremo Montès, répondit le prisonnier d'une voix calme.

— Où êtes-vous né ?

— A Iquique, dans la vice-royauté du Pérou ; je suis sujet espagnol.

— Quel âge avez-vous ?

— Trente-neuf ans.

— Votre profession ?

— Propriétaire de mines.

Toutes ces réponses furent nettes, claires et faites sans hésitation.

Il y eut un court silence.

Le délégué feuilletait les papiers placés devant lui.

— Écoutez les charges qui pèsent sur vous, reprit-il après un instant en se préparant à lire.

— A quoi bon, dit le prisonnier avec un haussement d'épaules significatif, puisque j'ai avoué ?

— Consentez-vous à répéter cet aveu devant le

conseil rassemblé pour vous juger et qui vous écoute ?

— Certes. Je sais que tout est fini pour moi ; je ne veux pas perdre mon âme avec mon corps.

— Ainsi vous vous repentez ?

— Oui, de ne pas avoir réussi ; la partie était belle : deux millions de piastres au moins. Si j'avais gagné, je serais riche, et par conséquent honnête homme.

— Ainsi, vous ne regrettez pas d'avoir commis ces crimes odieux ?

— Ce double crime, vous voulez dire. Je me repens, puisqu'il a été inutile, et cependant mes mesures étaient bien prises !

— Dieu n'a pas permis que vous réussissiez.

— C'est possible, après tout ; je n'avais pas songé à cela ; il faut croire qu'il existe réellement au-dessus de nous quelque chose de plus fort que nous-mêmes ; jusque-là, j'avais constamment réussi, je croyais que cela durerait toujours ainsi ; je me suis trompé, voilà tout.

— La justice divine est longue à frapper le coupable, afin de lui laisser le temps de se repentir, mais à la fin elle le frappe.

— Je m'en aperçois ; c'est égal, je ne comprends pas bien cette affaire ; qu'est-ce que cela lui aurait fait de me laisser réussir cette fois encore ? C'était le dernier coup ; tout était terminé ; j'allais être riche et devenir honnête homme. Vous savez bien que l'honnêteté ne va pas sans la richesse !

Le délégué haussa les épaules ; que dire devant une aussi complète absence de sens moral ?

— Répétez votre aveu, dit-il sèchement.

— Soit, puisque vous le désirez. Don Diego

Quiros de Ayala et moi, nous étions co-propriétaires de riches mines d'argent, situées dans les Andes péruviennes, au Cerro de Pasco, à cinquante lieues de Lima. Après avoir liquidé mon association avec don Diego, comme il avait quitté l'Amérique et était retourné en Espagne, je m'arrangeai de façon à m'approprier tous ses biens, persuadé qu'il ne reviendrait jamais au Pérou ; malheureusement, je me trompais : il revint. J'essayai de le faire arrêter ; ses amis l'avertirent, il s'enfuit, et se réfugia au Chili. Je compris alors que tant que don Diego vivrait, il ne me laisserait pas jouir paisiblement des biens dont je m'étais emparé à son détriment ; je résolus de me débarrasser de lui : c'était tout naturel, n'est-ce pas ? Tout le monde aurait fait comme moi.

— Ce n'est pas mon opinion, dit naïvement le délégué ; n'importe, continuez.

— Bah ! fit-il avec un inexprimable mouvement d'épaules, vous dites cela, mais vous ne le pensez pas. Donc, je me mis à la recherche de mon ex-associé ; j'eus beaucoup de peine à le découvrir : on aurait dit qu'il me sentait sur sa piste ; enfin, je le découvris près de Talca, dans une chacra nommée Santa-Rosa, dont le propriétaire lui avait offert l'hospitalité. Je m'introduisis dans la chacra ; je parvins jusqu'à sa chambre à coucher : il dormait ; je lui portai un coup de poignard, mais je ne voyais pas clair, le coup fut mal dirigé ; j'allais redoubler, quand je fus saisi à l'improviste par ce chien couchant de Fernan Nuñez ; celui-là, je le frappai deux fois, mais l'alarme était donnée, on accourait ; je n'eus que le temps de sauter par la fenêtre et de m'enfuir ; voilà tout ! Quel dommage que je n'aie pas eu dix minutes de plus à moi!

— Vous avez entendu, caballeros, dit le délégué en s'adressant aux officiers dont il était entouré. Ratifiez-vous la sentence de mort prononcée contre cet homme ? Nos tribunaux ne fonctionnent pas encore, les lois nouvelles ne sont pas en vigueur ; le président de la république, après s'être concerté avec le ministre de la justice, a cru devoir en appeler à votre impartialité, pour que justice soit faite.

Le commandant de la frégate anglaise fit un ou deux pas en avant, et, avançant le bras, il dit d'une voix forte :

— Cet homme est un misérable assassin, une brute immonde, il mérite la mort ; sur mon honneur et ma conscience, il doit être exécuté !

— Oui, la mort! dirent après lui, d'une seule voix, tous les assistants.

Le prisonnier était resté impassible, complétement indifférent, en apparence, comme s'il eût été étranger à ce qui se passait autour de lui.

— Vous avez entendu ? lui demanda le délégué.

— Parfaitement, señor, répondit-il d'une voix ferme : à ce qu'il paraît, je suis condamné. Hum ! que voulez-vous, c'est la suite de ma mauvaise chance !

— Vous savez que les jugements des conseils de guerre sont immédiatement exécutés ?

— Je l'ignorais. Ainsi ?...

— Vous allez mourir !

— Soit ; puisqu'il n'y a pas moyen de l'éviter, le plus tôt sera le mieux.

— Désirez-vous un prêtre, pour vous réconcilier avec Dieu en confessant vos crimes ?

— Ce n'est pas la peine, j'en aurais trop à dire.

— Ainsi, je ne puis rien faire pour vous ?

— Rien. Mais se ravisant presque aussitôt : Si, cependant, dit-il : il est une chose, une seule que je désire ardemment.

— Laquelle ? Parlez.

— Il y a un mois que je n'ai fumé ; je voudrais fumer une dernière cigarette avant de mourir.

— Promettez-vous, si je vous accorde cette grâce, de ne pas essayer une lutte impossible et de vous laisser exécuter sans résistance ?

— Je le jure, sur ma foi de caballero ! s'écria-t-il avec une énergique emphase.

Le délégué fit un geste.

Les bras du condamné furent déliés, en même temps on le conduisit près de la lisse de tribord et on lui jeta un nœud coulant autour du cou.

Le prisonnier s'était laissé faire, sans la moindre trace d'émotion ; il avait même examiné avec une espèce de curiosité un palan qui avait été frappé sur la vergue de misaine à tribord, et sur le garant duquel l'escouade de trente matelots, dont nous avons parlé plus haut, était rangée.

Cet examen terminé, le prisonnier accepta le papier qu'on lui présentait ; il tordit une cigarette, l'alluma à la mèche qu'on lui apporta et presque aussitôt, à la première bouffée de tabac qu'il aspira, son visage prit une indicible expression de joie.

— Fumez tranquillement, lui dit le délégué avec bonté ; vous-même donnerez le signal.

— Merci ! dit-il avec émotion.

Et une larme, la première peut-être que cet

homme eût jamais versée, trembla à la pointe de ses cils.

Quelques minutes s'écoulèrent.

Le condamné fumait doucement, en véritable gourmet, avalant la fumée et la rendant par la bouche et les narines avec une immense expression de bien-être.

Les assistants attendaient, calmes, patients, silencieux.

Enfin, le condamné jeta un regard profond autour de lui, aspira une dernière bouffée de fumée et lança le reste de la cigarette à la mer.

— Je meurs content, dit-il avec un sourire énigmatique ; adieu, tous ! hissez !

Le sifflet de maître Caïman résonna, un coup de canon retentit, les trente matelots coururent sur le garant, et presque aussitôt le corps du supplicié apparut à l'extrémité de la vergue de misaine.

L'assassin était mort ; justice était faite.

Le cadavre fut placé dans une embarcation et transporté à terre.

Le pavillon de justice fut immédiatement amené.

CHAPITRE XIV

DANS LEQUEL IL EST PROUVÉ QUE C'EST TOUJOURS QUAND ON S'Y ATTEND LE MOINS QUE LE BONHEUR ARRIVE.

Le soir de ce même jour, le capitaine Olivier Madray achevait de dîner en compagnie de son matelot Ivon Lebris et du docteur Arrault, chirurgien major du *Hasard*, sous une tente dressée à l'arrière du brick-goëlette.

La soirée était magnifique, claire, fraîche, embaumée de mille senteurs apportées par la brise de terre, le ciel semé à profusion d'étoiles brillantes, au milieu desquelles resplendissait l'étincelante Croix-du-Sud, que nous ne pouvons voir dans notre vieux monde; la mer, calme et unie comme une nappe de glace, n'avait que ce gonflement incessant qui semble être la mystérieuse respiration de ce géant indomptable, encore si peu connu, et commençait à faire danser le reflet blanchâtre de la lune, dont le croissant d'argent émergeait peu à peu au-dessus des dernières lignes de l'horizon, au milieu de vapeurs diaphanes.

Tout, dans cette nature, grandiose dans sa simplicité, élargissait le cœur, gonflait les poumons et portait l'âme à la contemplation et à la rêverie.

Au loin, on apercevait les innombrables lumières de la ville, dont la sombre silhouette faisait tache sur l'azur du ciel. Parfois une rumeur presque inappréciable, une mélodie indistincte traversait l'espace, emportée sur les ailes humides de la brise nocturne, et venait mourir, comme un écho inconnu des joies terrestres, aux oreilles inattentives des trois officiers du corsaire, occupés à terminer un repas commencé depuis longtemps déjà.

Tout en buvant son café à petites gorgées et fumant un excellent cigare dont il regardait s'évaporer la fumée en gracieuses spirales, le capitaine causait à bâtons rompus, avec ses amis, des événements de la matinée ; de là, depuis quelques instants, par une pente toute naturelle, la conversation était tombée sur don Diego Quiros et sa famille.

Depuis près de quinze jours, don Diego avait quitté le navire en promettant de revenir bientôt, et depuis ce départ il n'avait pas donné de ses nouvelles ; Olivier commençait à être inquiet de ce long silence, qu'il ne savait à quel motif attribuer ; il discutait avec ses deux amis la question de savoir s'il ne serait pas convenable de prendre à terre quelques renseignements sur cette famille et tâcher de découvrir ce qu'elle était devenue, non point par curiosité, mais à cause du vif intérêt que le capitaine portait à tous ses membres.

La discussion en était là, et sans doute n'allait pas tarder à être tranchée par une décision quelconque, lorsqu'un bruit d'avirons se fit entendre au dehors.

Une embarcation fut hélée par le factionnaire

du gaillard d'avant ; une réponse fut faite, puis l'embarcation accosta le navire.

Presque aussitôt Furet parut.

— Quoi de nouveau ? Pourquoi viens-tu sans être appelé ? demanda un peu brusquement le capitaine, contrarié d'être dérangé en ce moment. L'officier de quart n'est-il pas là ?

— Capitaine, c'est lui qui m'envoie à vous, répondit le mousse en tortillant son bonnet dans ses mains ; il y a là un homme qui prétend avoir une lettre à vous remettre.

— Qui est cet homme ? un batelier du port, sans doute ; il choisit bien son heure pour venir à bord !

— C'est bien une embarcation du port, capitaine ; mais, en sus du batelier, il y a l'homme dont je vous parle.

— Bon ! et cet homme, quel est-il ? Le connaîtrais-tu, par hasard ?

— Je crois bien que oui, capitaine ; c'est un certain Fernan Nuñez, qui a passé quelques jours à bord.

— Fernan Nuñez ! tu en es sûr ? s'écria le capitaine en tressaillant.

— Oh ! très-sûr, capitaine ; d'ailleurs lui-même m'a redit son nom tout à l'heure.

— Fais-le monter à bord et amène-le ici ; hâte-toi !

Le mousse s'élança.

— Voilà qui est bizarre, dit Ivon Lebris, précisément au moment où nous parlions de don Diego ! Quelle singulière coïncidence !

— Très-singulière ! dit machinalement le capitaine, qui pensait à autre chose et était dévoré d'inquiétude.

En ce moment, Furet reparut.

Fernan Nuñez le suivait.

Le Péruvien salua respectueusement les trois officiers et attendit qu'on lui adressât la parole.

— C'est vous, Fernan Nuñez? lui dit Olivier du ton le plus amical. Soyez le bienvenu, mon ami; asseyez-vous là, en face de moi, et tendez votre verre.

— Vous êtes bien bon, capitaine, je vous remercie, répondit le Péruvien.

Il s'assit sur la chaise que Furet avait apportée pour lui, sur un signe du capitaine, et il tendit son verre.

— Quel bon vent vous amène à bord, mon ami? lui demanda le capitaine en remplissant le verre jusqu'au bord.

— L'ordre de mon maître, capitaine; il m'a chargé de vous apporter une lettre.

— Ah! ah! Et don Diego va bien?

— Très-bien! je vous remercie, capitaine, ainsi que la señora et la niña; mais, ajouta-t-il en fouillant, sous son poncho, dans la poche de sa veste, et en retirant un pli cacheté qu'il remit au capitaine, j'aime mieux vous donner la lettre tout de suite; elle vous apprendra probablement tout ce que vous désirez savoir, beaucoup mieux que je ne pourrais sans doute le faire moi-même; la parole n'est pas mon fort, vous savez, capitaine? ajouta-t-il avec un sourire.

— Bon! vous êtes dévoué et homme d'action, ce qui vaut mieux que toute l'éloquence du monde;

votre conseil n'en est pas moins juste, je vais y faire droit.

Le capitaine prit le papier, le décacheta et, après en avoir demandé du geste la permission à ses amis, il parcourut rapidement la lettre des yeux, à la lueur plus que suffisante des fanaux accrochés de distance en distance sous la tente.

Cette lettre était ainsi conçue :

« Très-cher señor et ami,

» J'ai acheté la maison sur laquelle, vous vous
» en souvenez, j'avais jeté les yeux, et qui, par
» bonheur, s'est trouvée à vendre. Cette maison,
» située sur la plage même, se trouve presque à
» l'extrémité de l'Almendral ; c'est une véritable
» bonbonnière : très-commode, très-agréable et
» presque enfouie sous des masses de verdure
» remplies de fleurs. Je suis convaincu qu'elle
» vous plaira. Ma femme et ma fille en raffolent,
» et moi je m'y trouve on ne peut plus heureux.
» Mon installation a été très-longue : j'avais un
» monde de choses à faire, afin d'approprier ma
» nouvelle demeure complétement à nos goûts ;
» enfin, grâce à Dieu ! tout est terminé depuis trois
» jours.

» J'ai appris aujourd'hui seulement votre retour
» de Santiago, et j'ai assisté de loin à la terrible
» expiation qui a eu lieu à votre bord. Pauvre misé-
» rable ! il était bien coupable ! Dieu, je l'espère,
» dans son ineffable bonté, daignera lui faire misé-
» ricorde. J'ai supposé que vous aviez besoin de
» distraire votre esprit de ces pensées tristes et

» lugubres; je vous envoie mon vieux Fernan
» Nuñez, avec ce mot à la hâte, pour vous avertir
» que nous vous attendons demain, à dix heures
» du matin, *sans faute*. On déjeune à onze heures
» précises. Nous comptons sur vous. Fernan
» Nuñez vous attendra sur la plage; il vous con-
» duira à la maison, qu'il vous serait impossible
» de trouver sans lui.

» Je ne vous cache pas, mon ami, que, à part la
» vive amitié que nous professons tous pour vous,
» je suis très-curieux, moi particulièrement, de
» connaître la demande que vous avez, dites-vous,
» à m'adresser. Cette fois, bon gré mal gré, je
» vous avertis qu'il faudra que vous vous expli-
» quiez catégoriquement ; je n'admettrai plus de
» retard, ni fin de recevoir d'aucune sorte.

» Je suis, en attendant l'honneur et le plaisir
» de votre visite demain, votre tout dévoué et re-
» connaissant ami.

» Q. S. M. B. (1).

» DIEGO QUIROS DE AYALA.

» *P.-S.* — Ma femme et ma fille se rappellent à
» votre bon souvenir.

» Valparaiso (Chili), julio 28, 18... »

Après avoir parcouru cette lettre des yeux, Olivier la relut posément, puis il la replia, la replaça dans son enveloppe, et, avec une visible satisfaction, il la serra dans la poche de côté de son habit.

(1) *Que su mano besa* — qui baise votre main — formule de politesse habituelle à la fin des lettres.

— Ainsi, capitaine, vous savez maintenant tout ce que vous désiriez savoir ? dit le Péruvien en vidant son verre et le reposant sur la table.

— A peu près, mon brave ami, répondit Olivier en souriant; mais ce que j'ignore encore, demain don Diego me l'apprendra.

— Ainsi, vous acceptez l'invitation ? vous viendrez, capitaine ?

— Certainement.

— A dix heures, vous savez, capitaine ?

— A dix heures, oui, mon ami.

— Je vous demande pardon d'insister ainsi, capitaine; mais la niña m'a bien recommandé de vous dire de ne pas manquer.

— Soyez tranquille, mon brave ami, je serai exact. C'est la niña qui vous a fait cette recommandation ?

— Oui, capitaine, au moment où je partais; elle a même ajouté, mais je ne sais pas si je dois vous le dire ? fit-il avec hésitation.

— Bon ! Pourquoi donc ne me le diriez-vous pas, Fernan Nuñez ? à moins, cependant, que la niña ne vous ait ordonné de garder le silence ?

— Oh ! non, capitaine.

— Eh bien ! alors, parlez, mon ami, je vous écoute.

— Au fait, j'aime mieux que vous le sachiez, capitaine; la niña m'a dit en riant, vous savez comme elle est folle, pauvre chère enfant ?

— Oui, c'est vrai; elle vous a dit ?

— Tatita ! je suis son père nourricier, vous savez; tatita, tâchez de passer la nuit à bord du *Hasard;* de cette façon, si le capitaine oubliait l'invitation de mon père, vous la lui rappelleriez demain matin, vous.

— La niña vous a dit cela?

— Mot pour mot, capitaine.

Les trois jeunes gens se mirent à rire.

— Eh bien! s'écria Olivier en riant, la niña n'en aura pas le démenti, quoiqu'elle me semble n'avoir qu'une médiocre confiance dans ma mémoire; vous passerez la nuit à bord, Fernan Nuñez, si cela vous convient toutefois?

— Oh! capitaine, je suis ici pour vous obéir; je ferai ce qu'il vous plaira.

— Voilà qui est bien. Avez-vous quelqu'un dans votre embarcation?

— Oui, capitaine, un batelier du port.

— Très-bien... Furet!

— Capitaine! répondit le mousse en soulevant le rideau de la tente.

— Porte ces trois piastres au batelier qui a amené ce brave garçon, et dis-lui qu'il peut retourner à terre.

— Oui, capitaine.

Le mousse prit l'argent et se retira.

Bientôt on entendit le bruit des avirons de l'embarcation qui s'éloignait.

— Maintenant, à nous deux, Fernan Nuñez, reprit le capitaine d'un ton de bonne humeur.

— A vos ordres, capitaine.

— La niña m'a fortement blessé en mettant ainsi en doute non-seulement ma mémoire, mais encore mon vif désir de voir son père et elle-même.

— Oh! croyez-vous, capitaine?

— Certes, elle ne devait pas témoigner une telle crainte.

— C'est dans une bonne intention, capitaine.

— Hum! je n'en suis pas bien sûr! Dans tous les cas, je veux m'assurer du fait; pour cela, j'ai résolu de me venger d'elle.

— Vous venger de la niña! fit le bonhomme en tressautant sur sa chaise.

— D'elle-même, oui, Fernan Nuñez!

— Oh! fit-il d'un ton de reproche.

— Et je compte sur vous pour assurer ma vengeance!

— Oh! quant à cela, capitaine!... s'écria-t-il avec un geste d'énergique protestation.

— Attendez! à quelle heure devons-nous être à terre demain?

— A dix heures du matin, capitaine.

— Eh bien! voilà mon affaire, écoutez-moi avec attention. Au lieu de nous rendre demain à terre à dix heures, nous y arriverons à huit heures du matin. De cette façon, la niña, qui ne nous attend pas d'aussi bonne heure, sera très-surprise en nous voyant, et elle regrettera, j'en suis sûr, d'avoir douté de mon exactitude à obéir à son appel. Que pensez-vous de cela, hein?

— Le fait est qu'elle sera surprise, capitaine.

— Ainsi, vous approuvez cette vengeance?

— Oui, de toutes mes forces, capitaine! fit-il en riant et en aspirant l'air à pleins poumons, comme un nageur qui revient sur l'eau après avoir plongé profondément. C'est égal, capitaine, vous pouvez vous flatter de m'avoir fait une belle peur!

— Pourquoi donc cela?

— Dame! vous avez parlé de vengeance. Voyez-vous, capitaine, pour nous autres Indiens, il y a des mots que, même en plaisantant, on ne doit jamais prononcer devant nous ; le mot vengeance est du nombre.

— C'est vrai, mon brave ami, j'ai eu tort ; excusez-moi.

— Oh ! capitaine.

— Ainsi, c'est entendu ; demain, à huit heures ?

— Nous nous rendrons à terre ; oui, capitaine.

On continua à causer ainsi de choses et d'autres pendant quelque temps encore, puis on se sépara pour la nuit.

Ivon Lebris emmena Fernan Nuñez, pour lequel il fit accrocher un hamac, à l'arrière, près des chambres.

Le lendemain, à huit heures précises, une baleinière débordait du *Hasard* et mettait le cap sur l'Almendral...

Cette baleinière portait le capitaine Olivier et Fernan Nuñez.

La rade de Valparaiso est fort vaste ; l'Almendral se trouve tout à fait à son extrémité.

Il fallut près d'une demi-heure à la baleinière, malgré sa marche supérieure, pour franchir la distance qui séparait le brick-goëlette de l'Almendral.

Quand on approcha de terre, Olivier céda la barre à Fernan Nuñez, qui se chargea alors de piloter la baleinière, ce qu'il fit à la satisfaction générale.

— Je ne sais pas à quelle heure je reviendrai, dit le capitaine au patron de la pirogue en sautant sur la plage.

— Que cela ne vous embarrasse pas, capitaine, dit le Péruvien ; tenez, ajouta-t-il en s'adressant au patron, voyez-vous cette maison, là-bas, un peu à droite, au milieu des arbres, avec un *mirador* — belvédère — élevé ?

— Oui, la première, n'est-ce pas ? répondit le matelot.

— Précisément, reprit Fernan Nuñez. Eh bien ! ce mirador a un mât de pavillon ?

— En effet.

— On aperçoit cette maison et ce mirador, de votre navire ?

— C'est probable.

— Eh bien ! quand vous apercevrez le pavillon colombien hissé sur le mât de pavillon, vous viendrez chercher le capitaine.

— Hum ! cela est bon pour le jour, dit le matelot en hochant la tête, mais la nuit ?

— La nuit le pavillon sera remplacé par trois fanaux rouges.

— Bon ! c'est entendu.

— N'oubliez pas, ajouta le capitaine.

— Il n'y a pas de soin, capitaine, dit le matelot en saluant.

Et la baleinière poussa au large.

— Venez, capitaine, dit Fernan Nuñez; nous n'avons que quelques pas à faire.

Dans toute l'Amérique du Sud, on se lève de très-bonne heure ; de si bonne heure même, que cela ferait frémir nos petites maîtresses, chez lesquelles, à midi, bien souvent, il ne fait pas encore jour.

Cela tient à deux causes principales :

La première est la chaleur étouffante de la journée, chaleur presque insupportable, pendant laquelle on est contraint de se renfermer au fond de son appartement, portes et fenêtres hermétiquement closes, afin de ne pas laisser pénétrer chez soi le plus mince filet de lumière ; et la fraîcheur et la beauté des matinées embaumées, surtout sur les bords de la mer, pendant lesquelles on aspire à pleins poumons les âcres et fortifiantes senteurs alcalines de la mer.

Les Hispano-Américains ont pour habitude d'entendre la messe de six heures du matin, qui dure une demi-heure, puis de se livrer à la promenade, soit dans les *huertas* remplies d'ombre de leurs demeures, soit sur la plage.

La seconde cause découle tout naturellement de la première :

La siesta,

C'est-à-dire le sommeil, depuis onze heures du matin jusqu'à trois heures de l'après-dîner,

Temps pendant lequel les rues sont positivement changées en fournaises, où les pavés et les trottoirs fument incandescents, où les murs blanchis des maisons renvoient des effluves brûlantes ;

Où les chiens eux-mêmes, contraints de chercher l'ombre, se réfugient sous les portiques et les cloîtres, dont la plupart des rues sont garnies ; malgré le proverbe assez peu flatteur pour les Français, mais en réalité menteur comme tous les proverbes, et qui prétend que pendant les heures torrides de la journée on ne rencontre dans les rues que des chiens et des Français; nous constaterons qu'ici Français est mis pour étrangers, et se rapporte bien plus aux Anglais et aux Allemands qu'aux véritables Français, car les étrangers de cette nation sont généralement fort peu nombreux dans les pays d'outre-mer et même dans toutes les autres contrées; il n'y a que les gens qui se trouvent mal chez eux qui s'en vont chez les autres pour essayer d'être mieux : les Français ne sont pas dans ce cas.

La maison de don Diego Quiros, ainsi que l'avait annoncé Fernan Nuñez à Olivier, n'était qu'à quelques pas de l'endroit où la baleinière avait abordé ; les deux hommes y arrivèrent en deux ou trois minutes.

La grille était ouverte : ils entrèrent.

Seulement, une fois dans le *patio*, ils se séparèrent.

Fernan Nuñez, craignant d'être grondé par doña Dolorès pour avoir amené le capitaine d'aussi bonne heure, prétexta de ses nombreuses occupations pour s'eclipser au plus vite.

De son côté, Olivier feignit de prendre ces prétextes au sérieux et ne fit rien pour le retenir.

Dès qu'il fut seul, il se dirigea résolûment vers la huerta, où un secret pressentiment lui disait qu'il rencontrerait doña Dolorès; c'était surtout elle qu'il désirait voir.

Autant que le capitaine pouvait en juger à première vue, cette maison était véritablement une délicieuse demeure ; elle disparaissait presque sous la verdure qui l'enveloppait de toutes parts, et cependant l'air y circulait à profusion.

La huerta surtout était un chef-d'œuvre.

Les Hispano-Américains sont passés maîtres dans la disposition des jardins ; cette fois l'architecte, ou, pour mieux dire, le dessinateur s'était surpassé.

Ce n'était partout que massifs de hautes futaies, allées ombreuses, bosquets mystérieux, fraîches grottes enfouies sous les plantes grimpantes; et, çà et là, à chaque clairière, à chaque carrefour, des bassins où l'eau s'élevait en hautes et larges gerbes, que le soleil colorait de toutes les nuances du prisme.

Sur chaque face de la maison, il y avait un bassin, dont le jet faisait pénétrer une douce fraîcheur dans les appartements.

Le constructeur de cette demeure enchantée devait être à coup sûr un épicurien de génie.

Plusieurs allées s'ouvraient devant Olivier; instinctivement, il choisit la plus ombreuse et s'y engagea.

Comme toutes les allées des jardins américains, celle-ci faisait de nombreux détours. Tout à coup Olivier tressaillit : il avait aperçu, dans le jour crépusculaire, une robe blanche glissant légèrement devant lui.

Il pressa le pas.

Le Sylphe ou l'Elfe qu'il poursuivait disparut subitement, juste au moment où il croyait l'atteindre.

Il s'arrêta, hésitant, décontenancé.

Soudain, un frais éclat de rire le fit se retourner en tressaillant.

Doña Dolorès était devant lui.

Il poussa un cri de joie et tomba à ses genoux, haletant de bonheur et d'amour.

— Je vous attendais, lui dit-elle en lui tendant une main mignonne qu'il couvrit de baisers passionnés. Ah! monsieur le sournois, vous vouliez me surprendre ; mais je savais que vous viendriez à cette heure, j'étais sur mes gardes.

— Chère, bien chère Dolorès ! murmura le jeune homme en proie à une émotion profonde.

— Relevez-vous, mon ami, dit-elle d'une voix tremblante en se penchant vers lui.

— Je suis si bien là, répondit-il avec prière, je suis si heureux à vos genoux que je voudrais y rester toute ma vie, ma bien-aimée Dolorès !

La folle et impitoyable jeune fille se mit à rire.

— Vous vous fatigueriez bien vite, dit-elle ; et elle ajouta sérieusement : Avez-vous vu mon père ?

— Pas encore ; j'arrive à peine.

— Et vous êtes ici ?

— Dame ! je vous cherchais, répondit-il avec sa naïveté d'amoureux.

— Eh bien ! vous m'avez trouvée, Carlos, mon ami ; à présent, il faut vous relever et aller parler à mon père.

— Oui, je lui parlerai, ma bien-aimée Dolorès, répondit le passionné jeune homme, mais plus tard, dans un instant.

— Comment ! dans un instant ?

— Je vous en supplie, laissez-moi encore ainsi ! je suis si bien près de vous !

— Mais si quelqu'un venait ? dit-elle avec un sourire mutin.

— Bon ! il ne viendra personne !

— Mais enfin, si mon père vous surprenait à mes pieds ?

— Eh bien ! mais ce serait, il me semble, une excellente entrée en matière pour la demande que je compte lui adresser.

— C'est qu'il a réponse à tout, ce corsaire ! dit-elle en se penchant, souriante, vers lui ; oh ! Carlos ! Carlos !

— Ne le tourmente donc pas ainsi, petite fille,

dit la voix joyeuse de don Diego ; il a parfaitement raison, cette manière d'adresser une demande en mariage en vaut bien une autre, que diable !

Et don Diego émergea d'un massif, en se frottant les mains à s'enlever l'épiderme.

— Mon père ! s'écria la jeune fille, en cachant, toute rougissante, son visage sur la poitrine d'Olivier, qui s'était levé d'un bond ; Jésus ! j'en mourrai de honte !

— Non pas ! s'écria vivement don Diego, non pas, fillette, tu ne seras pas si sotte, tu vivras, au contraire, pour être heureuse avec celui que tu aimes.

— Il serait possible ! s'écria Olivier. Eh quoi ! vous nous pardonnez ?

— Qu'ai-je à vous pardonner, mes enfants ? de vous aimer ? Vive Dios ! c'est la plus grande joie que vous puissiez me faire !

— Oh ! cher don Diego !

— Mon père ! mon bon père ! s'écria la jeune fille en se jetant dans ses bras.

— Oui ! cajole-moi, petite futée ; tu avais bien dressé tes plans, mais je ne me suis pas laissé prendre à tes cachotteries. Tu croyais me tromper, hein ? folle enfant ! Est-ce que rien peut échapper à l'œil d'un père ? Je savais votre secret, mes enfants, et je me réjouissais, car je vous aime autant l'un que l'autre. J'ai suivi vos luttes contre vous-même, Carlos ; j'ai deviné les généreux efforts que vous faisiez pour arracher de votre cœur cet amour qui est votre vie. Vous vous aimez saintement, mes enfants, soyez heureux, vous le méritez !

— Mon père! s'écrièrent les deux jeunes gens en l'enlaçant dans leurs bras.

Il leur mit à chacun un baiser au front, et se dégageant doucement :

— Vous souvenez-vous? dit-il avec un accent de douce raillerie, certaine conversation, une nuit, la veille de notre arrivée à Southampton? Vous vous croyiez bien seuls, bien isolés; vous vous imaginiez que Dieu seul pouvait entendre vos projets d'avenir et sourire à vos serments d'amour? pourtant, j'étais là, près de vous; j'ai tout entendu! C'est pendant cette nuit que j'ai lu dans vos cœurs comme dans un livre ouvert, et que la pureté immaculée de vos âmes m'a été complétement révélée; et j'en bénis le ciel, car ce secret, si providentiellement surpris, m'a rendu bien heureux.

— Oh! mon père! vous nous avez écoutés? fit doña Dolorès en rougissant.

— Bien malgré moi! s'écria-t-il vivement, mais je ne le regrette pas, au contraire.

— Je comprends maintenant comment vous avez pu nous entendre, dit Olivier souriant.

— Cependant il n'y avait personne auprès de nous, dit Dolorès.

— Si, dit Olivier en souriant; il y avait ma baleinière.

— Je ne comprends pas, dit la jeune fille, dont le regard interrogateur allait de son père à Olivier.

— C'est cependant bien simple, dit don Diego; du reste, voici comment cela est arrivé : il faisait, je ne sais si vous vous en souvenez, une chaleur étouffante cette nuit-là?

— Oui, c'est vrai, je m'en souviens, dit la jeune fille.

— Brisé par les émotions de la journée, à moitié étouffé de chaleur, reprit don Diego, j'avais quitté ma cabine, et j'étais monté sur le pont ; peu à peu je me calmai, sous l'influence bienfaisante de la fraîcheur de la brise du large ; alors, me sentant envie de dormir, et me souciant peu de redescendre dans ma cabine changée en étuve, je fis ce que souvent j'avais fait en pareille circonstance, pendant mes longs voyages : apercevant un canot suspendu à l'arrière, près de moi, je résolus d'en faire mon lit ; j'entrai dedans et je m'étendis au fond. Mais à peine avais-je fermé les yeux, en essayant de m'endormir, que vos deux voix frappèrent tout à coup mon oreille ; vous aviez précisément choisi cette place, comme étant la plus solitaire, pour venir y faire toutes vos confidences, mes chers enfants ; ma foi! quelques mots que j'entendis me firent dresser l'oreille ; la tentation était trop forte : j'écoutai, et, je vous l'avoue, j'ai entendu tout ce que vous vous êtes dit, depuis le premier mot jusqu'au dernier.

— Comment ? depuis plus de deux ans vous êtes maître de notre secret, et vous ne m'avez rien dit, père déloyal ? fit la jeune fille avec une moue mutine ; c'est mal, cela, mon bon père.

— Ne me gronde pas, chère enfant : j'ai agi comme je le devais ; n'était-il pas convenu entre vous deux que Carlos ne me demanderait ta main qu'à son retour ?

— C'est vrai, mon père.

— Eh bien! ne devais-je pas attendre ?

— Vous avez raison, pardonnez-moi, mon père.

C'est égal, ajouta-t-elle en le menaçant de son doigt mignon, je ne vous soupçonnais pas d'être un si profond diplomate.

Don Diego sourit avec une indicible bonté.

— Est-ce que ma mère était de votre complot tacite? reprit la jeune fille avec un sourire mutin.

— Je n'ai, tu le sais bien, jamais eu de secrets pour ta mère.

— Je m'en doutais! s'écria-t-elle en riant de tout son cœur : mon père et ma mère me trahissaient.

— Au profit de ton amour : plains-toi donc!

— Moi? tatita, je ne vous aimerai jamais assez tous deux pour tout le bonheur que vous me donnez!

Et elle se jeta éperdument à son cou.

— Allons, embrassez-vous, mes enfants, vous êtes fiancés, dit-il avec bonhomie.

Les jeunes gens ne se firent pas répéter la permission.

Ils s'embrassèrent avec cette folle ardeur des amoureux véritablement épris.

— Bien! aimez-vous toujours ainsi, mes enfants, fit don Diego avec une douce émotion. Ah! Dolorès, quel malheur que ta mère ne soit pas là! combien elle serait heureuse!

— Oh! mais je vais tout lui dire, et cela à l'instant même, tatita!

Elle s'élançait; son père la retint.

— Attends, dit-il; voici Fernan Nuñez qui nous vient prévenir que le déjeuner est servi.

— Déjà onze heures! s'écria étourdiment la jeune fille.

— Comme le temps passe vite quand on est heureux! murmura Olivier tout à la joie de son amour.

— O jeunesse ! fit don Diego en étouffant un soupir; éternel printemps de la vie, c'est à vous qu'appartiendra toujours le bonheur !

Et tout pensif, il suivit, l'œil brillant et le regard attendri, les deux jeunes gens qui s'en allaient bras dessus bras dessous, en babillant comme des oiseaux jaseurs, se redisant ces mille riens que l'âge mûr ne comprend plus, et qui constituent le mystérieux langage de l'amour frais et jeune.

Quinze jours plus tard, les deux amoureux, mariés la veille civilement par le consul français, reçurent la bénédiction nuptiale dans l'église de Valparaiso, en présence des autorités, de l'aristocratie de la haute société chilienne, des commandants et des états-majors des bâtiments de guerre mouillés sur rade.

Tous avaient tenu à honorer de leur présence le mariage des deux jeunes gens.

Ivon Lebris, et don Pablo Galvez, radieux d'une telle faveur et venus tout exprès de Talca, servaient de témoins à Olivier Madray.

Les jours de soleil n'ont de prix que pour ceux qui jouissent de leur douce chaleur et en savourent les joies mystérieuses ; ces jours ne se racontent pas, ils seraient fastidieux et par conséquent sans intérêt pour les indifférents ; mieux vaut donc les passer sous silence.

Le *Hasard,* mis sous le commandement d'Ivon Lebris, avait quitté Valparaiso et avait repris le cours de ses audacieuses croisières, pendant que son capitaine oubliait tout dans les bras de celle qu'il adorait, pour ne se souvenir que de son amour.

Huit mois s'écoulèrent ainsi, huit mois d'un bonheur complet, qui passèrent avec la rapidité d'un songe; l'amour des deux jeunes gens, loin de diminuer par la possession, augmentait au contraire chaque jour. C'était bien véritablement cet amour du cœur, si rare, quoi qu'on en dise, à trouver sur la terre, car il rapproche du ciel.

Mais enfin l'heure sonna où il fallut songer au départ.

Depuis deux jours, le *Hasard* était mouillé sur rade, de retour de sa dernière et fructueuse croisière; Ivon Lebris était venu saluer son capitaine et avait eu avec lui une longue et importante conversation.

Il fallut se préparer à une séparation douloureuse ; les derniers adieux furent déchirants.

Mais, dès le premier jour, doña Dolorès avait nettement déclaré qu'elle ne se séparerait jamais de son mari, qu'elle le suivrait partout ; il fallut se résigner. Bien que prévenus de longue date, don Diego et doña Maria sentirent leur cœur se briser, en serrant pour la dernière fois leur fille entre leurs bras.

La jeune femme fut enlevée par son mari, presque mourante, et placée dans la baleinière qui devait la transporter à bord du corsaire.

Le lendemain, au lever du soleil, le *Hasard* appareilla et quitta la rade de Valparaiso, toutes voiles dehors.

Tant que la côte fut visible, les regards de doña Dolorès demeurèrent opiniâtrément fixés sur cette terre qu'elle abandonnait peut-être pour toujours.

Lorsque tout se fut enfin effacé derrière les

dernières lignes bleues de l'horizon, un sanglot douloureux déchira la gorge de la jeune femme; elle tomba à demi pâmée dans les bras de son mari, en lui disant avec une expression impossible à rendre :

— Je n'ai plus que toi, maintenant ! Oh ! aime-moi bien, pour remplacer dans mon cœur la mère et le père que je quitte !

Puis, après un instant, elle sourit à travers ses larmes, car elle avait foi en son amour !

FIN DU CORSAIRE.

TABLE.

	Pages.
Prologue. — L'abandon......	1
Chapitre Ier. — Dans lequel le lecteur fait connaissance avec le héros de cette histoire......	33
Chapitre II. — Où le lecteur assiste à une étrange transformation de notre héros......	56
Chapitre III. — Où il est prouvé que l'on a souvent tort de parler trop haut en public......	80
Chapitre IV. — De la conversation intéressante que, tout en déjeunant, Olivier et don Jose Maraval eurent ensemble......	109
Chapitre V. — Comment Olivier fut amené à raconter son histoire......	131
Chapitre VI. — Dans lequel Olivier continue son histoire......	157
Chapitre VII. — Dans lequel Olivier termine enfin son récit......	183
Chapitre VIII. — Comment le *Husard* rencontra la *Chimère*, et ce qui en advint......	212
Chapitre IX. — Comment on rencontre ses amis au moment où on y songe le moins......	230
Chapitre X. — Comment doña Dolorès contraignit Olivier à reconnaître ses torts......	251

	Pages.
CHAPITRE XI. — Pourquoi Olivier et son matelot Ivon Lebris avaient quitté le *Hasard* et campaient dans une clairière entre Talca et Concepcion...	272
CHAPITRE XII. — Comment Fernan Nuñez découvrit une piste, et ce qui en advint...	294
CHAPITRE XIII. — Dans lequel ce pauvre señor don Estremo Montès passe un vilain quart d'heure...	320
CHAPITRE XIV. — Dans lequel il est prouvé que c'est toujours quand on s'y attend le moins que le bonheur arrive...	341

Voir le *BATARD*.

Poitiers. — Typographie A. Dupré.

www.ingramcontent.com/pod-product-compliance
Lightning Source LLC
Chambersburg PA
CBHW050254170426
43202CB00011B/1680